COLLECTION TEL

Moïse Maïmonide

Épîtres

ÉPÎTRE SUR LA PERSÉCUTION

ÉPÎTRE AU YÉMEN

ÉPÎTRE SUR LA RÉSURRECTION DES MORTS

INTRODUCTION AU CHAPITRE HELÈQ

TRADUIT DE L'HÉBREU
PAR JEAN DE HULSTER

Gallimard

NOTE DU TRADUCTEUR

Le présent volume contient l'*Epître sur la persécution,* ou sur la sanctification du Nom divin, appelée aussi Epître sur l'apostasie. Elle fut rédigée en arabe par Maïmonide en 1162-1163 à Fez et fut traduite en hébreu par quelqu'un qui ne nous est pas connu. Elle traite de la conversion forcée des Juifs à l'Islam et du statut des « marranes ». L'*Epître au Yémen,* écrite en arabe par Maïmonide en 1172 au Caire ou à Fostat, fut traduite en hébreu par Nahoum Hamaaravi quelques temps plus tard. Elle traite de l'agitation messianique et prophétique qui régnait à son époque, et particulièrement au Yémen et analyse au passage le caractère de Jésus et de Mahomet. Enfin l'*Epître* (*ou le traité*) *sur la résurrection des morts* fut écrite en arabe en 1191 et traduite en hébreu par Samuel ben Yehouda Ibn Tibbon. Elle traite de la possibilité des miracles, de l'interprétation des textes bibliques concernant la résurrection des morts et du monde à venir. Il nous a paru utile d'inclure l'introduction à la section *Helèq* de la Michna, où Maïmonide exprime ses vues sur la rétribution, le châtiment et la vie dans le monde à venir et qui est conclue par la fameuse liste des treize fondements de la foi juive. Tous ces textes ont été traduits à partir de la version hébraïque annotée par Mordekhaï Dov Rabinovitch et publiée au Mossad ha Rav Kook à Jérusalem en 1977, pour la sixième édition. Les notes du même savant ont été largement utilisées, elles font le point des recherches modernes et rassemblent des données éparses dans de nombreuses publications. Les chiffres en marge de notre traduction renvoient aux pages de cette édition.

Nous avons fait usage des livres suivants :

— *La Bible,* traduite par le Rabbinat français, librairie Colbo, Paris, 1966.

— *Sanhédrin,* traité du Talmud, traduit par le Grand Rabbin I. Salzer, au CKJLF.

— *Chabbat*, traité du Talmud, traduit par le Rabbin D. Elbèze, au CKJLF.

— *Le Guide des Egarés* (appelé plus justement le *Guide des Perplexes*), traduit par S. Munk, selon la pagination de l'éd. G.P. Maisonneuve et Larose, réimpression de l'édition de 1856. Nous indiquons à chaque fois les chapitres, ce qui permet un repérage aisé dans l'édition en un volume parue chez Verdier en 1979, qui comprend aussi le *Traité des Huit Chapitres.*

L'abréviation *MT,* renvoie au *Michné Tora* de Maïmonide, dans l'éd. du Mossad ha Rav Kook.

ARN : Avot de Rabbi Nathan.

PRE : Pirqé de Rabbi Eliézer.

EPITRE SUR LA PERSECUTION

OU

TRAITÉ SUR LA SANCTIFICATION DU NOM

I

Je déclare, moi Moïse fils du maître et juge Maïmon le Sefaradi [1], que la mémoire du juste soit bénie : un de nos contemporains [2] interrogea un homme sage selon ses dires [3], un de ceux à qui il n'est rien arrivé [4] de ce qui est arrivé à la majorité des communautés d'Israël du fait de cette persécution [5]

1. Maïmonide se nomme toujours ainsi de manière à se distinguer d'autres rabbins contemporains dont le nom ressemblait au sien et à celui de son père.

2. C'est-à-dire un Juif se trouvant dans les pays occidentaux et souffrant du décret de persécution. Le nom de l'interrogateur comme celui du sage interrogé n'est pas connu.

3. Ceux de l'interrogateur anonyme car l'interrogé était considéré par lui comme sage puisqu'il lui demande conseil, ou bien selon les dires de l'interrogé puisqu'il se présente comme un sage compétent pour enseigner la loi alors qu'en vérité il se pare d'une couronne qui ne lui convient pas.

4. A lui et aux membres de sa communauté. Maïmonide veut dire qu'il se pourrait que, si ce sage interrogé s'était trouvé dans la même situation et dans les mêmes épreuves que le questionneur, il aurait apporté à cette affaire un autre point de vue et moins de fanatisme.

5. Persécution en matière de religion marquée par l'obligation de se convertir à la religion dominante, ici l'Islam. Le mot *Chmad* signifie cessation, liquidation. Voir Jér. 48, 42.

— que Dieu y mette fin ! — en vertu de laquelle on voulait l'obliger à reconnaître la mission de cet homme [Mahomet], à savoir qu'il est un prophète véritable.

Est-ce que cet homme pouvait le reconnaître pour ne pas mourir, et pour que ses fils et ses filles ne soient pas assimilés dans les nations [6], ou est-ce qu'il devait mourir [7] afin de ne pas porter ce témoignage, comme l'y oblige la Tora de Moïse, notre maître — que la paix soit sur lui — car ce témoignage conduit aussi à abandonner tous les commandements ? [8] Et l'interrogé fit là-dessus un réponse faible [9] et sans fondement, il embrouilla le langage et la question [10] ; il disposa son discours de telle sorte que même les femmes qui manquent de cervelle soient perdues. Et maintenant nous répliquons à la faiblesse de ses propos — bien que sa réponse ait été longue [11], faible et surchargée [12] — en invoquant la miséricorde venant de la bonté que Dieu, béni soit-il, nous a témoignée. Ainsi la parole [de Dieu] est dans le langage [de l'homme], comme dit Dieu dans notre sainte Tora : « L'Eternel lui [à Moïse] répondit : Qui a donné une bouche à l'homme ? Qui le fait muet ou sourd, clairvoyant ou aveugle, si ce n'est Moi l'Eternel ? Va donc, Je seconderai ta parole et Je t'inspirerai ce que tu devras dire » (Ex. 4, 11-12).

C'est pourquoi il convient que l'homme surveille sa parole plus que sa fortune, n'allonge pas son discours et ne minimise pas la question.

Déjà le Sage [13], que la paix soit sur lui, a blâmé la multiplication des paroles et la dépréciation de la question et dit : « Car les songes naissent de l'abondance des soucis, et la voix du sot se reconnaît à l'abondance de ses paroles » (Eccl. 5, 2).

6. Car s'il vient à mourir et que ses enfants restent orphelins, abandonnés et sans le soutien de leur père, il est vraisemblable qu'ils s'assimileront et perdront tout souvenir de leurs origines — tandis que s'il reconnaît Mahomet et qu'il reste en vie, il leur enseignera la connaissance de la Tora et des commandements.

7. En acceptant la mort pour sanctifier le Nom divin.

8. Car si la reconnaissance ne porte que sur la mission prophétique de Mahomet, elle finit par entraîner une adhésion intégrale à l'Islam.

9. Donc critiquable.

10. La réponse est défectueuse dans la forme et déficiente dans son contenu.

11. Parce qu'il y a des longueurs inutiles.

12. Pesante, c'est-à-dire embrouillée et manquant de clarté.

13. L'auteur du livre de l'Ecclésiaste qui est le roi Salomon, selon la tradition juive.

Ne verras-tu pas comment s'expriment les compagnons de Job
sur la prolifération des paroles : « Est-ce que ce flot de paroles
n'appelle pas une réponse ? Suffit-il d'être loquace pour avoir
raison » (Job 11, 2) ; « Job ne discourt pas en connaissance de
30 cause, ses paroles ne sont pas raisonnables » (ibid. 34, 35),
et beaucoup de semblables [discours]. Parce que nous connaissons la vérité sur cette question et que nous ne supportons pas la sottise de cet homme, nous avons veillé à rappeler seulement un peu la faiblesse de son langage et nous omettons ce qui ne mérite pas une réponse.

Quoique toutes ses paroles soient à l'examen soigneux, parmi celles qui ne méritent pas une réponse, il y a celle-ci : « Quiconque reconnaît sa mission a déjà renié l'Eternel, le Dieu d'Israël » [14]. Il apporte comme preuve ce qu'ont dit nos maîtres, de mémoire bénie : « Qui reconnaît l'idolâtrie est comme celui qui renie la Tora toute entière » [15]. Mais il ne tient pas compte de la différence entre celui qui professe l'idolâtrie sans contrainte et volontairement, comme Jéroboam et ses compagnons, et celui qui dit d'un homme, parmi les êtres humains, qu'il est prophète et ceci par nécessité et par peur de la mort.

Dès que nous considérons au début de ses propos une telle affirmation, nous disons : il ne convient pas de le réfuter avant d'avoir entendu tout son discours, comme dit le Sage : « Répondre avant d'avoir entendu est une folie et une cause de confusion » (Pro. 18, 13). Lorsque nous examinons un peu plus ses paroles, nous le trouvons tenir ce langage : « Celui qui dit cette chose, même s'il applique toute la Tora en secret et en public n'est plus juif » [16]. Ainsi cette intelligence pure [17] ne fait aucune différence entre celui qui ne respecte pas le Chabbat à cause de la menace du glaive et celui qui ne le respecte
31 pas volontairement. Ensuite nous trouvons cette déclaration :
« Lorsqu'un marrane [18] pénètre dans leur maison de prière [mosquée] pour y prier, même s'il ne dit pas un mot et qu'en-

14. Ceci vise la reconnaissance de la mission prophétique de Mahomet que l'on exigeait des marranes : « il n'est pas d'autre Dieu qu'Allah et Mahomet est son prophète ».

15. Sifré, Chlah ; Kidouchin 40 a ; Horayot 8 a ; Houlin 5 a.

16. Littéralement : c'est un *goy,* c'est-à-dire un gentil.

17. Par anti-phrase.

18. Le mot hébreu signifie « contraint », c'est celui qui a été utilisé pour désigner les marranes, à l'origine les Juifs d'Espagne, condamnés à pratiquer secrètement leur judaïsme.

suite il rentre chez lui pour dire sa prière, il [le sage interrogé] prétend que cette prière est un crime supplémentaire et qu'il commet un péché. Et il apporte des preuves fondées sur les paroles de nos maîtres, de mémoire bénie : « Car il est double le méfait commis par mon peuple... » (Jér. 2, 13), parce qu'ils vont se prosterner devant une idole tout en allant se prosterner au Temple [19]. Et il ne fait pas de différence entre celui qui se prosterne à la fois devant une idole et au Temple en reniant sa foi, pour souiller le nom de Dieu, pour profaner le Saint Nom, et celui qui entre dans une maison qui ressemble à n'importe quelle maison [une mosquée] pour célébrer la grandeur du Nom, sans le mentionner et sans rien dire qui soit en aucune façon contraire à la religion ; en outre ce dernier est contraint d'y pénétrer.

Nous trouvons également cette affirmation : Quiconque reconnaît cet homme [Mahomet] comme prophète, quoique cela soit fait sous la contrainte, est un impie, inapte à témoigner en vertu des inaptitudes au témoignage prescrites par la
32 Tora [20], et la Tora dit « ... Ne sois pas complice d'un impie en

19. Yoma 77 a : « Il y a 25 hommes qui, derrière le Temple du Seigneur, la face tournée vers l'est, se prosternent devant le soleil. Le Saint, béni soit-il, dit à Michael, prince d'Israël : " Ta nation a commis un péché ". Michael lui répond : " Maître du monde, il y en a de bons parmi eux et c'est grâce à ces hommes bons que le monde se maintient... " ».

20. Selon la Tora, car il existe des inaptitudes au témoignage fondées sur des décisions rabbiniques qui n'existent pas dans la Tora. Les inaptitudes définies dans la Tora s'appliquent à ceux dénommés « impies » (cf. Ex. 23, 1). Il ne faut pas placer l'impie dans la fonction de témoin. Le Talmud discute le point de savoir si la disqualification part du moment où le faux témoignage est établi, c'est-à-dire pour l'avenir ou bien s'il peut y avoir disqualification rétroactive (depuis le moment où le témoin a témoigné mensongèrement devant le tribunal). La rétroactivité peut avoir des effets nuisibles pour les acquéreurs (Baba Qama 72 b). « Qui est appelé " impie " ? C'est celui qui a transgressé un commandement positif puni de flagellation, et a fortiori celui qui a transgressé un commandement négatif passible de l'une des quatre peines de mort infligée par le Tribunal (de 23 membres) ». Les inaptitudes fondées sur des décisions rabbiniques sont énumérées dans la Michna (San. III, 3) : « Ceux qui jouent aux dés, les usuriers, ceux qui font voler des colombes, etc. car quoiqu'ils ne soient pas appelés " impies ", ce sont des hommes s'occupant de choses futiles et non de la bonne marche de la société ; ils ne sont pas considérés comme de bons citoyens car il est interdit à l'homme de s'occuper du monde autrement que par l'étude de la Tora, la pratique de la charité, le commerce, l'artisanat et les travaux contribuant à la bonne marche de la société ». Il faut savoir que ce problème de l'aptitude au témoignage est très important parce que tout le droit hébraïque est essentiellement établi sur des procédures fondées sur des témoins.

servant de témoin à l'iniquité » (Ex. 23, 1). « Ne mets pas l'impie en situation de témoin » [21].

Lorsque nous entendons son blasphème, ses insultes et sa prolixité stupide et perverse, nous disons : cela ne mérite pas que nous nous en occupions tant que nous n'avons pas entendu la fin de son discours ; peut-être en est-il selon le dire de Salomon : « La fin d'une entreprise est préférable à son début » (Eccl. 7, 8). Or nous l'entendons dire à la fin de sa réponse : « Les hérétiques et les incirconcis [22] croient à tel point, qu'ils meurent plutôt que reconnaître [à Mahomet] sa mission » [23]. Lorsque nous entendons cela, nous sommes effarés par un propos si extravagant [24], et disons : serait-ce qu'il n'y a pas de Dieu dans Israël ! Si un idolâtre brûle son fils et sa fille pour son culte, à plus forte raison devrions-nous nous brûler nous-mêmes pour le service de l'Eternel ! [25] Malheur pour la question et malheur pour la réponse [26]. Lorsque nous voyons le début de son discours, il prend une preuve ne correspondant pas à ses paroles, et à la fin [de son discours] il représente

21. Baba Qama 72 b.

22. Les incirconcis sont ici les chrétiens, car leur tour est venu également puisque les Almohades les ont forcés par le sang et le feu à accepter la religion de l'Islam.

23. Ils respectent leur foi et décident d'accepter une sainte mort plutôt que de suivre la volonté de leurs oppresseurs et de reconnaître la mission prophétique de leur prophète (à plus forte raison les fils d'Israël, croyants, fils de croyants devaient agir de même). Selon les historiens, les chrétiens résidant chez les Almohades étaient renforcés dans leur foi et quittaient les pays de persécution, parce qu'ils étaient entourés d'Etats chrétiens qui les accueillaient les bras ouverts. Cela n'était pas le cas des Juifs à qui les pays d'alentour étaient fermés.

24. C'est un comble qu'un sage d'Israël aille chercher une preuve chez les hérétiques et les incirconcis sur la façon dont doivent se comporter les fils d'Abraham en matière de foi et de religion.

25. A l'aide de cet « a fortiori », Maïmonide nous enseigne avec une ironie mordante combien sont faibles et ridicules les preuves apportées par le sage interrogé. Il lui dit presque : tant que tu ne nous auras pas présenté dans ta réponse les hérétiques et les incirconcis comme modèles pour la force de leur foi, pourquoi ne prendrions-nous pas pour modèle les idolâtres qui, à défaut de leur foi perdue, sacrifient leurs fils et les font brûler en l'honneur de l'idole adorée. Par la force de cet « a fortiori » nous nous sacrifierions et nous nous ferions brûler pour le service de Dieu.

26. C'est-à-dire malheur à nous pour que nous en soyons arrivés à devoir poser une question telle que celle qui a été posée ; et malheur à nous pour la réponse faite par le sage interrogé sur cette question.

33 comme droite à ses yeux la conception des hérétiques et des chrétiens ; je dis que sont justes les paroles de l'Eternel : « Le début de ses paroles est sottise, la conclusion de son discours est méchante insanité » (Eccl. 10, 13).

Il convient que vous sachiez que l'homme ne doit pas parler ni interpréter l'Ecriture publiquement, avant qu'il ne révise ce qu'il veut dire deux, trois et quatre fois et l'étudie soigneusement et qu'ensuite seulement il parle. C'est ce que disent nos maîtres, que la paix soit sur eux, et ils apportent une preuve tirée de l'Ecriture [27] : « C'est alors qu'il l'a vue et appréciée à sa valeur » [la Sagesse] (Job 28, 27) et après « Il parle à l'homme » (ibid. 28). Ceci est dit à propos de ce que l'homme doit dire oralement ; mais ce que l'homme grave de sa main et écrit dans un livre, ne convient-il pas qu'il le révise mille fois, si cela se peut.

Voilà un homme qui n'a rien fait de pareil, mais qui a écrit ces nobles citations comme des formules toutes faites ; il n'a pas pris soin de les écrire au brouillon puis de les corriger, parce qu'il n'avait aucun doute à propos d'une question sur laquelle il n'était pas nécessaire de revenir ; et il a transmis cette réponse à un homme qui l'a diffusée dans toute ville et région et il a obscurci avec ses paroles le cœur des hommes,
34 « Il répandit des ténèbres et fit régner l'obscurité » (Ps. 105, 28).

II

Et maintenant je commencerai à expliquer la grandeur (de l'erreur) où ce malheureux s'est fourvoyé, ce qu'il a fait de lui-même sans savoir ; comment il crut faire le bien, et entraîna de nombreux maux ; il apporta de nombreuses preuves qui n'étaient pas pertinentes ; il parla avec impertinence et se laissa entraîner par sa plume. Il dit qu'il est bien connu par les paroles de nos maîtres, de mémoire bénie, qu'Israël à l'époque de Moïse, avant la sortie d'Egypte, perdit ses coutumes, abandonna la circoncision [28], qu'il n'y avait plus parmi eux de circoncis

27. Gen. R. Chap. 26 - Tanhouma Paracha Tissa, Yal. 2e part. 916
28. Qui était le signe de l'alliance entre Israël et Dieu depuis le temps d'Abraham.

hormis la tribu de Lévi, jusqu'à ce que vint le commandement de la Pâque et que Dieu dit à Moïse : « Aucun incirconcis n'en mangera » (Ex. 12, 48) et il leur ordonna de pratiquer la circoncision. Ainsi disaient nos Sages de mémoire bénie : « Moïse circoncisait, Josué retroussait [les prépuces] et Aaron aspirait [le sang] [29] ». On rassembla les prépuces en tas et le sang de la circoncision se mêla au sang de la Pâque et par cet acte ils méritèrent le salut [30] et c'est la parole que YHVH adressa à Ezéchiel (16, 6) : « Je te vis t'agiter dans ton sang et je dis : vis dans ton sang ». Les maîtres [31] disent qu'ils se corrompirent dans l'inconduite sexuelle selon la parole de Dieu : « Fils de l'homme, il y avait deux femmes filles d'une même mère, elles se prostituèrent en Egypte... » (Ez. 23, 2) — et bien qu'ils se trouvassent dans cette situation de mal, quand Moïse, la paix soit sur lui, dit : « Ils ne me croiront pas et n'écouteront pas ma voix » (Ex. 4, 1), Dieu l'en accusa et dit : Moïse ! Ce sont des croyants, fils de croyants, des croyants comme il est écrit (Ex. 4, 31) : « Et le peuple y eut foi », ainsi que des fils de croyants comme il est écrit (Gen. 15, 6) « Et il [Abraham] eut foi en l'Eternel et l'Eternel lui en fit justice » — mais toi, tu n'as pas cru à la fin, comme il est écrit : (Nom. 20, 12) : « Puisque vous [Moïse et Aaron] n'avez pas assez cru en moi pour me sanctifier aux yeux des enfants d'Israël, aussi ne conduirez-vous point ce peuple dans le pays que je leur ai donné », et il fut puni aussitôt comme nos sages

29. Nom. R. chap. 11.

30. Mekhilta chap. V, Keritot 9 a, Ex. R. 19, 1 : « Le Saint, béni soit-il, dit à Moïse : S'ils (Israël) ne sont pas circoncis ils ne mangeront pas (de la Pâque) et aussitôt ils se livrèrent à la circoncision, et le sang de l'agneau pascal se mélangea au sang de la circoncision ; le Saint, béni soit-il. passa et prit chacun pour l'embrasser et le bénir, comme le dit l'Ecriture : " ...je passai auprès de toi, je te vis t'agiter dans ton sang et je te dis : " Vis dans ton sang " (Ez. 16, 6). Vis dans le sang de Pâque, vis par le sang et la circoncision. " »

31. Sifra, Aharei Mot Chap. XI, Lev. R. 23, Yoma 75 a : « Le Talmud interprète l'Ecriture : " Il nous souvient du poisson que nous mangions pour rien en Egypte... " (Nom. 11, 5). Un Tanna interprète le mot poisson comme une allusion aux interdictions sexuelles, qui n'avaient pas encore été prescrites et ils (les Israélites) pleuraient sur le fait que la Tora les aient édictées. Le mot poisson serait une sorte d'euphémisme, pour éviter de parler ouvertement de sexualité. Pro. 30, 20 est également cité à l'appui de cette interprétation, le mot " manger " signifiant là aussi satisfaire ses appétits, dans un exemple de femme adultère ».

l'interprètent [32] : « Celui qui suspecte les innocents est puni dans son corps, d'où le savons-nous ? de Moïse » [33].

De même, à l'époque d'Elie, tout Israël était idolâtre et volontairement dans leurs péchés [34], à l'exception de sept mille personnes. « Mais j'épargnerai sept mille en Israël, à savoir tous ceux dont le genou n'a pas fléchi devant Baal et dont la bouche ne lui a pas adressé d'hommages » (I Rois 19, 18). Et pourtant, lorsqu'il se dressa pour instruire la culpabilité d'Israël sur le mont Horeb, comme il est dit : « Voici que la voix divine s'adressa à lui, disant : Que fais-tu là Elie ? Il répondit : J'ai fait éclater mon zèle pour toi, Seigneur Cebaot parce que les enfants d'Israël ont répudié ton alliance » (I Rois 19, 9-10), Dieu lui dit : « Est-ce ton alliance ? » Elie lui dit : Même tes autels, ils les ont renversés. Dieu lui dit : « Est-ce ton autel ? » Elie lui dit : Et tes prophètes ils les ont fait périr par le glaive [35]. Dieu lui dit : « Toi tu es vivant ». Elie lui dit : « Moi seul je suis resté et ils cherchent aussi à m'enlever la vie ». Le Saint, béni soit-il, lui répondit : Tant que tu professes la culpabilité d'Israël, tu n'as pas à proférer celle des nations du monde qui possèdent des lieux de réunion, des temples idolâtres ; tu plaiderais donc la culpabilité d'Israël ? Comme il
36 est dit (Is. 17, 2) : « Les villes d'Aroer [36] seront désertes ». « Va, reprends ta route vers le désert de Damas [37] » (I Rois

32. Chabbat 97 a.

33. Parce que Dieu lui dit (Ex. 4, 6) : « Mets ta main dans ton sein. Il mit sa main dans son sein, l'en retira et voici qu'elle était lépreuse, blanche comme la neige » c'est-à-dire qu'il fut frappé dans son corps. C'était sa punition pour avoir suspecté des hommes innocents et d'avoir dit : « ils ne me croiront pas », car la lèpre est la punition de la médisance.

34. Et pas par nécessité et violence comme les marranes.

35. Maïmonide transforme en dialogue ce que dit Elie au verset 10 (I Rois 19, 10 à 14).

36. Ville sur le torrent d'Arnon, dans le pays de Moab. Ce nom a une signification, Aroer veut dire isolé, solitaire.

37. Et mets Damas en accusation et pas Israël. Il semble que les mots « les villes d'Aroer seront désertes » soient ici superflus et rompent le lien avec le verset : « Va, reprends ta route vers le désert de Damas » mais la source en est dans le Midrach Aggada. Selon le Midrach, les villes d'Aroer ne se trouvent pas en Aram mais en Israël et les fils d'Israël y pratiquaient l'idolâtrie. Lorsqu'Elie commença à mettre Israël en accusation, Dieu lui dit : au lieu d'accuser mon peuple, Israël, va et accuse les habitants de Damas. Voir commentaire de Rachi sur Is. 17, 2.

19, 15) ; tout ceci est évident pour les maîtres dans le Midrach Hazita (Cant. Rabba 1, 6).

De même à l'époque d'Isaïe, Israël multipliait les péchés comme il est dit : « Malheur à toi, nation pécheresse » (Is. 1, 4), et il y avait parmi eux des idolâtres (ibid. 57, 8) : « Derrière le battant et le poteau de ta porte tu places l'objet de ton culte », et il y avait parmi eux des hommes qui répandaient le sang (ibid. 1, 21) : « Comment est-elle devenue une prostituée la cité fidèle et maintenant c'est un repaire d'assassins » ; de même ils profanaient le Nom des Cieux (ibid. 22, 13) : « Mangeons et buvons, dites-vous, car demain nous mourrons » ; et ils dédaignaient les commandements de Dieu (Is. 30, 11) : « Eloignez-vous du chemin, détournez-vous de la route, laissez-nous en paix avec le Saint d'Israël ». Et pourtant, parce qu'il dit : « Je demeure au milieu d'un peuple aux lèvres impures » (ibid. 6, 5), aussitôt « Un des séraphins vola à moi, tenant en main une pierre ardente, il en effleura ma bouche et dit : Cela a touché tes lèvres et maintenant tes péchés ont disparu, tes fautes sont effacées » (Is. 6, 7) ; mais il ne fut pas absout jusqu'à ce que Menassé le tue, comme l'ont dit nos
37 maîtres (cf Yeb. 49 b).

Lorsque l'ange apparut pour plaider la culpabilité de Josué, fils de Jozadak à cause de ses fils qui épousaient des femmes indignes de la dignité d'un prêtre [38], Dieu l'a écarté [39], comme il est dit (Zac. 3, 2) : « L'Eternel te réprouva, ô Satan, oui il te réprouve l'Eternel qui a élu Jérusalem. Celui-ci n'est-il pas un tison sauvé du feu ? »

Si ainsi sont punies les colonnes du monde : Moïse, Elie, Isaïe et les anges du Service lorsqu'ils profèrent quelques paro-

38. Il est écrit dans Ezra 10, 18 : « Il s'en trouva parmi les enfants des prêtres qui avaient épousé des femmes étrangères, parmi les enfants de Josué, fils de Jozadak et ses frères ».

39. Voir Sanhedrin 93 a : le Talmud relate la conduite honteuse d'Achab et de Tsidkiyahou envers la fille de Nabuchodonozor à Babylone. A titre d'épreuve, et de punition, le roi les avait fait passer à la fournaise en compagnie de Josué le Grand-Prêtre. Josué s'en tira avec des vêtements roussis, mais Achab et Tsidkiyahou furent rôtis. Au sujet de cette péripétie « Rav Pappa a dit (pour Josué le Grand-Prêtre) : c'est parce que ses fils avaient épousé des femmes indignes de la dignité d'un prêtre et qu'il ne s'y est pas opposé ainsi qu'il est dit : « Et Josué était revêtu de vêtements souillés » (Zac. 3, 3). Josué avait-il pour habitude de s'habiller de vêtements souillés ! Mais cela nous enseigne que ses fils avaient épousé des femmes indignes de la dignité d'un prêtre et il ne s'y était pas opposé ».

les contre la communauté d'Israël, à plus forte raison lorsqu'un homme de peu de valeur déchaîne ses paroles contre les communautés d'Israël, les maîtres et leurs disciples, les prêtres et les lévites et qu'il les traite de criminels, d'impies, de gentils, d'inaptes au témoignage, d'hérétiques envers l'Eternel, Dieu d'Israël. C'est ce qu'il a écrit dans son manuscrit. Combien grande sera sa punition !

Pourtant ils [les marranes] ne se rebellèrent pas contre l'Eternel par recherche de l'agrément et du plaisir, ils n'abandonnèrent pas la religion, et ne s'en éloignèrent pas pour atteindre les sommets et le plaisir temporel [40]. « Mais c'est devant les glaives qu'ils ont fui, devant les glaives tranchants, devant les arcs tendus et devant la violence des combats [41] ». Et il ne savait pas cet homme [le sage interrogé] que ceux qui ne sont pas des criminels de propos délibéré, Dieu ne les délaisse pas, ne les abandonne pas et « il n'a point dédaigné, il n'a point méprisé la misère du malheureux [42] ». Comme l'ont dit nos maîtres [43] : « [Isaac] aspira l'odeur de ses vêtements, il le bénit et dit... » (Gen. 27, 27) ; ne lis pas « ses vêtements » mais « ses traitres » [44] ; en fait, ce qu'il a dit, il l'a inventé de son
38 cru [45]. C'est chose célèbre aussi que Rabbi Méïr fut arrêté au moment d'une des persécutions au cours de laquelle furent massacrés les maîtres d'Israël [46]. Ceux qui le connaissaient lui dirent : N'es-tu pas Méïr ? Il répondit non. Ils lui dirent : Mange ceci si tu ne fais pas partie d'Israël ! Et il y avait un porc devant eux [47]. Rabbi Méïr leur dit : J'en mangerais volontiers. Et il fit mine d'en manger mais n'en mangea pas, comme le dirent

40. C'est-à-dire le pouvoir et la domination.

41. Tiré du verset d'Is. 21, 15. L'auteur veut souligner que tout ce qu'ils ont fait, ils l'ont fait par contrainte, à cause de la menace de la mort.

42. Tiré du Ps. 22, 25.

43. Gen. R. 80, Sanhedrin 37 a : « Rabbi Zera cite cet autre texte . " Il respirait le parfum de ses vêtements " (Gen. 27, 27). Ne lis pas *Begadav*, ses vêtements, mais *Bogedav*, ses traîtres (qui gardent tout de même un parfum de piété) ». Cette variante d'interprétation est rendue possible par une écriture non vocalisée.

44. Car même les traîtres et les ignorants en Israël sont chers au Saint, béni soit-il, et sont pour lui comme l'arôme agréable de l'encens.

45. Et non pas sur la base de la Tora et des dires des maîtres.

46. Sa vie était en danger ; c'était au temps du décret de persécution d'Hadrien, qualifié de gibier de potence par la tradition juive.

47. Car ils savaient que s'il était Rabbi Méïr, il ne mangerait évidemment pas du plat qu'ils lui présentaient.

les maîtres[48]. Il n'y a pas de doute que Rabbi Méïr fût un Gentil aux yeux de cet homme modeste [le sage interrogé] qui connaît le fond de la Tora, puisque c'est ce qu'il écrivait dans sa lettre de réponse, à savoir que quiconque est publiquement un Gentil et en secret un fils d'Israël, cet homme est comme un Gentil parce qu'il ne rend un culte à l'Eternel qu'en secret et le cache comme Rabbi Méïr.

Et de ce qui est célèbre également nous apprenons que Rabbi Eliézer fut arrêté pour être converti à l'hérésie qui est plus grave que l'idolâtrie. Les hérétiques connaissent l'Eternel, plaisantent sur les religions et disent : « Stupide est celui qui s'en occupe, fou celui qui les étudie » et ils nient complètement la prophétie[49]. Rabbi Eliézer était connu comme un grand savant
39 dans toutes les formes de sagesse, et ils lui dirent : Comment es-tu parvenu au degré de sagesse où tu te trouves et comment peux-tu croire à cela [à la foi juive] ? Il leur fit une réponse vague leur laissant supposer qu'il croyait à leur foi. Dans cette réponse son intention visait la foi véritable [la Tora de Moïse] et aucune autre. C'est le cas cité dans le Midrach de l'Ecclésiaste[50] qui est ainsi décrit : « Cas de Rabbi Eliézer qui fut arrêté afin d'être converti à l'hérésie et conduit à la capitale

48. Avoda Zara 18 b — Ecc. R. 7, 11 : Rabbi Méïr à Rome se réfugia dans une maison de prostituées pour échapper à une arrestation. D'autres disent qu'il arriva qu'on le vit devant une nourriture cuite dans de la faïence, il y trempa un doigt et suça l'autre.

49. Des sectes religieuses diverses reçurent le nom de Minim, dont certaines émanaient du sein d'Israël, comme les Saducéens, les Boethuséens et en particulier les judéo-chrétiens au moment de la naissance du christianisme ; mais il y avait aussi des Minim qui se dénommaient ainsi, du nom du fondateur de la secte dont le nom était Mani et qui était Perse, dont les enseignements étaient un mélange de conceptions religieuses empruntées à la Tora juive, et des textes persans et chrétiens. Ils étaient également considérés comme hérétiques, ils provoquèrent des luttes religieuses dont le lieu d'effervescence fut la Perse, champ de bataille entre croyants et hérétiques ; à cause de cette agitation ils furent persécutés par les autorités. Ici, dans le cas de Rabbi Eliézer, on vise les agresseurs d'Israël qui étaient nombreux à l'époque de Rabban Gamaliel II, ils reniaient les principes de la foi d'Israël, la prophétie et les révélations de Dieu aux prophètes. Il y avait des provocateurs, des corrupteurs et même des dénonciateurs de Juifs croyants aux autorités romaines. Contre eux Rabban Gamaliel et son tribunal ordonnèrent d'instituer la bénédiction contre les hérétiques ou la bénédiction des Saducéens que créa Samuel le Petit, qui dit : « Pour les délateurs qu'il n'y ait pas d'espoir » (18e Bénédiction).

50. Sur le verset de Eccl. 1, 8 ; cela se trouve aussi dans Avoda Zara 16 b.

devant le gouverneur [51] qui lui dit : « Un sage tel que toi qui
s'occupe de telles choses ! « Rabbi Eliézer lui dit : J'ai confiance
dans le juge ; ce gouverneur pensait qu'il était personnellement
40 visé alors que Rabbi Eliézer visait le Nom céleste [52]. Ce gou-
verneur lui dit : Rabbi, puisque tu as eu confiance en moi,
moi aussi j'étais étonné : est-il possible que celui-ci s'égare
après toutes ces choses ? Amnistie [53] ! Voici tu es libre ». L'on
vient de t'expliquer que Rabbi Eliézer fit croire au gouverneur
qu'il était hérétique alors que son cœur restait dévoué à Dieu
— et l'hérésie est plus grave que l'idolâtrie, comme cela est
expliqué dans tout le Talmud. Sans aucun doute Rabbi Eliézer
est disqualifié aux yeux de cet homme intègre [54] comme il l'a écrit
dans sa réponse. Dans cette persécution où nous nous trouvons,
nous ne simulons pas que nous servons une idole [55] mais
[nous faisons seulement semblant] de croire ce qu'ils nous
disent [56]. Ils se rendent bien compte que nous ne le croyons
en aucune façon mais que le roi est abusé [par cette accep-
tation verbale] : « Ils l'amadouaient avec leur bouche, en paro-
les ils lui offraient des hommages menteurs » (Ps. 78, 36). L'on
sait ce qui est arrivé à Israël à l'époque de Nabuchodonozor
l'impie, que tous ceux qui étaient à Babylone se prosternèrent
41 devant la statue sauf Hanania, Mishael et Azaria. Comme l'Eter-
nel dit à leur sujet (Is. 29, 22) : « Désormais Jacob ne sera plus
mortifié, désormais son visage ne doit plus pâlir [57] ». Peut-être
le forgeron et le serrurier [58] étaient-ils de ceux qui se proster-
nèrent s'ils se trouvaient alors à Babylone. Et pourtant nous

51. Ou chef des juges, ou chef de leurs prêtres.

52. Le juge de vérité, c'est-à-dire Dieu.

53. *Dimous* est un mot grec venant, semble-t-il, du serment que le procureur prononçait pour libérer un homme passible de mort.

54. Le rabbin fanatique qui a été interrogé.

55. On ne demande aucune action à ceux qui « reconnaissent » Mahomet.

56. En faisant l'aveu oral qui est demandé « Mahomet est un prophète et un envoyé de Dieu ». Mais aucun acte n'est demandé.

57. De honte. A la façon de ceux dont le visage pâlit et blêmit sous le coup de la honte. Maïmonide veut dire : dans l'exil de Babylone, à l'époque du décret de persécution de Nabuchodonozor, décrit dans le livre de Daniel, tous les Juifs étaient contraints — et aucun Juif sauf Daniel et ses compagnons — ne sanctifiait le Nom divin en public, et Jacob leur père avait honte d'eux. Alors en voyant ses fils Hanania, Mishael et Azaria exposer leur vie pour la sanctification du Nom, il n'eut plus honte et il ne pâlit plus. Voir également le *Livre des commandements* de Maïmonide, commandement n° 9.

58. II Rois 24, 14.

ne voyons jamais qu'on les ait appelés ni impies ni Gentils, ni inaptes au témoignage, et Dieu, béni soit-il, ne les a pas suspectés du péché d'idolâtrie parce qu'ils étaient soumis à la contrainte. C'est ce qu'ont dit les maîtres [59] : « Ils faisaient semblant, moi aussi je ferai semblant avec eux à l'époque d'Aman. » Il n'y a cependant pas de doute que cet homme [60] craint l'Eternel. « Malheur à celui qui entre en lutte avec son créateur, vase fragile au milieu d'autres vases de terre ! L'argile dira-t-elle au potier qui la pétrit : « Que fais-tu ? Ton œuvre est imparfaite [61] »
42 (Is. 45, 9). L'on sait aussi ce qui est arrivé à Israël sous la royauté grecque impie [62] à cause de ses décrets durs et pervers, parmi lesquels il y avait le suivant : aucun homme ne devait fermer la porte de sa maison afin qu'il ne s'isole pas et ne puisse pratiquer aucun commandement ; malgré cela nos maîtres, de mémoire bénie, ne les ont pas traités de Gentils ni d'impies mais de justes parfaits ; ils ont imploré en leur faveur [63] et ont ajouté dans le rituel au temps de Hanouka, « Sur les miracles » jusqu'à « et les impies aux mains des justes ».

Si nous n'avions pas convenu au début de ne pas rappeler tout ce que dit ce déplaceur de mots [64], je rapporterais sur cette question toutes ses paroles dans leur intégralité ; comment un homme de sa valeur peut-il agir aussi sottement et aller jusqu'à prononcer de telles paroles ; il tendra la main, il écrira et répondra lorsqu'on l'interrogera ! A propos de la seule question posée, comme nous l'avons rappelé [65], il fournit des réponses

59. Meguila 12 a.

60. Le sage interrogé.

61. Maïmonide veut dire : quoique je ne doute pas que le sage interrogé craigne Dieu et que sa réponse découle de sa crainte des Cieux ainsi que de l'amour de la Tora et des commandements, mais, parce qu'il ne connaît pas la juste mesure de son amour et de sa crainte, il semble entrer en lutte avec son créateur et diverger d'opinion avec lui.

62. L'époque Antiochus IV Epiphane, roi des Grecs-syriens.

63. C'est à cause d'eux que l'on a introduit une prière d'action de grâce dans les Dix-Huit Bénédictions et dans la bénédiction sur la nourriture.

64. C'est une expression tirée de l'Ecriture : « Il déplace les montagnes à leur insu et il les bouleverse en sa colère » (Job. 9, 5) et du verset : « On leur a enlevé le don de la parole, ils ne savent plus quoi dire » (Job 32, 15). Maïmonide le qualifie de « déplaceur de mots » parce qu'il déplace les mots de leur vraie place, il extrait les questions de leur source et les utilise sans discernement.

65. La question posée étant : « Est-ce qu'un Juif qui reconnaît la vocation prophétique de Mahomet et ne meurt pas, reste juif ou non ? »

qui ne sont pas pertinentes et apporte comme preuves ce qui concerne les témoins mensongers, ceux qui maudissent père et mère, le commandement des tsitsit [66], le labour avec le bœuf et l'âne, le croisement des animaux, comme si on lui avait demandé
43 de composer des mises en garde [67] et qu'il y énumère tous les commandements. Il dit aussi que les Ismaélites ont un culte idolâtre à La Mecque et en d'autres endroits — comme si celui qui pose la question demandait s'il doit ou non aller à la fête de La Mecque [68]. Il dit aussi que le dément [69] tua vingt-quatre mille hommes d'Israël. Comme si celui qui interroge demandait s'il [Mahomet] aurait part au monde futur, et beaucoup de choses semblables [70]. En vérité cet homme [le sage interrogé] devrait bien méditer les paroles de Salomon, que la paix soit sur lui : « N'ouvre pas la bouche avec précipitation, que ton cœur ne soit pas prompt à proférer quelque parole devant Dieu car Dieu est au ciel et toi tu es sur la terre, c'est pourquoi tes propos doivent être peu nombreux » (Eccl. 5, 1) car s'il avait médité ce verset, il aurait su que quiconque répond à une question ou donne des instructions concernant ce qui est interdit ou permis, décide devant Dieu, et cela lui aurait évité de tomber dans ses erreurs [71].

Le Nom le sait pour toujours et lui me suffit [72] car même s'il insultait plus encore et s'il ajoutait de nouvelles paroles [73],

66. Port des franges rituelles.

67. Composition présentant les 613 commandements sous forme de *Pioutim* (poèmes liturgiques) comme les mises en garde de Rabbi Saadia Gaon.

68. L'auteur vise ici la pierre noire, la Kaaba qui y était adorée depuis l'Antiquité avant l'apparition de Mahomet. A son époque on élimina toutes les autres idoles et il ne subsista que la pierre noire, objet de vénération jusqu'à aujourd'hui. Maïmonide qui vivait dans un état islamique savait parfaitement que les musulmans ne sont pas des idolâtres.

69. Surnom de Mahomet, peut-être tiré de l'Ecriture : « Le prophète en perdra la tête, l'homme inspiré en deviendra dément... » (Osée 9, 7). En effet Mahomet revendiqua la qualité de prophète et voulut que sa mission fût reconnue.

70. Qui ne sont pas dans le domaine de la question posée.

71. Voir Berakhot 61 a.

72. Maïmonide veut dire : je n'ai pas peur vis-à-vis des hommes, qu'ils me croient ou ne me croient pas ; il me suffit que Celui qui scrute les cœurs sache à jamais qui a dit la vérité et que mon langage n'est pas perfide.

73. Maïmonide s'excuse du ton coléreux de cette lettre, car cela est contraire à sa nature et à sa manière, ainsi que de sa tentative de répliquer au « sage » et de combattre sa parole qui ne mérite pas cela.

il ne nous ferait pas de tort [74] et en aucune façon nous ne demanderions d'aide pour nous-mêmes [75], mais nous aurions dit : « Couchons-nous dans notre honte, enveloppons-nous de notre ignominie, puisque nous avons péché contre l'Eternel, notre Dieu, nous et nos ancêtres. » [76] Je lui aurais dispensé davantage de formules de grandeur et de dignité [77], en disant : il visait le nom du ciel. — Du fait que, Dieu soit loué, nous connaissons notre valeur et nous ne sommes pas assez sots [pour la surestimer] [78] : « Nous reconnaissons, Seigneur, notre culpabilité, la faute de nos ancêtres ; assurément nous avons péché contre toi [79] ». Il n'aurait pas été convenable pour nous de l'attaquer s'il n'avait pas écrit ces choses, [mais comme il l'a fait], il ne sied pas de le négliger et de faire le sourd à son égard [80], mais il a dit : « Celui parmi les hommes persécutés, qui prie, ne sera pas récompensé de sa prière et il commet une transgression ». Nous savons que ce qui a été écrit dans sa réponse, que ce soit sain ou pervers, a été publié parmi les
45 hommes, — c'est ce qui multiplie les opinions nuisibles dans la population. Cette opinion nuisible ne se situe pas dans nos rapports entre toi et moi mais elle sera inscrite dans des livres [81], cela créera sans aucun doute un parti pour lui ; c'est pourquoi nous craignons que cette réponse, adressée au nom de

74. Nous ne ressentirions aucun tort venant de lui. Maïmonide parle ici à la première personne du pluriel ; cela a toujours été son habitude dans sa vie : se joindre au public, et supporter avec lui le joug et la responsabilité.

75. Pour nous excuser et nous justifier.

76. Jér. 3, 25.

77. Et moi qui parle maintenant de sa honte, je l'estimerais en raison de sa dignité et je le louerais de sa bonne intention.

78. Car nous connaissons tous l'affliction de nos âmes et nous n'agissons pas sottement sans connaître les impulsions de nos cœurs et la médiocrité de notre condition pour dire : « nous sommes des justes et nous n'avons pas péché ».

79. Jér. 14, 20.

80. Nous ne l'aurions pas attaqué et nous n'aurions pas critiqué les termes de sa réponse s'il n'avait pas écrit des affirmations contraires à la raison, dénuées de bon sens et de chaleur humaine, telles qu'il est impossible de les passer sous silence, des choses nuisibles, susceptibles de détourner complètement les marranes de l'Eternel, leur Dieu, auquel il restent dévoués malgré le décret de persécution, puisqu'ils appliquent les commandements en secret.

81. Le problème de l'opinion nuisible concerne le public parce qu'elle est consignée dans un document écrit.

Dieu, parvienne aux gens simples qui concluront que la prière [82] n'apporte pas de récompense et ils ne prieront plus ; il en est de même pour le reste des commandements : s'ils les respectent, il n'y aurait aucune récompense pour l'accomplissement de l'un d'entre eux [83].

III

Et voici maintenant que je vais expliquer où en est tombé celui [84] qui s'acharne à abuser ses lecteurs. Déjà la Bible a donné une interprétation sur Achab, fils d'Omri, l'apostat et l'idolâtre à propos duquel Dieu témoigne : « En vérité personne encore ne s'était comme Achab, adonné à faire ce qui déplaît à l'Eternel, entraîné qu'il fut par sa femme Jézabel » (I Rois 21, 25). Lorsqu'il jeûna deux heures et demie, selon les dires de
46 nos maîtres, de mémoire bénie [85], le décret de condamnation fut annulé en ce qui le concernait comme il est dit : (I Rois 21, 29) « Tu as vu (l'Eternel s'adresse à Elie) comme Achab s'est humilié devant moi ! Pour le prix de cette humilité, je ne susciterai pas le malheur sous son règne ; c'est du temps de son fils que je susciterai le malheur sur sa maison », et le Saint, béni soit-il, ne l'a pas frustré de la récompense de son jeûne [86].

Eglon, roi de Moab, persécuta Israël, or il montra du respect pour le Dieu d'Israël ; lorsque Ahod lui dit : « C'est une mission de Dieu que j'ai pour toi » (Juges 3, 20) et qu'il se leva de son trône, il reçut de l'Eternel une bonne récompense : il établit le trône de Salomon qui est le trône de l'Eternel, comme il est dit : (I Chr. 29, 27) « Salomon s'assit sur le

82. Les gens simples ne discernent pas entre les paroles conformes à la nature et à la pensée réfléchie et les paroles vaines et insensées.

83. Et ils ne continueraient pas à les appliquer, puisque, non seulement il n'y a aucune récompense à en attendre mais de plus on commettrait une transgression. Alors ils rompraient tout lien avec le judaïsme et avec Dieu puisque, de toute façon, selon les paroles du sage questionné, ils n'auraient plus part au Dieu d'Israël. Cela a encouragé Maïmonide à ne pas négliger le problème, et à ne pas rester dans l'indifférence mais, au contraire, cela l'a poussé à le prendre à parti et à combattre les termes de sa réponse.

84. L'érudit à qui Maïmonide apporte la contradiction.

85. Taanit 25 b, J Sanhedrin 80 : 2.

86. Malgré l'immensité de son impiété et le nombre de ses péchés.

trône de l'Eternel », qui est le trône du Roi-Messie — or Salomon est de sa descendance, puisque Ruth la Moabite [87] était sa fille [d'Eglon] — c'est pourquoi nos maîtres [88], que la paix soit avec eux, dirent : le Saint, béni soit-il, ne l'a pas privé de sa récompense.

Pour ce qui est de Nabuchodonozor, l'impie, qui tua autant d'Israélites qu'il y a de grains de sable au bord de la mer et qui brûla la maison du marchepied [89] de notre Dieu, parce qu'il courut quatre pas pour saluer le Nom divin avant celui d'Ezéchias, comme l'on a dit [90] : « Il courut après lui quatre pas », sa récompense fut qu'il régna 40 ans comme Salomon [91]
47 — et le Saint, béni soit-il, ne le priva pas de sa récompense. Enfin, Esaü l'impie à propos duquel Dieu témoigna son hostilité [92], comme il est dit : (Mal. 1, 3) « J'ai aimé Jacob mais Esaü je l'ai haï » —, nos maîtres, de mémoire bénie, commentant ses mauvaises actions, disent [93] : « Ce jour-là il [94] commit cinq transgressions : il tua un être humain, il servit une idole, il viola une fiancée, il nia la résurrection des morts et il trahit son droit d'aînesse ». Il s'enveloppa dans son *talit* (châle de prière), entra chez Isaac son père et lui dit : « Père y a-t-il une dîme sur le sel ? » Isaac lui répondit : « Comme mon fils est rigoureux sur les commandements ! » Pour ce seul fait, parce qu'il avait appliqué un seul commandement : honorer son père, il fut récompensé en ce que Dieu lui donna un royaume qui ne cessera pas jusqu'à la venue du Roi-Messie, comme l'ont dit nos maîtres : Le fils de David ne viendra pas avant qu'Esaü prenne sa récompense pour avoir honoré père et mère comme il est dit (Zac. 2, 12) : « Oui ainsi parle l'Eternel Cebaot, à la poursuite de l'honneur, il m'a envoyé vers les peuples qui vous pillèrent, car quiconque vous touche, touche à la prunelle de mes yeux » et tel est le propos de nos maîtres, de

87. D'elle descendit la maison de David.
88. Nazir 23 b.
89. Un des noms du Temple de Jérusalem : « Le Ciel est mon trône et la terre mon marchepied » (Isaïe 66, 1).
90. San. 96 a.
91. Lev. R. *Ahareï-mot.*
92. Esaü ou Edom représente l'Empire romain.
93. Baba Bathra 16 b.
94. Où il rentra des champs, fatigué et où il vendit son droit d'aînesse pour un plat de lentilles (Gen. 25, 29-34).

mémoire bénie, en plusieurs endroits [95] : « Le Saint, béni soit-il, ne prive aucune créature de sa récompense » mais il récompense à jamais quiconque accomplit une bonne action et punit pour une action mauvaise celui qui la commet à chaque fois qu'il la commet [96].

Et si, à ces mécréants célèbres [97], Dieu donne une bonne récompense pour une toute petite bonne action, à ces fils
48 d'Israël qui ont subi la contrainte de la persécution et appliqué les commandements en secret, comment Dieu ne les récompenserait-il pas pour cela, comment ne ferait-il pas une différence entre celui qui respecte le commandement et celui qui ne le respecte pas, entre celui qui sert Dieu et celui qui ne le sert pas ? Tout cela [ces idées étranges,] découle des paroles de cet homme : « Mais lorsqu'il priera, il commettra une transgression ».

Ainsi il écrit et déclare : « Parce que mon peuple a commis deux transgressions [98] ». Son erreur vous a déjà été expliquée. Il n'a pas cessé de toujours blâmer ses contemporains [99] jusqu'à ce qu'il dépasse ce stade, et commence à parler contre la loi des maîtres, de mémoire bénie, comme nous l'avons démontré. Mais ce n'est pas tout, car il a également parlé contre la loi du Créateur [100], béni soit-il, en disant qu'il punira pour l'accomplissement des commandements : à savoir que la prière de l'un de nous [101] est une transgression. Sur ce même sujet

95. Sifra 76, Pesahim 118 a, Baba Kama 28 b, Orayiot 10 b, Nazir 23 b.

96. S'il ne se repent pas.

97. Comme Nabuchodonozor et ses pareils.

98. De ce verset il tire une preuve pour ses paroles ; il veut dire que lorsqu'on applique un commandement en même temps qu'une transgression, le commandement est également considéré comme une transgression.

99. Les marranes, ses contemporains, comme si les maîtres n'avaient pas dit : « Le Miséricordieux absout celui qui est contraint » (Baba Kama 28 b).

100. Il contredit le comportement de Dieu envers ses créatures, car Dieu ne prive aucune créature de sa récompense.

101. C'est-à-dire de l'un des marranes qui reconnaissent oralement la mission prophétique de Mahomet mais qui, dans le secret de leur cœur, restent fidèles à leur peuple, à leur religion et à leur foi en respectant la Tora et ses commandements. Maïmonide qui souffre de la souffrance de son peuple dit également ici « de nous », il utilise le pluriel et il s'y inclut lui-même comme nous l'avons déjà dit d'une façon générale ; il leur dit en quelque sorte : « Frères ! je suis avec vous dans la peine, vos tourments sont mes tourments, vos affronts sont mes affronts ».

Salomon a dit (Eccl. 5, 5) : « Ne prétends pas devant le messager de Dieu qu'il y avait une inadvertance de sa part [102] ».

IV

Lorsque je vis cette situation surprenante créée par cet
49 homme aux yeux malades [103], je me mis à rassembler des drogues et, pour commencer, quelques-uns des livres des anciens, pour en faire une mixture, un collyre utile pour cette maladie et la guérir avec l'aide de Dieu. Je veillai à diviser mes propos sur cette question en cinq catégories.

La 1re catégorie : la classification des commandements en période de contrainte.

La 2e catégorie : la limite de la profanation du Nom et sa punition.

La 3e catégorie : le mérite de ceux qui se font tuer pour la sanctification du Nom et de ceux qui sont contraints par la persécution.

La 4e catégorie : le rapport entre cette persécution et les autres persécutions et ce qu'il convient à l'homme de faire dans cette situation.

La 5e catégorie : exposé de ce qu'il convient à l'homme de faire pour survivre à cette persécution, que Dieu l'annule, Amen.

La première catégorie : la classification des commandements en temps de persécution peut se faire selon trois principes :

A. Parmi les commandements ce sont ceux concernant l'idolâtrie, l'inconduite sexuelle et l'effusion de sang pour lesquels il est ordonné à l'homme de se faire tuer pour ne pas les transgresser, en tout temps, en tout lieu et dans n'importe quelle circonstance. En vérité j'ai dit : en tout temps — je veux dire qu'il y ait persécution ou non et j'ai dit : en tout

102. Le début de ce verset est : « Ne permets pas à ta bouche de charger ta personne d'un péché... » et les sages disent (Ecc. R. 85) : à propos des élèves de la Tora, l'Ecriture veut dire : ceux qui se vantent de connaître la Tora et qui ne savent rien.

103. Toujours le même docteur anonyme.

lieu — je veux dire soit en privé, soit en public [104], et j'ai dit : en toute circonstance, je veux dire soit que le peuple oppresseur ait l'intention de lui faire renier [sa foi], soit qu'il n'ait pas l'intention de lui faire renier [sa foi] — plutôt mourir que d'enfreindre [la loi]. Mais pour tous les autres commandements, à l'exception de ces trois-là, en cas de contrainte, on verra ce qu'il faut faire [105].

B. Si l'intention de l'oppresseur vise son avantage personnel, l'on transgressera pour ne pas être tué, en temps de persécution ou non, en secret ou en public. La preuve de cette affirmation se trouve dans le chapitre sur le « fils rebelle » : « Mais l'acte d'Esther [106] [lorsqu'elle a été forcée d'épouser le roi Assuérus] n'était-il pas un acte public ? On a dit : Esther n'était qu'un terrain naturel. Rabba a dit : pour son plaisir personnel, c'est différent [107] ; car dit Rabba : Un Gentil, etc. » [108]. Et la halakha est conforme à l'opinion de Rabba.

S'il en est ainsi, cela vous explique qu'à chaque fois que l'intention [de l'oppresseur] vise son avantage personnel, on transgresse et on ne se fait pas tuer, même si c'est en public et en temps de persécution.

C. Si l'oppresseur a l'intention de faire renier [la foi], on examine la chose de cette façon : si c'est en temps de persécution, plutôt mourir que transgresser, soit en privé, soit ouvertement. Si ce n'est pas en temps de persécution, et si c'est en secret, on peut transgresser pour ne pas mourir. Si c'est en public plutôt mourir que de transgresser. Tel est le principe fondamental du raisonnement : « Lorsque Rav Dimi

104. En présence de dix fils d'Israël comme il est expliqué ci-après.

105. Le marrane examinera soigneusement la situation pour connaître l'intention de l'oppresseur.

106. San. 74 b. Esther n'a été qu'un « terrain naturel » c'est-à-dire un terrain passif, le roi Assuérus agissait seul. Rabba a dit : le roi Assuérus n'agissait que pour son plaisir personnel, il ne se souciait nullement de détourner Esther de sa fidélité religieuse.

107. La femme a également reçu l'ordre de défendre la sanctification du Nom lorsque l'on cherche par des actes à lui faire renier sa religion ; Assuérus ne cherchait pas à lui faire renier sa religion mais poursuivait son plaisir personnel, et dans ce cas on peut transgresser pour ne pas se faire tuer.

108. « Un gentil dit à un Israélite le jour du Sabbat : coupe l'herbe, donne-la à mes animaux, et je ne te tuerai pas, qu'il coupe et ne soit pas tué [car il n'y a pas profanation du Nom puisque l'étranger ne cherche que son avantage personnel] mais s'il dit : coupe l'herbe et jette-la dans la rivière — qu'il meure pour ne pas transgresser [car le but est alors de lui faire renier sa foi] ».

est venu [d'Erets Israël], il a dit au nom de Rabbi Yohanan [109] : Même si ce n'est pas un temps de persécution, on ne l'a dit qu'en ce qui concerne le privé mais si c'est en public, même un commandement mineur ne doit pas être transgressé selon les décisions rabbiniques [110] ». C'est ainsi qu'ils disent :
51 « Qu'est-ce qu'un commandement mineur ? Rabba fils de Rav Isaac dit : Même s'il s'agit de changer [la manière de nouer] le lacet de soulier [111] ». Et en vérité par « en public » je veux dire dix fils d'Israël ; car on dit : « Il n'y a pas de public s'il y a moins de dix personnes, tous Israélites ».

La deuxième catégorie porte sur la limite de la profanation du Nom et sa punition. La profanation du Nom se divise en deux parties : générale [112] et particulière [113].

La partie générale se divise en deux sections : l'une concerne le cas où un homme commet une transgression par provoca-
52 tion, il ne la fait pas par agrément ou pour le plaisir qu'il trouvera dans cet acte, mais parce qu'elle [la transgression] est petite et méprisable [114] à ses yeux. Celui-là profane déjà le Nom. Dieu dit : (Lév. 19, 12) : « Vous ne jurerez pas par mon Nom à l'appui du mensonge, ce serait profaner le nom de ton Dieu ». C'est un acte ne comportant aucun plaisir ni jouissance [115]. S'il le fait en public, il profane le Nom des cieux en public. Nous avons déjà expliqué que dans tout endroit où il est dit « en public », cela veut dire : dix Israélites.

109. San. 74 a.

110. C'est-à-dire une interdiction rabbinique établie pour faire une haie autour de la Tora mais pas une interdiction définie dans l'Ecriture ; car, d'après la Tora, il n'y a pas là d'interdit.

111. S'il y avait une différence entre la manière des païens et la manière des Juifs et que la première comporte quelque intention idolâtre, elle risquerait, en public, de signifier une adhésion à un culte idolâtre. Selon une autre explication, les gentils à l'époque portaient des lacets rouges et les Israélites des lacets noirs pour montrer qu'ils étaient Juifs ; si, en période de persécution, le gentil dit au Juif : mets des lacets rouges sinon on te tuera, il faut se faire tuer et ne pas le faire.

112. Qui s'applique à tous les hommes sans différence de position spirituelle et sociale.

113. Qui s'applique seulement à des hommes d'élite fameux.

114. C'est-à-dire qu'il commet une transgression sans utilité ni avantage mais par indignation, avec insouciance et mépris des commandements ; il semble que le motif de son action soit seulement de provoquer Dieu et d'irriter les hommes de son entourage.

115. Le serment mensonger.

La deuxième partie : si l'homme s'efforce par lui-même de ne pas corriger ses actions matérielles jusqu'à ce que l'on découvre sur lui, dans la foule, des histoires très indécentes. Quoiqu'il n'ait pas commis de transgression, il a déjà profané le Nom parce que l'homme doit se garder des transgressions dans ses rapports avec l'homme, de même qu'il se garde dans ses rapports entre lui et son créateur, comme il est dit (Nom. 32, 22) : « Vous serez quittes envers Dieu et envers Israël... », et c'est ce que l'on dit dans Yoma (86 a) : « Rav Nachman fils d'Isaac dit : comme parlent les hommes : « Dieu pardonnera à un tel » et l'on dit encore : « Comme ses compagnons ont honte de sa réputation » !

Et la partie particulière se divise en deux sections. La pre-
53 mière section : que l'homme sage fasse une action permise à tout homme, alors qu'il ne convient pas à un homme comme lui de faire une telle action [116], parce qu'il est connu pour sa conduite généreuse [117] et qu'il lui est demandé plus qu'à autrui ; c'est déjà profaner le Nom [si l'homme connu pour sa générosité agit comme un homme quelconque].

C'est ce que dit Rav au sujet de la limite de la profanation (Yoma 86 a) : « Lorsque je prends de la viande chez un boucher et que je ne lui paie pas le prix au moment de l'achat [118] », c'est-à-dire qu'un homme comme lui [un grand maître] ne doit pas prendre une chose sans la payer immédiatement, lorsqu'il prend, il ne doit pas différer le paiement, quoique cette conduite soit permise à tout homme. De même le dire de Rabbi Yohanan : « Lorsque je vais quatre coudées sans *tefilin* [sur ma tête et sur mon bras] », c'est une conduite qui ne convient pas à un homme comme lui. Dans tout le Talmud « un homme important est différent » [119].

La deuxième section : si un homme sage a, avec les autres

116. Celle qu'il fait maintenant.

117. Il a constamment l'habitude d'être rigoureux envers lui-même et de se comporter avec une stricte justice.

118. Cela ne serait pas conforme à la dignité de Rav et à sa situation matérielle.

119. Il est différent des autres, il doit être rigoureux envers lui-même et appliquer envers les autres une justice stricte : Berakhot 19 a : pour un homme important on s'efforce d'accroître les honneurs à l'occasion de son enterrement. Chabbat 51 a : « Lorsqu'il s'agit d'un personnage important la décision est différente ». Cette observation est faite à l'occasion d'une prescription sabbatique. Pesahim 110 a : un homme important sait que les esprits malfaisants le surveillent et il est nécessaire qu'il fasse davantage attention à lui.

hommes, un comportement inférieur et vilain dans des opérations d'achat, de vente, de négociation, s'il accueille les hommes avec colère et mépris, s'il n'est pas sociable avec les créatures, s'il ne se conduit pas envers les hommes de façon noble et honorable, voici qu'il a déjà profané le Nom. Ainsi disent les maîtres, que la paix soit sur eux [120] : « Quand l'homme lit et étudie, et n'en débat pas avec foi, et que son discours avec
54 les créatures n'est pas serein, qu'est-ce que les créatures disent de lui [121] etc. ? » Si je ne craignais pas les longueurs et de dépasser mes intentions, je vous expliquerais comment l'homme doit se comporter envers les fils d'homme ; comment il est convenable que toutes ses actions, ses paroles, son accueil [122], aboutissent à ce que le loue toute personne qui lui parle ou qui est en contact avec lui. De quoi parle-t-on en disant : « débattre avec foi » et que signifie « que son discours avec les créatures soit serein » ? En vérité seul un long commentaire [123] pourrait suffire et je reviendrai à mon propos.

La sanctification du Nom est le contraire de la profanation du Nom, c'est-à-dire qu'il y a sanctification lorsque l'homme applique un des commandements et qu'il n'y mêle aucune intention autre que l'amour de Dieu et son culte. C'est de cette façon que l'on sanctifie publiquement le Nom. De même, si l'on n'entend que de bonnes rumeurs sur lui, il sanctifie le Nom comme disent les maîtres : « Dès que l'homme etc. » jusqu'à : « il m'a dit : tu es mon serviteur, Israël, c'est par toi que je me couvre de gloire » (Is. 49, 3). De même le grand homme, lorsqu'il s'abstient de choses viles vis-à-vis des hommes, quoiqu'elles ne soient pas viles à ses yeux, sanctifie le Nom, comme il est dit : « Ecarte de ta bouche toute parole tortueuse, éloigne de tes lèvres tout langage pervers » (Pro. 4, 24).

La profanation du Nom est une faute très grave qui est punie, qu'elle ait été commise par inadvertance ou inten-

120. Yoma 86 a.

121. « Malheur à l'individu qui étudie la Tora. malheur à sa mère qui lui a enseigné la Tora, malheur au rabbin qui lui a enseigné la Tora, voyez combien ses actes sont pervers et combien sa conduite est vile ».

122. Il faut accueillir les créatures comme l'ordonne Chammaï (Avot 1, 15) : « Accueille tout le monde avec affabilité ».

123. Maïmonide a traité ultérieurement de toutes ces questions dans sa grande œuvre *Michne Tora,* sefer Hamada, halakhot deot.

55 tionnellement. Comme le disent nos maîtres, que la paix soit sur eux (Avot IV, 4) : « ... une chose est l'inadvertance et une autre la préméditation en ce qui concerne la profanation du Nom ». Tous les péchés perdurent chez l'homme [ils ne déclenchent pas une punition immédiate, dans l'attente d'une repentance possible] sauf la profanation du Nom qui n'attend pas, c'est ainsi qu'il est écrit[124] : « On ne fait pas crédit pour la profanation du Nom. Qu'est-ce que cela signifie : on ne fait pas crédit[125] ? On n'agit pas à son égard comme le commerçant qui fait crédit », c'est-à-dire qu'on le punit un peu. Quiconque profane le Nom céleste secrètement, Dieu le punit publiquement[126], comme le disent les maîtres[127] : « Celui qui profane le nom du Seigneur en secret, sera puni publiquement ». Cette faute est la plus grave de toutes et le jour de Kippour est inopérant, ni les souffrances, ni la repentance n'apportent l'expiation ; mais tout est en sursis et c'est la mort qui fait expier, comme le disent nos maîtres, de mémoire bénie[128] : « Pour quiconque a profané le Nom, le repentir est impuissant et le jour de Kippour n'absout pas, les souffrances n'apportent pas le pardon, mais tous sont en sursis, seule la mort fait expier comme il est écrit : (Is. 22, 14) « Mais l'arrêt de l'Eternel Cebaot a été révélé à mes oreilles : « Ah ! je le jure ce péché ne vous sera pas pardonné jusqu'à votre mort », or tout ceci ne s'applique qu'à celui qui profane le Nom céleste sans y être contraint, comme il a été dit.

De même que la profanation du Nom est une grande faute, de même la sanctification du Nom est un commandement capi-
56 tal dont la récompense est très grande. Tout fils d'Israël est astreint à la sanctification du Nom comme il est écrit dans le Sifra[129]. « Je suis l'Eternel, votre Dieu, qui vous ai fait sortir du pays d'Egypte, pour vous donner celui de Canaan, pour devenir votre Dieu » (Lev. 25, 38) à condition que vous sanctifiez mon Nom publiquement ». On dit dans le chapitre sur le

124. Qidouchin 40 a.

125. Le commerçant donne plusieurs fois ses marchandises à crédit et attend pour encaisser ensuite toutes ses créances en une seule fois.

126. Publiquemnt afin que sa honte soit exposée à la communauté (Yoma 86 a).

127. Avot 4, 4.

128. Yoma 86 a.

129. Qui est un midrach halakha sur le Lévitique, appelé parfois Tora des Prêtres.

fils rebelle : « On a demandé à Rabbi Ammi : Un Noahide est-il soumis au commandement de sanctifier le nom de Dieu ou n'y est-il pas soumis ? [130] Cela nous apprend que la question ne se pose pas pour un fils d'Israël car la sanctification du Nom lui a été ordonnée : (Lev. 22, 32) « Ne déshonorez point mon saint Nom, afin que je sois sanctifié au milieu des enfants d'Israël, moi l'Eternel qui vous sanctifie ».

La troisième catégorie : le rang [131] de ceux qui sont tués pour la sanctification du Nom et des marranes subissant la contrainte et la persécution.

Sachez que partout où nos maîtres, de mémoire bénie, ont dit : « plutôt être tué que transgresser », s'il est tué il y a déjà sanctification du Nom. Et si cela a lieu devant dix personnes d'Israël il y a déjà sanctification publique du Nom comme Hanania, Mishael, Azaria et Daniel, les dix martyrs de l'empire [132], les sept fils de Hanna et tous les autres fils d'Israël tués pour la sanctification du Nom — Dieu miséricordieux tirera prochainement vengeance de leur sang — c'est pour eux qu'il est écrit (Ps. 50, 5) : « Rassemblez-moi mes pieux serviteurs qui ont sanctionné mon alliance par un sacrifice » — Et nos maîtres, de mémoire bénie, ont dit (Cant. 2, 7) : « Je vous en conjure, filles de Jérusalem, par les biches et les gazelles des champs... »

« Je vous en conjure » dans les générations de la persécution ; par les « biches » qui ont agi envers moi selon ma volonté, et j'ai fait leur volonté ; « ou par les gazelles des champs » dont on verse le sang pour moi comme celui du
57 chevreuil et du cerf [133]. A leur propos on dit : (Ps. 44, 23)
« Mais pour toi nous subissons chaque jour la mort [134], on nous considère comme des brebis destinées à la boucherie » et l'homme que Dieu fait mériter d'accéder à ce degré supé-

130. San. 74 b : « On a demandé à Rabbi Ammi : un Noahide est-il soumis au commandement de sanctifier le Nom de Dieu [et d'accepter le martyre] ou n'y est-il pas soumis ? Abbaié a dit : viens, écoute : sept commandements ont été donnés aux Noahides. Et si cela était, il y en aurait huit ».

131. Au sens de dignité.

132. Comme Rabbi Akiba et ses collègues.

133. Deut. 12, 16.

134. C'est-à-dire de par notre volonté nous sommes tués pour l'honneur de ton Nom. Voir le commentaire de R. Abraham Ibn Ezra sur ce verset.

rieur, c'est-à-dire celui qui est tué pour la sanctification du Nom, même si ses péchés sont comme ceux de Jeroboam, fils de Nevat et de ses compagnons, il a part au monde à venir, même s'il n'était pas un disciple des maîtres. Les maîtres s'expriment ainsi [135] : « L'endroit où se tiennent les martyrs de l'Empire [136], aucune créature ne peut le fréquenter. Quels sont-ils ? On pourrait dire Rabbi Akiba et ses collègues — et a fortiori là où est la Tora et les bonnes actions, en fait, il s'agit des martyrs de Lod [137] ».

Et s'il ne se fait pas tuer, mais transgresse sous la contrainte pour ne pas mourir, il n'a pas bien agi et il a profané le Nom céleste sous la contrainte. En vérité, il n'est pas passible d'une punition parmi les sept sortes de punitions [138] car, dans toute la Tora nous ne trouvons, ni dans les peines légères [139] ni dans les peines graves [140] un endroit où Dieu fixe la place de la punition pour celui qui est contraint ; en revanche la punition

135. Pesahim 50 a : « Aucun homme ne peut se tenir dans l'endroit où sont les martyrs en raison de leur sainteté. Qui sont-ils ces martyrs ? Rabbi Akiba et ses compagnons, morts pour la sanctification du Nom. Il en est de même des martyrs de Lod qui, bien que non Juifs, se livrèrent à la mort pour la communauté d'Israël. Quoiqu'ils n'aient pas été auparavant des personnages importants, ils ont atteint un degré très élevé parce qu'ils sont morts pour la sanctification du Nom ». Baba Batra 10 b : « Aucune créature ne peut atteindre la place [dans le ciel] assignée aux martyrs du gouvernement romain. Qui sont-ils ? Dois-je dire : R. Akiba et ses compagnons ? N'avaient-ils pas d'autre mérite ? Evidemment même sans cela [le martyr], ils auraient atteint ce rang. Ceux que cela vise, doivent donc être les martyrs de Lod ».

136. Dans le jardin d'Eden selon Rachi.

137. Quoiqu'ils n'aient pas été de grands personnages relativement à la Tora : deux frères habitant la ville de Lod : Papus et Lulinus qui offrirent leur vie pour Israël. L'histoire est la suivante : la fille du roi fut trouvée assassinée et l'on dit que les Juifs l'avaient tuée et ceux-ci furent condamnés à mort. Alors les deux frères se présentèrent et dirent : pourquoi vous en prenez-vous à Israël ? C'est nous qui l'avons tuée. Le roi ne fit tuer que ces deux frères et les Juifs furent sauvés (Pesahim 50 a) (voir note 135) ; Taanit 18 b : « Un jour de fête est supprimé parce que Chemaïa et son frère Ahija (martyrs de Lod : Lulinus et Papus) ont été tués ce jour-là, en déclarant qu'ils ne méritaient pas d'être sauvés de façon miraculeuse (comme Hanania, Mishael et Azaria à Babylone) ; quoique ces deux frères n'aient pas été des disciples des maîtres, aucune créature ne pouvait leur être comparée.

138. Ce sont les quatre peines de mort pouvant être infligées par le tribunal : lapidation, feu, glaive (décapitation) et strangulation, plus le *karet,* la mort par l'intervention des cieux et la flagellation.

139. Passibles de la mort par l'intervention des cieux ou de la flagellation.

140. Passibles de *Karet* et des quatre peines de mort du tribunal.

est prévue pour les pécheurs volontaires comme il est dit (Nom. 15, 30) : « Mais celui qui aurait agi ainsi de propos délibéré, parmi les nationaux ou parmi les étrangers, celui-là outrage le Seigneur ! Cette personne sera retranchée du milieu de son peuple », ce verset ne vise pas celui qui a été contraint. Ceci est dit dans tout le Talmud [141] : l'homme contraint [est absout] par l'Ecriture, comme il est écrit : (Deut. 22, 26) « Et à la jeune fille [violée] tu ne feras rien : elle n'a rien commis qui mérite la mort. Car, comme si un homme se jetait sur un autre et le tuait traîtreusement, ainsi s'est passée la chose ».
58 Dans de nombreux endroits on dit : Le Miséricordieux absout l'homme contraint et il n'est qualifié ni de criminel, ni d'impie, ni d'inapte au témoignage, mais, dans cette situation, s'il a commis des transgressions il est rendu inapte au témoignage [142], en raison de celles-ci. Cependant, s'il n'applique pas le commandement de la sanctification du Nom, on ne l'appelle aucunement profanateur volontaire du Nom céleste.

En vérité quiconque dit ou pense : parce que nos maîtres, de mémoire bénie, ont dit : « plutôt mourir que transgresser », celui qui transgresse sera passible de la peine de mort, celui-là commet une erreur complète ! Car il n'en est pas ainsi mais comme je l'ai indiqué : celui à qui il a été ordonné de se faire tuer et n'est pas tué [143], n'est pas passible de la peine de mort [144] ; même s'il a commis un acte d'idolâtrie par contrainte, il n'est pas passible de la peine de Karet et à plus forte raison n'est-il pas condamné à mort par le tribunal. Tel est le principe défini dans la Tora des prêtres (Lévitique). Dieu, béni soit-il, a dit à propos de celui qui livre un de ses descendants à Moloch : « Je dirigerai mon regard sur cette personne »

141. Nedarin 27 a : les vœux violés par la contrainte sont annulés ; Avoda Zara 54 a : « R. Zera objecte : le Tout Miséricordieux absout quiconque agit sous la contrainte, comme il est écrit : Deut. 22, 26 [cas de la fiancée violée]. Raba dit : cela exclut l'homme qui agit sous la contrainte. Après cela, cependant le Miséricordieux écrit : « Et vous ne profanerez pas mon saint Nom » (Lév. 22, 32) c'est-à-dire même sous la contrainte ! Comment se fait-il ? Le premier cas se refère à un acte commis en privé, le deuxième à un acte commis en public. Baba Kama 28 b : « R. Hiya ben Abba dit que R. Johanan avait déclaré : Le Saint, béni soit-il, ne prive aucune créature de la récompense qui lui est due ».

142. De par l'Ecriture ou de par décision rabbinique (voir *supra* note 20).

143. C'est-à-dire qu'il ne s'est pas sacrifié pour la sanctification du Nom.

144. Parce qu'il a fait ce qu'il a fait par violence et contre sa volonté.

(Lév. 20, 6). Cela ne vise pas l'homme contraint, trompé, ni le pécheur involontaire. Il est écrit que l'homme contraint ou trompé n'est pas condamné à la peine du Karet, quoique, s'il agit avec préméditation et volontairement, il soit passible de Karet ; à plus forte raison les transgressions entraînant quarante coups de fouet, si elles sont commises volontairement, n'entraînent pas la flagellation si elles sont commises par contrainte. La profanation du Nom est un commandement négatif [145] comme dit Dieu, béni soit-il (Lév. 22, 32) : « Ne déshonorez pas mon saint Nom afin que je sois sanctifié du milieu des enfants d'Israël... » On sait que le faux témoignage est une profanation du Nom, comme il est écrit dans la Tora (Lév. 19, 12) : « Vous ne jurerez point par mon Nom à l'appui du mensonge, ce serait profaner le nom de ton Dieu, je suis
59 l'Eternel ».

Cependant tel est le langage de la Michna [146] : on peut promettre à des meurtriers [147], à des voleurs [148] et à des fermiers des impôts [149] que le produit est un prélèvement [réservé aux prêtres]. L'école de Chammaï dit : par un vœu et l'école d'Hillel dit : même par un serment [150]. Quoique ces questions soient explicitées par le contexte et qu'il ne soit aucunement nécessaire d'apporter des preuves — car comment pourrait-on porter le même jugement à l'égard de celui qui a agi par contrainte comme à l'égard de celui qui a agi volontairement ; — nos maîtres, de mémoire bénie, ont dit : qu'il trans-

145. La violation des commandements négatifs est passible de la flagellation.

146. Michna Nedarim chap. III, 4.

147. Des voleurs et des assassins, des brigands qui tuent pour voler.

148. De simples voleurs qui prennent les biens, mais ne tuent pas.

149. Celui qui encaisse les impôts du roi. Selon l'interprétation de Maïmonide, dans des conditions où le percepteur agit en son nom (lorsqu'il n'est pas un préposé du roi) mais s'il est régulièrement nommé par le roi, selon le principe talmudique : « la loi du royaume est la loi », il est interdit de se dérober au percepteur et à plus forte raison il est interdit de lui faire un faux serment.

150. Pour sauver sa vie ou ses biens on leur dit : « Je promets que ces produits font partie du prélèvement destiné aux prêtres, alors les voleurs ne les prennent pas, parce que, quoique ce soient des brigands ils ne mangeront pas quelque chose qui les rendrait passibles de la peine de mort par les cieux, et à la vente, le prélèvement ne vaut pas cher car il ne peut être consommé que par des prêtres en état de pureté. La halakha est dans le sens de l'Ecole d'Hillel ; nous voyons donc que là où il y a contrainte corporelle ou financière, les maîtres permettent le faux serment.

gresse pour ne pas mourir. Et vois cet homme [151], plus difficile que les maîtres et plus rigoureux pour l'application des commandements, qui échappe à la mort grâce à sa bouche et à son verbiage [152], il sanctifie le Nom en paroles et il pêche et se rebelle par ses actes ; il perd son âme selon les paroles de Dieu, béni soit-il [153] : (Lév. 18, 5) « Vous observez donc mes lois et mes statuts, parce que l'homme qui les pratique vit grâce à elles, je suis l'Eternel », et il ne faut pas que ces lois le fassent mourir [154].

La quatrième catégorie : le problème de cette persécution [155] par rapport aux [autres] persécutions [156] et ce qu'il convient à l'homme de faire dans cette situation. Sachez que, lors de toutes les persécutions qui eurent lieu à l'époque des maîtres, il y eut des transgressions contraintes de commandements, et qu'on y a commis des actes tels que ceux décrits dans le Talmud [157] : ils ne devaient pas s'occuper de la Tora, ils ne devaient pas circoncire leurs fils ou ils devaient approcher leurs femmes en état d'impureté. Cependant dans cette per-

151. Le sage questionné.

152. Il se livre à la mort pour la sanctification du Nom, mais, pour le moment, seulement en paroles et non pas réellement en acte. Maïmonide traite ici avec ironie ce sage questionné qui vit en paix et qui n'a pas goûté le décret de persécution appliqué à son époque et qui se complaît à faire souffrir des cœurs déchirés et des âmes accablées par des paroles risquant de les détourner complètement de Dieu.

153. Dieu nous commande que sa Tora soit une Tora de vie, il nous commande d'apprécier la vie à sa juste valeur, et de la préserver.

154. San. 74 a : « ...Rabbi Yohanan a dit au nom de Rabbi Simon fils de Yehotsadak : pour toutes les interdictions de la Tora, si on dit à quelqu'un : transgresse et tu ne seras pas tué, il peut transgresser pour ne pas être tué excepté pour l'idolâtrie, l'inceste et pour l'effusion de sang... Rav Dimi a dit au nom de Rabbi Yohanan : ceci n'est valable que pour une époque où il n'y a pas de persécution religieuse (qui oblige à transgresser les commandements de la Tora). Mais au temps de persécution religieuse, même pour un commandement " léger " on doit accepter d'être tué et ne pas le transgresser. Dans une autre interprétation on distingue selon que la transgression forcée est commise en secret ou en public (c'est-à-dire devant au moins dix Israélites).

155. La persécution des Almohades.

156. Antérieure à l'époque d'Antiochus et également les persécutions contemporaines sévissant en d'autres pays.

157. Meïla 16 a, Rosh Hashana 19 a : le gouvernement romain avait pris un décret interdisant d'étudier la Tora, de circonscire les fils et prescrivant la profanation du Sabbat.

sécution [actuelle] on ne force pas à accomplir des actes mais seulement à prononcer de simples paroles [158].

Si un homme veut appliquer les 613 commandements en secret, qu'il les applique et il ne commet aucune faute — sauf s'il lui arrive de profaner le Sabbat sans y être contraint, et on ne l'y contraint pas parce que le décret actuel n'oblige personne à une action mais seulement à des paroles. D'ailleurs nos oppresseurs sont conscients que nous ne croyons pas à ces paroles qui ne sont prononcées que pour nous sauver du roi, pour l'apaiser par des paroles verbales.

Quiconque se fait tuer pour ne pas reconnaître la mission prophétique de cet homme [Mahomet], il sera dit de lui qu'il a fait ce qui est droit et bon, qu'il recevra une grande récompense et parviendra à une dignité supérieure [159] car il s'est sacrifié pour la sanctification du Nom, qu'il soit béni et exalté ;
61 mais à celui qui vient nous interroger pour savoir s'il doit se faire tuer ou reconnaître [la mission prophétique de Mahomet], nous lui répondons : qu'il reconnaisse [Mahomet] et ne se fasse pas tuer ; mais qu'il ne reste pas dans le royaume de ce roi et qu'il demeure dans sa maison jusqu'à son départ. S'il doit faire des travaux manuels, qu'il les fasse en secret. Car on n'a jamais vu une persécution aussi merveilleuse [160] où l'on ne vous impose que des paroles. Il n'apparaît pas dans les paroles de nos maîtres, de mémoire bénie, qu'ils dirent : « plutôt se faire tuer que de transgresser, et qu'on ne dise rien [sous la contrainte] même si [n'est exigée] aucune action ». Mais : plutôt se faire tuer lorsqu'on vous oblige à faire une action [161] ou une chose à propos de laquelle vous êtes mis en garde [162].

Il est nécessaire, pour celui qui est soumis à cette persécution, qu'il se comporte pour ces questions de la façon que

158. Quant à la puissance dominante, elle n'interdit aux marranes que l'accomplissement des commandements en public, mais chacun peut appliquer chez lui les 613 commandements et personne ne les espionne ni les en empêche.

159. Il comptera alors parmi les martyrs dont il est dit : « Rassemblez-moi mes pieux serviteurs qui ont sanctionné mon alliance par un sacrifice » (Ps. 50, 5).

160. En raison de sa légèreté et des bons rapports entre oppresseurs et opprimés, en comparaison avec les autres persécutions qui, toujours et partout, ont été beaucoup plus graves et beaucoup plus dures.

161. A trangresser un commandement négatif, une prohibition.

162. C'est-à-dire ou transgresser un commandement positif.

je propose : qu'il veille à faire et à appliquer parmi les com-
62 mandements tout ce qu'il peut appliquer ; s'il lui arrive de faire de nombreuses transgressions [163] ou s'il profane le Sabbat en transportant ce qu'il n'est pas permis de transporter[164] — qu'il ne dise pas : ce que j'ai transgressé est plus important que ce sur quoi j'ai fait attention, mais qu'il soit attentif dans toute la mesure du possible.

Sache que l'homme doit connaître un des principes de la religion . Jeroboam, fils de Nevat et ceux qui lui ressemblent, ont été punis pour avoir fabriqué des veaux [165] et pour avoir abrogé la pratique de la cuisine mélangée [166] [du Sabbat et des jours de fête] et tous actes semblables. Que l'homme ne dise pas : « On ne lui compte que la [transgression] la plus grave [167] ». Cela n'est dit que pour les jugements humains dans ce monde-ci ; mais le Saint, béni soit-il, punit l'homme pour les transgressions graves et les trangressions légères de même qu'il récompense pour toutes les bonnes actions. C'est pourquoi l'homme doit savoir que toute transgression commise entraîne sa punition, et tout commandement appliqué reçoit sa récompense ; les choses ne sont pas telles qu'il [le sage
63 interrogé] le pense [168].

Le conseil que je me donne à moi-même et l'avis que je veux donner, à moi, à mes amis et à ceux qui me demandent un conseil, est qu'il faut quitter ces lieux et aller en un endroit où l'on puisse pratiquer sa religion et appliquer la Tora sans contrainte ni peur ; qu'on abandonne sa maison, ses fils [169] et tout ce qu'on possède, car la religion que Dieu nous a léguée,

163. De commettre un grave péché c'est-à-dire une transgression passible de *Karet* si elle est faite avec préméditation et de lapidation s'il y a eu avertissement.

164. Qui n'est qu'une interdiction rabbinique, par exemple transporter un jour de Sabbat une lampe où brûle une bougie, ce qui est une transgression légère par rapport à la précédente.

165. L'idolâtrie est une très grave transgression.

166. La règle de l'*Erouvtavchilin* (jonction des plats).

167. (Baba Kama 22 b). Celui qui mérite une peine légère et une peine sévère, on lui inflige la peine sévère et il est dispensé de la peine légère. Par exemple : celui qui prend du vin à son compagnon pour faire un acte idolâtre est puni de la peine sévère (pour l'idolâtrie : la mort) et il est absout pour le vol du vin.

168. Puisqu'il a commis une transgression grave, il n'a plus rien à perdre et il n'a plus besoin d'être mis en garde pour les transgressions légères car tout avertissement est vain et sans aucune utilité pour lui.

169. S'il leur est impossible de partir aussi.

a une valeur immense et ses obligations passent avant toutes les contingences méprisables aux yeux des personnes éclairées [170], car ces contingences sont passagères tandis que la crainte de Dieu est permanente.

Ce n'est pas tout, car s'il y avait même deux sortes de régions en Israël : l'une d'elle étant meilleure dans ses actions et ses usages, plus rigoureuse et davantage soumise aux commandements que l'autre, celui qui craint Dieu doit quitter celle où les actions ne sont pas tellement bonnes pour aller vers celle où règne le bien. Nos maîtres nous ont bien prévenus : « L'homme ne doit pas habiter dans une ville où ne se trouvent pas dix hommes pieux » et ils en apportent la preuve avec Sodome dont il est écrit : (Gen. 18, 32) « Peut-être s'en trouvera-t-il dix ? Dieu répondit : Je renoncerais à détruire [Sodome] en faveur de ces dix ». Tout ceci vaut s'il y a deux catégories de régions en Israël ; mais si c'est une région de Gentils où résident des fils d'Israël, à plus forte raison faut-il sortir de cet endroit et aller en un endroit meilleur. Il faut s'efforcer de le faire, même en s'exposant au danger
64 jusqu'à ce qu'on se soit sauvé de l'endroit funeste où on ne peut pas pratiquer convenablement sa religion, qu'on se mette en route, jusqu'à ce qu'on trouve un endroit favorable. C'est déjà l'interprétation des prophètes, à propos de celui qui réside parmi les renégats [171] — car il est comme l'un d'eux, puisque le roi David a dit : (I Sam. 26, 19) « Et maintenant que mon seigneur le roi daigne écouter les paroles de son serviteur : si c'est l'Eternel qui t'a excité contre moi, qu'il accueille mon offrande ; mais si ce sont les hommes, ils seront maudits de Dieu, parce qu'ils m'ont empêché, en me chassant, de m'attacher à l'héritage de l'Eternel et m'ont dit : va servir des dieux étrangers ! » Il considère donc que sa résidence parmi les Gentils équivaut à servir d'autres dieux ; les hommes pieux et craignant Dieu réclament que l'on abhorre le mal et ceux qui le font et que l'on s'attache au bien et à ceux qui le font. C'est ce que dit David, la paix soit sur lui : « A coup sûr je déteste ceux qui te haïssent, j'ai en horreur ceux qui se dres-

170. Les personnes éclairées sont celles qui cherchent Dieu en vérité et qui savent discerner entre le bien véritable et le bien imaginaire.

171. Maïmonide parle du roi David comme de l'un des prophètes car il dit : « L'esprit du Seigneur a parlé par ma bouche, son verbe repose sur ma langue » (II Sam. 23, 2). Voir Maïmonide *Guide,* II, 42.

sent contre toi » (Ps. 139, 21). Il dit aussi : (Ps. 119, 63) « Je suis l'allié de tous ceux qui te révèrent et qui pratiquent tes lois ».

Nous voyons également qu'Abraham [172], notre père, que la paix soit sur lui, repoussait sa famille, sa patrie et qu'il s'enfuit pour [le salut de] son âme et pour échapper à l'opinion des mécréants. Cela vaut également même si ces mécréants ne le forcent pas à pratiquer leurs actions, parce que l'homme doit se séparer d'eux ; mais lorsqu'ils l'obligent à transgresser un des commandements, il est interdit de rester dans cet endroit mais il doit partir en laissant tout ce qui lui appartient et voyager de jour et de nuit jusqu'à ce qu'il trouve un endroit où il puisse pratiquer sa religion. Et le monde est grand et vaste. L'excuse de celui qui revendique pour sa maison et ses fils n'est pas une revendication [valable]. En vérité : « Pas un ne saurait racheter son frère, ni donner à Dieu le coût de sa rançon » (Ps. 49, 8) [173]. Il n'est pas convenable à mes
65 yeux celui qui fait cette revendication pour différer le sauvetage de son âme ; par contre il doit s'exiler dans un endroit convenable et ne rester absolument pas dans un lieu de persécution et quiconque y demeure transgresse et profane le Nom divin et il est proche de la faute avec préméditation [174].

Mais ceux qui s'illusionnent eux-mêmes en disant qu'ils resteront là où ils sont jusqu'à ce que le Roi-Messie vienne dans le pays occidental [c'est-à-dire le Maroc] et qu'alors ils partiront pour Jérusalem, je ne sais pas comment la persécution sera abolie pour eux [175]. Mais ils commettent une transgression et ils entraînent leur prochain dans le péché. C'est sur leurs

172. Gen. 12, 1 : « L'Eternel avait dit à Abraham : " Eloigne-toi de ton pays, de ton lieu natal et de la maison paternelle et va au lieu que je t'indiquerai " ».

173. En vérité vous ne l'aidez pas : « Isaac n'a pas sauvé Ismaël, Jacob n'a pas sauvé Esaü » (cf. ARN 27).

174. Dans le *Livre de la Connaissance* (Ier Livre du Michne Tora, Halakhot « Principes de la Tora », chap. II, 4) Maïmonide écrit : « Mais s'il ne peut sauver son âme et s'échapper de la férule d'un roi impie et s'il ne fuit pas, il est comme un chien qui revient à son vomissement (il est appelé idolâtre avec préméditation). Voir à ce sujet tout le chap. V car il contient tout ce qui est exposé ici.

175. L'heure de la venue du Messie n'est ni connue, ni fixée et s'ils restent là et attendent là où ils sont sa venue, que feront-ils lorsque celui-ci tardera à venir. Alors ne resteront-ils pas dans leur trahison toute leur vie et se sauveront-ils jamais de la persécution.

pareils que le prophète a dit : « Ils ont bien vite fait de remédier à la ruine de mon peuple en disant : Paix ! Paix ! et il n'y a point de paix » (Jér. 8, 11).

Car il n'y a pas de temps pour la venue du Messie dont on puisse faire dépendre ses actions en disant de lui : il est proche ou il est loin. Et l'obligation résultant des commandements ne dépend pas de la venue du Messie. En revanche nous devons nous occuper de la Tora et des commandements et nous efforcer de parfaire leur accomplissement. Après que nous aurons fait ce que nous devons faire, si Dieu nous accorde à nous ou à nos petits-enfants de voir le Messie, cela sera encore mieux. Si non, nous ne perdrons rien mais nous profiterons des actions que nous avons dû faire.

Mais si l'homme reste dans les endroits où la Tora cesse [d'être appliquée] et que l'espèce [176] se perde au cours du temps, et qu'il ne peut rester fidèle à sa religion et qu'il dise :
66 je resterai jusqu'à ce que vienne le Messie et je partirai de là où je suis, ce n'est rien d'autre que malice, grande perte [177], mépris de la religion et de la connaissance de celle-ci. Telle est mon opinion et Dieu connaît la vérité.

La cinquième catégorie : j'y expliquerai comment il convient à l'homme de se considérer dans cette époque de persécution : est coupable quiconque ne veut pas partir à cause de ses attaches personnelles ou du danger du voyage et reste dans ces lieux où il verra son âme profaner le Nom des cieux d'une façon pas réellement volontaire mais très proche d'être volontaire [178] ; il est blâmable devant Dieu et il est puni pour la vilénie de ses actions [179].

Si [seulement], il avait à l'esprit que, s'il appliquait un commandement parmi les commandements, le Saint, béni soit-il, multiplierait sa récompense, car il ne l'a appliqué que pour les cieux et ne l'a pas recherché pour se glorifier et être en

176. L'espèce humaine représentée par le peuple d'Israël.

177. Grande perte par opposition à ce qui est dit ci-dessus : « nous ne perdrons rien ».

178. Car l'homme agit par habitude et, lorsqu'il commet une transgression et s'y habitue, cela devient pour lui comme si cela était permis (Yoma 86 b). Ce qu'au début il faisait par contrainte, à la fin il le fait volontairement.

179. A cause de son péché le malheur s'abat sur lui.

train d'appliquer un commandement[180]. La récompense de celui qui applique un commandement sans crainte n'est pas la même que celle de celui qui l'applique en sachant que, si cela se sait, il perd la vie et tout ce qu'il possède. A propos de cette ressemblance d'époque Dieu dit : (Deut. 4, 29) « C'est alors que tu auras recours à l'Eternel, ton Dieu, et tu le retrouveras si tu le cherches de tout ton cœur et de toute ton âme ». Cependant, que l'homme ne se détourne pas de sa pensée jusqu'à ce qu'il sorte de ces embrouillaminis qui provoquent la colère divine et qu'il essaye de sortir de là avec toute la force dont il dispose ; de même, il ne convient pas d'éloigner les
67 profanateurs du Sabbat et de les repousser, il faut au contraire leur permettre de se rapprocher de la pratique du Sabbat et les encourager à appliquer les commandements.

Déjà nos maîtres[181], de mémoire bénie, ont donné cette interprétation : « Le criminel qui a commis volontairement[182] son forfait est accueilli sans être insulté lorsqu'il va à la synagogue pour prier ». On s'appuie pour cela sur les paroles de Salomon, que la paix soit sur lui, qui disait : « On ne méprise pas le voleur qui commet un larcin pour assouvir sa faim » (Pro. 6, 30). Ne méprisez pas les criminels d'Israël qui vont en secret dérober des commandements.

Depuis le jour où nous sommes partis de notre pays pour l'exil, la persécution n'a pas cessé, car depuis notre jeunesse elle nous a éduqués comme un père et depuis le ventre de notre mère, elle nous a guidés (d'après Job 31, 18). Dans tout le Talmud[183] on dit : « La persécution est appelée à s'annuler ». Dieu l'annulera pour nous et accomplira à notre époque ce qui est écrit (Jér. 50, 20) : « En ces jours et en ce temps-là, dit le Seigneur, on recherchera le péché d'Israël et il aura disparu, les prévarications de Juda, on ne les retrouvera point, car mon pardon est assuré à ceux que j'aurai conservés ». Que sa volonté
68 soit faite, Amen.

180. Pour s'en vanter, comme un craignant Dieu qui court après les commandements, tandis que lui les accomplit dans la crainte, le secret, en se cachant pour ne pas être vu de peur de mettre sa vie en danger.

181. Mekhilta Michpatim 13 — Tossefta Baba Kama chap. 7, Midrach Michle chap. 6.

182. Même s'il a agit avec préméditation.

183. Ketouvot 3 b mais la version que nous possédons dit : « le décret est destiné à être annulé ».

EPITRE AU YEMEN

de

Rambam, que le souvenir du juste soit béni

Traduction
de
Rabbi Nahoum Hamaharavi [1]
qui lui a donné le nom de
PORTE DE L'ESPOIR [2]

1. Ce mot désigne la partie occidentale du monde arabe, c'est-à-dire le Maghreb. Rabbi Nahoum traduisit aussi d'arabe en hébreu un commentaire du *Livre de la Formation* attribué à Rabbi Yitshaq Israëli de Kairouan qui vivait à l'époque de R. Saadia Gaon. La « lettre au Yémen » dans cette traduction hébreue parut pour la première fois à Bâle en 1629 dans le livre *Les secrets de la Sagesse* de Joseph Chlomo Raffé de Candie. Il y eut deux autres traductions de cette lettre, l'une de R. Samuel Ibn Tibbon, en 1210, six ans environ après la mort de Maïmonide ; elle fut publiée pour la première fois, d'après un manuscrit appartenant à R. Aaron Jellinek, en 1874 dans le journal « l'Aurore » de Smolenskine avec des notes de R. David Haalov. L'autre traduction fut celle de R. Abraham Halevi, fils de R. Samuel Halevi et père de R. Hasdaï de Barcelone. R. Abraham Halevi fut également le traducteur d'autres livres, entre autres *Le Livre des commandements* attribué à Maïmonide, d'après la copie que lui avait envoyée R. Abraham, le fils de ce dernier.

2. Parce que cette lettre est toute remplie d'un immense amour pour la Tora d'Israël, d'encouragement et de compassion pour le peuple d'Israël persécuté et est une porte ouverte sur l'espoir, non seulement pour les Juifs du Yémen mais aussi pour tout Israël.

AVANT-PROPOS DU TRADUCTEUR

Discours de Nahoum : cette lettre me parvint au nom de notre guide, notre principe de vie [3], notre seigneur, notre gaon Rabenou Moche, que son âme soit liée au faisceau des vivants [4].

Lorsque je me trouvai face à cette œuvre et que ses trésors m'apparurent clairement, je vis sa grande utilité et l'espérance qu'elle apportait à notre nation malheureuse et affaiblie. J'avais le cœur impatient et soucieux de la mettre sur le chemin pour qu'elle ne sorte pas de la voie de la vérité de peur que les misères ne l'abattent et que les malheurs ne l'étouffent. Que cette lettre soit comme une aide au milieu des souffrances pour susciter les bonnes nouvelles [5] et à plus forte raison à notre époque, qui est la fin de notre exil et le début de notre salut [6].

Et je pris soin de traduire d'une langue étrangère en langue hébraïque. Conserver le goût en changeant de récipient tient du miracle [7] ; seul un vin provenant d'un cépage fertile et robuste peut supporter un tel transvasement. Ses fruits serviront de nourriture et ses feuilles de remède [8]. S'il est transvasé d'un récipient à l'autre, il ne fermente pas. C'est pourquoi son goût s'y conserve et son parfum ne s'altère pas.

3. Ps. 144, 4 — Berakhot 17 a.

4. Prière pour l'âme de celui qui a disparu en mentionnant son nom. Origine dans I Sam. 25, 29 : « être lié au faisceau des vivants que protège l'Eternel, ton Dieu ». On utilise en particulier la formule pour les inscriptions sur les pierres tombales.

5. Les bonnes nouvelles annoncées par les prophètes au sujet de la délivrance d'Israël et de la fin des jours.

6. A cette époque se développaient partout en Israël des mouvements messianiques qui attendaient une prochaine délivrance, en particulier en 1096, depuis le déclenchement des Croisades et le déchaînement des guerres entre la Chrétienté et l'Islam en terre d'Israël, où l'on voyait la guerre de Gog et Magog ; il s'ensuivit des misères pour les Juifs, interprétées comme « les souffrances du Messie ». Des messies et des prophètes surgirent qui annoncèrent sa venue et presque tous crurent proche la délivrance. Tous les maîtres faisaient des calculs sur la fin des temps en s'appuyant sur des versets bibliques ou sur des bases astrologiques. C'est à quoi fait allusion R. Nahoum.

7. Il est très difficile de traduire d'une langue dans une autre en conservant intact le contenu, de même qu'il est difficile de conserver le goût et l'arôme du vin en le transvasant.

8. Comme le dit l'Ecriture : Ez. 47, 12.

Pour faire face à cette traduction il me fallait être versé dans les deux langues, l'hébreu et l'arabe, et on pourrait me suspecter d'erreur si je ne m'étais appliqué à choisir les mots à traduire non selon le principe du mot à mot mais en tenant compte du contexte : car les mots font nombre et le contexte c'est l'édifice [9]. C'est ainsi que travaille Nahoum dans toute
102 sa traduction, et tel est son principe et sa loi.

9. Il y a un jeu de mots entre *minian* et *bìnian* ; car les mots sont un ensemble quantitatif (*minian*) et la question traitée (*'inian*) est une construction qualitative (*binian*).

INTRODUCTION DE LA LETTRE

En mon nom, Moïse, fils de R. Maïmon, le juge, fils de Joseph le sage, fils de R. Ytshak le maître, fils d'Obadia le juge, que le souvenir des justes et des saints soit béni.

« Fortifiez les mains défaillantes, affermissez les genoux vacillants » [10].

En grand honneur de R. Jacob, le sage, l'aimable, le cher, l'honorable, fils de l'honoré, R. Nathanaël, que son souvenir soit béni, de Al Fayyoum [11], et à tous les compagnons nos frères, à tous les disciples des communautés du Yémen.

Que l'Eternel les garde et les protège — Amen — Selah.

Sur les racines [12] de la vérité, ce sont leurs troncs [13] qui portent témoignage

Et de la qualité des sources, les eaux qui en jaillissent [14], en témoignent.

10. Is. 35, 3.

11. Il semble qu'il soit originaire de la ville de Fayyoum (Egypte) où naquit R. Saadia Gaon.

12. Cette introduction a été écrite par Maïmonide lui-même en hébreu, en prose rimée.

13. Le tronc, qui est au-dessus du sol, témoigne de la qualité des racines qui sont enfouies dans la terre.

14. C'est par les descendants que l'on sait qui étaient les pères ; quant à nos frères du Yémen, leurs coutumes et leurs façons de vivre montrent que leur origine est sainte et qu'ils sont les descendants d'Abraham, Isaac et Jacob — « J'ai un témoin pour moi dans les cieux » (Job 16, 19). Cet adage semble une parabole ancienne bien connue.

Car c'est de la racine de la vérité que fleurit le rejeton fidèle et de la source, la bienveillance [15] — un grand fleuve s'étend dans le pays du Yémen, pour y irriguer tous les jardins
103 et faire fleurir les bourgeons. Voici qu'il commence à sourdre comme une parole pour tout homme fatigué et assoiffé dans le désert, et y trouvent en abondance la satisfaction de leurs besoins [16] tous ceux qui voyagent à travers les îles de la mer. C'est pourquoi ils ont clamé de toutes leurs voix à Sepharad et à Sefarvaïm [17] d'un bout à l'autre des cieux : « Ah ! vous tous qui avez soif, venez, voici de l'eau... » [18] et les commerçants et les Cananéens, tous ensemble, répondent à ceux qui les interrogent qu'ils ont trouvé le verger beau et agréable ; dans ce gras pâturage tout être maigre engraissera, ceux qui y viennent faire paître leurs troupeaux y trouvent un agréable pâturage, tels sont les habitants du Yémen, et, parce qu'à l'indigent ils donnent son pain, le réconfort au riche et vont le saluer,
104 les convois de Seba mettent en eux leur espoir [19], leur main est tendue à tout voyageur [20], leur maison est largement ouverte et auprès d'eux tous trouvent le repos, adieu peine et soupirs [21]. Chaque jour ils méditent la Tora de Moïse, ils vont dans la voie enseignée par R. Achi [22] ; ils poursuivent la justice et défendent la brèche [23]. Ils s'en tiennent solidement aux principes de la Tora, ils rassemblent les dispersés de Dieu par leur éloquence ; ils appliquent scrupuleusement tous les comman-

15. Allusion à l'Ecriture : « Tu témoigneras à Jacob la vérité et à Abraham la bienveillance que tu as jurées à nos pères dès les premiers âges » (Mic. 7, 20).

16. Cf. II Sam. 17, 29. Ce fleuve jaillit continuellement et est toujours prêt à satisfaire ceux qui vont dans le désert, en apaisant leur soif. Le fleuve représente la colonie juive du Yémen.

17. Ville de Haute Mésopotamie traversée par le fleuve Euphrate qui la coupe en deux. C'est pourquoi le nom de la ville est à la forme duelle ; selon une autre opinion ce serait une ville de Syrie.

18. Is. 55, 1.

19. Job 6, 19.

20. Leur main est prête à aider quiconque en a besoin.

21. Is. 35, 10.

22. C'est-à-dire par les rabbins qui conservent également la Tora orale et agissent en fonction de celle-ci, par opposition aux Karaïtes qui étaient alors nombreux en Egypte et en Orient et qui s'en tiennent à la seule Tora écrite.

23. Ez. 27. 9. L'auteur veut dire que, lorsqu'ils voient une fissure ou une brèche dans la muraille du judaïsme, ils s'empressent immédiatement d'accourir pour défendre la brèche et la réparer.

dements dans leurs communautés. Point d'irruption (du dehors), point d'exil forcé, nul cri d'alarme sur leurs places publiques [24]. Béni soit Dieu qui n'interrompt pas ceux qui appliquent la Tora et gardent les lois dans les îles lointaines [25] car il nous garantit son bien et sa miséricorde par Isaïe, son serviteur — c'est vous qui en êtes le signe [26] — lorsqu'il nous annonce : « Du bout de la terre nous entendons des cantiques » [27].

Que Dieu vous aide à mettre en œuvre la religion et la loi, à garder le droit et la justice, à préserver ses commandements et sa religion, à suivre son alliance. Amen, selah.

Lorsque ta lettre, précieux ami, nous est parvenue en Egypte, nous nous sommes réjouis car elle est attrayante [28]. Elle témoigne en ta faveur car, parmi les serviteurs de Dieu, tu es de ceux qui se tiennent dans son palais, qui campent sous son étendard ; de ceux qui recherchent la Tora et aiment ses règles et y sont assidus. Que Dieu t'ouvre ses trésors et que ton cœur en soit plein ; que ses paroles soient un flambeau, qui éclaire tes pas et une lumière sur tes chemins [29].

Ce que tu dis, notre ami, dans ta lettre : tu as un peu entendu parler de nos frères, les hommes de notre exil ; que Dieu les garde puisqu'ils font mon éloge, me grandissent et me rangent parmi les grands et les puissants. Ils s'expriment selon leur amour, ils parlent et écrivent avec leur bonté et leur générosité. Venons-en à l'essentiel [30]. Ecoute-moi et ne t'adresse à aucun autre homme : je suis un petit parmi les moindres des maîtres d'Espagne dont l'élite est descendue en exil [31] et je

24. Ps. 144, 14 — Le sens est : il n'y a ni querelle, ni dispute parmi eux mais amour et fraternité.

25. C'est-à-dire jusque dans l'exil.

26. Que les paroles du prophète se réalisent actuellement.

27. Is. 24, 16. Il semble que Maïmonide vise ici le Yémen.

28. Gen. 3, 6. Maïmonide vise la lettre qu'il a reçue de R. Jacob Al Fayyoumi.

29. Ps. 119, 105.

30. Si tu veux connaître toute la vérité.

31. Il semble que Maïmonide vise ici la tradition bien connue : les exilés de Jérusalem sont allés en Espagne selon le témoignage : « Les exilés de Jérusalem, répandus dans Sefarad, possèderont les villes du midi » (Obadia 1, 20). Il y aurait donc en Espagne des descendants de la Maison de David et des notables de Jérusalem. Selon cette tradition, les ancêtres des Juifs d'Espagne y arrivèrent à l'époque de la destruction du premier Temple par Nabuchodonozor, roi de Babylone. Lorsque Nabuchodonozor attaqua Jérusalem, plusieurs rois

106 me suis toujours consacré à l'étude de la Tora mais je n'ai
pas atteint la science de mes pères[32], parce que l'époque, mau-
vaise et difficile, nous a nui[33] et nous n'avons pas passé les
nuits dans la sérénité. Nous sommes fatigués et nous n'avons
pas de répit[34]. Mais j'ai couru derrière les moissonneurs sur
tous les chemins et j'ai glané[35]. J'ai rassemblé les choses sai-
nes et consistantes, je n'ai pas repoussé non plus ce qui était
sec et vide[36] — et mon séjour à la maison a été de courte
107 durée[37].

Si Dieu n'était pas avec nous et si nos pères ne nous avaient

vinrent à son aide ; parmi eux le roi d'Espagne. Lorsque fut conquise Jérusalem, capitale du royaume de Judée, les vainqueurs partagèrent entre eux les prisonniers de guerre. Dans la part de l'Espagne se trouvèrent les habitants du quartier de la ville où habitaient les nobles judéens et les descendants des rois de la maison de David. Tous furent emmenés en bateaux vers l'Espagne et furent installés dans diverses villes.

32. Maïmonide vénérait les maîtres d'Espagne, ses prédécesseurs et en particulier ses ancêtres, qui étaient tous des grands de la Tora.

33. Il justifie ce qu'il a dit : « Je n'ai pas atteint la sagesse de mes ancêtres » parce qu'il m'a manqué la tranquillité du cœur.

34. Cf. Lam. 5, 5 ; depuis sa jeunesse il n'a pas connu le repos et la tranquillité, seuls les migrations et les déplacements furent son lot.

35. C'est-à-dire : je me suis efforcé d'apprendre des maîtres les fruits de leur sagesse.

36. Je glanais et je ramassais tout ce qui me tombait sous la main, c'est-à-dire, j'apprenais tout des enseignements fondamentaux et importants, mais je ne méprisais pas non plus ce qui était sans importance comme l'astrologie et les problèmes d'idolâtrie.

37. (Ruth 2, 7). Depuis sa jeunesse, il n'a connu ni repos, ni établissement fixe ; mais maintenant, depuis son arrivée en Egypte et son installation au Caire il s'est senti en repos puisque ses tourments sont achevés et il se sent dans sa maison et dans une installation permanente. La liste de ses migrations est la suivante : en 1148, à l'âge de treize ans, sa ville natale, Cordoue, est conquise par les Almohades ; son père R. Maïmon et sa famille fuient la ville et errent dans diverses villes d'Espagne musulmane et chrétienne, car le fléau des Almohades les suivait et ils ne trouvèrent aucun endroit où ils purent s'installer comme citoyens. Certains pensent que R. Maïmon et sa famille résidèrent quelques temps dans une ville de la côte, Alméria, et lorsque cette ville fut également conquise par les Almohades, ils se rendirent à Fez, au Maroc, en 1159-1160. En 1165 après un séjour d'environ cinq ans, ils s'enfuirent au milieu de la nuit en raison du risque de mort qui les guettait. Après de nombreuses péripéties ils arrivèrent à Acre, en Palestine, où ils demeurèrent environ six mois. De là ils descendirent vers l'Egypte, d'abord à Alexandrie, puis allèrent à Fosta, ville ancienne du Caire. Là, Maïmonide se fixa définitivement et y vécut près de quarante ans, jusqu'à sa mort. Il écrivit la présente lettre au Yémen en 1172, environ six ans après son installation en Egypte.

pas enseigné, je n'aurais pas atteint le peu que j'ai acquis[38] et
108 cet acquis, je le partagerai toujours.

Au sujet de notre ami, notre disciple, R. Chlomo Ha-Cohen, sage plein de raison dont tu parles dans ta lettre : il exagère en nous couvrant de louanges et use de trop d'éloges à notre égard ; il parle un langage excessif dans sa passion et il atteint les sommets pour s'exprimer avec son amour et sa miséricorde. Que le Protecteur d'Israël et son sauveur le garde, qu'il soit comme un jardin fleuri et qu'il nous revienne en bonne santé et heureux.

Quant au reste des questions évoquées dans ta lettre pour
que j'y réponde, j'ai trouvé bon d'user de la langue de Kedar
[fils d'Ismaël, ancêtre des Arabes] et de son mode d'expression
109 pour que le lecteur puisse comprendre ainsi que tous, y
compris les enfants et les femmes, car la réponse les concerne
tous et il convient de la faire connaître à toutes ces commu-
110 nautés, dans leur ensemble.

38. Il est utile de rappeler au lecteur ce que Maïmonide appelle « le peu que j'ai » au cours de ses pérégrinations c'est-à-dire avant 1166. En 1151, encore en Espagne, il rédige *Les mots de la logique*, en 1153, à l'âge de 18 ans il compose son *Traité sur le calendrier*. A 23 ans il a déjà pu écrire un commentaire sur la moitié du Talmud de Babylone sur le modèle de R. Isaac Alfassi. En outre il écrivit aussi un commentaire particulier sur les règles difficiles de tout le Talmud. En 1158, toujours en Espagne, il commence son commentaire sur les six ordres de la Michna. Il continue cette œuvre à Fez à partir de 1159-1160 et la termine à 33 ans en 1168 en Egypte. Tout ceci est accompli dans des tribulations sans fin comme il l'indique à la fin de son commentaire de la Michna. Le début de son activité publique se situe en 1163, lorsqu'il tombe dans un guépier, à Fez, au milieu des persécutions ; au risque de sa vie, il écrivit sa lettre sur la persécution. En 1172, année de la composition de la présente lettre, il avait déjà terminé son *Livre des Commandements* et commençait la rédaction de sa grande œuvre : *Michne Tora*. Il faut ajouter qu'en dehors de son activité centrée sur la Tora il s'applique aussi à d'autres études et sciences où il se distingue : médecine, sciences naturelles, géométrie, philosophie et toutes sortes de connaissances importantes ou non, véridiques ou mensongères comme l'astrologie et les pratiques idolâtres. Ainsi son humilité est aussi grande que sa maîtrise, car il a pleinement conscience qu'un grand homme, ayant de vastes connaissances, ignore encore plus de choses qu'il n'en connaît.

I

Vraiment [39], ce que tu rappelles à propos de celui qui règne sur le Yémen, qui a décrété la persécution contre Israël et a obligé toutes les localités sous sa souveraineté d'abandonner leur religion, comme l'ont fait les Cananéens [40] dans les pays d'Occident, est une nouvelle qui nous a fait blêmir, elle a irrité et fait trembler toutes nos communautés. En vérité nous devons dire ceci : c'est une mauvaise nouvelle qui fait tinter les oreilles de quiconque l'entend ; elle nous brûle le cœur et sème la consternation dans nos conseils à cause de ces grands malheurs ; la persécution s'étend pour nous d'une extrémité
111 du monde à l'autre, de l'Orient à l'Occident, et les fils d'Israël sont en plein milieu, « de sorte qu'ils se trouvent enveloppés devant et derrière » [41]. C'est en vue de cette période difficile que le prophète dans sa vision commence à implorer et à prier pour nous, comme il est écrit : « Seigneur Dieu, de grâce, arrête-toi ! Comment Jacob pourrait-il subsister ? Il est si chétif » (Am. 7, 5). — Le croyant n'est pas affecté par cette affaire [les persécutions] et celui qui a foi en Moïse ne la rejette pas [42]. Il n'y a pas de doute que ces persécutions sont « les souffrances du Messie » [43] que les maîtres demandaient au Créateur de leur épargner. Les prophètes aussi tremblaient lorsqu'ils évoquaient ces pensées comme il est écrit : « Mon esprit s'égare, la frayeur m'a terrassé ; la nuit qui m'était si chère s'est changée pour moi en épouvante » (Is. 21, 4). Dans le droit Livre [la Tora] le Créateur dit également : « Hélas ! qui
112 peut vivre quand Dieu ne l'a pas voulu ? » (Nom. 24, 23).

39. Ici débute la lettre proprement dite.

40. C'est-à-dire les Arabes. Dans la littérature rabbinique, les peuples ismaélites sont souvent désignés sous le nom de Cananéens.

41. Parodie de Jos. 8, 22.

42. La foi. Celui qui croit en Dieu et en Moïse son serviteur n'est pas incité par les persécutions à dénigrer les vertus de Dieu, béni soit-il, mais il est affermi par la force de sa foi, parce qu'il sait que Dieu n'abandonne pas son peuple.

43. Os. 13, 13 les souffrances de l'enfantement. Dans le traité San. 98 b : « Rav Oula a dit : qu'il vienne mais que je ne le voies pas et Rabba a dit de même ». Rachi commente le terme « les souffrances du Messie » : ils auront peur et ils souffriront ceux qui vivront à l'époque de la lutte des nations.

Venons-en à ce que tu déclares : la conscience d'une partie des fils de notre peuple est absente et embrouillée, leur cœur chavire, le doute les prend, leur raison est ébranlée ; mais une partie n'a pas dévié de sa foi, n'a pas défailli et n'a pas hésité [44]. Cette situation a déjà été anticipée par Daniel, comme le Créateur nous l'a fait connaître par son intermédiaire : en prolongeant pour nous les jours de l'exil et en nous envoyant des tourments, il en résultera que beaucoup abandonneront la religion, le doute apparaîtra et ils s'engageront dans l'erreur. La cause en est celle-ci : la vue de notre affaiblissement, la force qui nous accable et la domination sur nous [de nos ennemis]. Pour une partie d'entre eux, le doute n'apparaîtra pas et leur raison ne sera pas ébranlée, ainsi qu'il est dit : « Beaucoup sont triés, épurés et passés au creuset mais les impies exerceront leurs impiétés et tous les méchants manqueront de compréhension, tandis que les sages comprendront » (Dan. 12, 10),
113 et il continue de nous expliquer : même ces sages et ceux qui comprennent, sur qui des tourments sont passés et qui y ont fait face en demeurant fidèles à leur foi en Dieu et en Moïse, son serviteur — encore des tourments durs et redoutables, plus sévères que les premiers auxquels ils ont résisté, déferleront sur eux jusqu'à ce que le doute les reprenne et ils dévieront et s'égareront, tant qu'on ne leur aura pas donné la moindre explication, comme il est écrit : « Et du parti des sages certains tomberont pour qu'ils soient éprouvés, triés et purifiés en attendant le moment final, car il tardera encore jusqu'à l'époque fixée » [45] (Dan. 11, 35).

Maintenant, nos frères, vous devez tendre vos oreilles et écouter ce que je vous ai exposé et l'enseigner à vos enfants et à vos femmes, afin que subsiste en eux ce qui est ébranlé de leur foi et que la vérité soit renforcée dans leurs âmes pour qu'elle n'en bouge plus. Que le Créateur nous sauve et vous sauve du doute.

Sachez que cette Tora est la Tora de Dieu véritable qui nous a été donnée par le Seigneur de tous les prophètes, les

44. Les persécutions n'ont pas été une surprise pour eux, c'est pourquoi ils n'ont pas été étonnés et n'ont pas protesté contre les mesures de la providence, mais, au contraire, ils ont continué, comme auparavant, à se renforcer dans la citadelle du rocher d'Israël et dans la foi de leurs pères, sans hésitation ni doute.

45. Les Juifs doivent continuer à espérer et à attendre la venue du Messie rédempteur, même si cette attente se prolonge car, quelles que soient leurs tribulations, Dieu n'abandonnera pas son peuple.

premiers comme les derniers ; que, dans cette Tora, le Créa-
teur nous a mis à part du reste des hommes de ce monde,
comme il est écrit : « Et pourtant ce sont tes pères qu'a préférés
l'Eternel, se complaisant en eux ; et c'est leur postérité, après
eux, c'est vous qu'il a adoptés entre tous les peuples, comme
vous le voyez aujourd'hui » (Deut. 10, 15). Ce n'est pas parce
que nous l'avons mérité mais cela est dû à la miséricorde du
Créateur et à la bonté qu'il nous a prodiguée et gratifiée, parce
que de bonnes actions pour la connaissance du Créateur et
114 pour son service ont été auparavant accomplies par nos pères,
comme il est écrit : « Si l'Eternel vous a préférés, vous a dis-
tingués, ce n'est pas que vous soyez plus nombreux que les
autres peuples, car vous êtes le moindre de tous ; c'est parce
que l'Eternel vous aime, parce qu'il est fidèle au serment qu'il
a fait à vos aïeux... » (Deut. 7, 7-8). Parce que le Créateur
nous a assigné [46] ses commandements et ses lois, il a explicité
notre dignité par rapport aux autres nations [47] dans ses prin-
cipes [48] et ses statuts comme il est écrit : « Où est le peuple
assez grand pour posséder des lois et des statuts aussi bien
ordonnés que toute cette doctrine que je vous présente aujour-
d'hui » (Deut. 4, 8). Toutes les nations nous ont grandement
jalousés à cause de notre religion. Leurs rois [49] nous ont oppri-
més à cause d'elle pour provoquer diffamation et hostilité à
notre égard, ils ont voulu combattre Dieu et lui chercher que-
115 relle, mais il est Dieu : qui peut lutter avec lui ?

Depuis que cette Tora nous a été donnée jusqu'à notre époque, les rois idolâtres n'ont jamais cessé de nous dominer, de nous contraindre et d'accroître leur force et leur violence, car ils n'ont jamais eu d'autre intention ni conviction que de détruire notre Tora et de renverser notre religion par la violence, la victoire et le glaive comme Amalek, Sisra, Sennacherib, Nabuchodonozor, Titus, Hadrien et beaucoup de leurs sem-

46. Il nous a distingués et séparés en tant qu'unité particulière.

47. En étant distinct des autres peuples sur le plan spirituel et par des vertus de droiture.

48. A cause des commandements qui nous distinguent et que nous avons acceptés. Nous trouvons des appellations nombreuses dans les Ecritures comme : Tora, témoignage, lois, statuts, commandements, déclarations, ordres, paroles, qui sont au nombre de huit, comme Maïmonide n'en cite que trois : commandements, lois, statuts, il parle de principes pour y englober aussi les autres appellations.

49. Ces rois obligent les peuples soumis à leur souveraineté à nous combattre.

blables. Telle fut la première tactique de deux tactiques possibles pour vaincre la volonté de Dieu ; mais il y eut une deuxième tactique appliquée par les hommes subtils des autres royaumes et les sages s'exprimant en d'autres langues comme les Romains, les Perses et les Grecs ; ceux-ci avaient également l'intention de détruire notre religion et de briser notre Tora mais cette fois par les arguments qu'ils formulaient contre elle et par les difficultés et les conceptions qu'ils avançaient
116 pour ruiner la Tora et effacer ses enseignements par leurs écrits. C'est le même but que poursuivaient les oppresseurs par leurs guerres. Ni l'une ni l'autre de ces tactiques ne réussit. Car le Saint, béni soit-il, nous a annoncé par l'intermédiaire d'Isaïe, que tout oppresseur ou polémiste qui veut détruire notre Tora et annuler notre religion par l'épée, le Créateur brise ses armes de guerre et il ne réussit pas ; ceci est dit à titre de parabole : son dessein n'aboutira jamais. De même quiconque prétend avoir l'intention d'anéantir ce qui est entre nos mains, finit par être condamné pour sa prétention, et elle est annulée et ne subsiste pas, comme il est écrit : « Tout instrument forgé contre toi sera impuissant, toute langue qui se dressera contre toi pour t'accuser sera convaincue d'injustice, tel est le partage des serviteurs de l'Eternel et l'arrêt équitable qu'ils obtiennent de moi, dit l'Eternel » (Is. 54, 17).

Ces deux intentions, c'est-à-dire les nations qui portent ces deux catégories d'intention [50], savent que cet édifice n'est pas facile à détruire, et cependant elles font alliance pour détruire les fondements de la religion imprimés dans la profondeur de la foi, et malgré tout ils poursuivent effort et peine, mais l'édifice reste inébranlé et la vérité se moque d'eux et rit, c'est-à-dire : le Saint, béni soit-il, qui est la vérité, est là ; il se moque et rit d'eux de ce que c'est par une faiblesse de leur esprit qu'ils visent une intention sans objet.

C'est à ce sujet que David, la paix soit sur lui, avec la force de l'esprit saint, en voyant leur intention de détruire la religion véritable et en voyant que le Saint, béni soit-il, est là et se rit d'eux, a dit : « Brisons leurs liens — rejetons loin de nous leurs chaînes : celui qui réside dans les cieux en rit, le Seigneur se raille d'eux » [51] (Ps. 2, 3-4).

50. De détruire notre religion par les deux moyens cités : les armes ou la polémique.

51. Le verset suivant porte : « Puis il les apostrophe dans sa colère, et dans son courroux il les terrifie » (Ps. 2, 5).

Nous avons été encore testés et éprouvés par ces deux groupes [d'adversaires] depuis l'époque de notre royauté et les
117 quelques jours de notre exil [52].

Ensuite apparut une nouvelle secte qui développa son activité en ce domaine et qui empoisonna notre vie plus que les deux sectes précédentes, celle utilisant la force et celle émettant des griefs et des arguties. Elle trouva bon de détruire le nom de cette nation d'une autre manière par un dessein tortueux : se faire connaître au nom de la prophétie [53] et annoncer une religion en dehors de la Tora de Dieu et la diffuser en public parce que les deux Tora émaneraient de Dieu. Son intention est de provoquer le doute et d'introduire la confusion dans nos cœurs, une Tora étant le contraire de l'autre [54] et toutes deux étant orientées vers un seul Dieu — pour provoquer la ruine de notre Tora, et cela par une ruse prodigieuse déployée par cet homme très perfide, lorsqu'il tenta de tuer son ennemi tout en en réchappant. Lorsqu'il échoua, il essaya
118 d'être tué lui-même ainsi que son ennemi.

Et qui au début trouva cette idée ? C'était Jésus le Nazaréen qui faisait partie d'Israël, quoique son père fût un gentil et sa mère israélite. L'essentiel nous est connu : « Un Gentil ou un esclave a des rapports avec une fille d'Israël, l'enfant est *cacher* » [55]. Cependant nous l'appellerons... pour accroître sa honte. Il amena à penser qu'il était envoyé par Dieu pour expliquer les points douteux de la Tora, qu'il était le Messie qui nous avait été promis par tous les prophètes [56], il interpréta la Tora de façon à abolir toute la Tora et tous ses commandements [57] et d'annuler toutes les mises en garde [58], selon son orientation [59]. — Les maîtres s'émurent de ses intentions avant

52. Peut-être l'expression « quelques jours de notre exil » vise-t-elle les 70 ans d'exil entre le premier et le deuxième Temple.

53. C'est-à-dire d'annoncer au peuple un prophète envoyé du ciel.

54. Ce que l'une interdit, la deuxième l'autorise.

55. Yebamot 45 a : « Selon Rabbi Juda le Prince, l'enfant d'un idolâtre ou d'un esclave issu d'une union avec une fille israélite est légitime (n'est pas un bâtard) ». Voir Qidouchin 68 b.

56. Car en effet, tous les prophètes ont prophétisé pour les jours du Messie.

57. Les commandements positifs.

58. Les commandements négatifs.

59. Selon sa pensée qui était de rompre l'ancienne alliance.

que sa célébrité ne se renforce dans la nation et lui firent ce qui lui convenait [60].

Déjà Dieu nous avait fait précédemment connaître cela par
l'intermédiaire de Daniel : un homme venant des violents de
notre peuple et de ses renégats essaiera de ruiner la Tora en
arguant de la prophétie [61] et en se prétendant participer à de
119 grandes choses, il dira qu'il est le Messie, et Dieu le fera
échouer [62] comme il l'a voulu [63], et il dit : « ...des violents de
ton peuple s'insurgeront pour réaliser la vision mais ils succom-
beront » (Dan. 11, 14). Après lui, au bout d'une longue période,
apparut une religion qui se réclamait de lui [64], provenant de
la nation des fils d'Esaü bien que ce ne fût pas l'intention [de
Jésus] et que cela ne lui fût pas venu à l'esprit [65]. Il ne causa
aucun dommage à Israël [66] et il ne fit naître en eux aucun doute
ni pour la communauté ni pour les individus, puisque sa défi-
cience est apparue clairement et qu'il a été retranché et perdu
entre nos mains jusqu'à ce qu'on lui fasse ce qu'on lui a
120 fait [67].

Après lui apparut un dément [68] qui se comporta comme

60. Selon les lois de l'Etat hérodien, soumis aux lois romaines. Ils le livrèrent aux autorités romaines qui le jugèrent comme rebelle à l'autorité, puisqu'il se déclarait lui-même Messie, roi d'Israël comme s'il voulait secouer le joug de l'empire romain et se révolter contre lui. A cette époque Ponce Pilate était procurateur de Judée. Il rendit contre lui un jugement de mort par crucifixion. Une mort infamante et contraire à l'esprit et à la lettre du judaïsme. Voir Sanhédrin 45 a et Pessahim 75 a.

61. En disant qu'il a reçu l'ordre du ciel (Dan. 11, 14).

62. Il est finalement tombé et a été remis à ses juges romains.

63. Comme le montre ce que fut sa fin.

64. Jésus, fondateur de la secte chrétienne.

65. De se tourner vers les païens. Tandis que les premiers chrétiens étaient tous d'origine juive, des judéo-chrétiens, après un certain temps apparut la secte des pagano-chrétiens. Jésus a dit explicitement : « Je n'ai été envoyé que pour les brebis perdues de la maison d'Israël » (Matthieu 15, 24).

66. En ce qui concerne sa religion et sa foi.

67. De par les autorités romaines après que Jésus leur fut livré par les Juifs. La séparation définitive des Chrétiens du judaïsme s'est opérée en 136, après la révolte de Bar Kochba.

68. Maïmonide vise Mahomet, fondateur de l'Islam. R. Abraham ben Hiyya emploie aussi ce terme dans son livre *Meguilat ha megalé*, p. 96. Ce qualificatif vient de l'Ecriture : « ...le prophète en perdra la tête, l'homme inspiré en deviendra dément... » (Os. 9, 7) ; il est possible également que l'appellation « dément » vienne de ce qu'il eut des visions et une imagination débordante ; il faut penser aussi à son habitude d'imposer, par la force, sa foi à ceux qui refusaient de

lui [69], à savoir qu'il voulut modifier notre religion [70], puisqu'il lui ouvrit la voie [71]. A tout cela il a ajouté une autre intention, il poursuivit le pouvoir temporel, il voulut que l'on se soumette à lui [72] et se produisit, ce qui est célèbre. Tous [73] n'eurent qu'un désir, celui de faire ressembler la religion de Dieu à leurs mensonges et de faire ressembler l'œuvre humaine à
121 l'œuvre divine ce que ne saurait croire l'enfant qui n'a aucune connaissance ni de l'une ni de l'autre [74].

Il n'y a pas de différence entre cette religion, qui est la nôtre et les autres religions à qui on veut la comparer, sauf la différence qu'il y a entre un homme vivant et sensible et une image sculptée dans le bois par un artiste ou fondue en métal (en argent ou en or) ou taillée dans un bloc de pierre ou dans des blocs de marbre et autres semblables, jusqu'à ce qu'on les dessine et les taille à l'image de l'homme. Car c'est un sot celui qui ne distingue pas entre la sagesse divine et cette œuvre (humaine). Lorsqu'il voit cette forme à l'image de l'homme dans toute son étendue extérieure, sa ressemblance et son apparence, il pensera qu'elle a été faite comme a été fait l'homme parce qu'il ne connaît pas la [nature] intime [75] des deux ; mais le sage qui connaît la [nature] intime de l'une et de l'autre sait alors que dans l'intérieur de cette forme il n'y a pas d'ouvrage soigné [dans tous ses détails] ; il sait aussi qu'à l'intérieur de

l'accepter pacifiquement. On ne peut oublier non plus qu'il souffrait d'épilepsie et qu'au moment de ses attaques il était privé de connaissance. L'ère musulmane commence en 622, année de l'Egire (c'est-à-dire fuite) où Mahomet s'enfuit de la Mecque, sa ville natale, car il était poursuivi par les membres de sa tribu (Khoréichite), pour se rendre à Médine, à 230 km au nord de la Mecque.

69. Il s'agit de Jésus, le Nazaréen.

70. Pas seulement la religion juive mais aussi la religion chrétienne, car, comme nous l'avons indiqué, il lui prit ce qui convenait à son esprit et à sa méthode pour lui ressembler.

71. Ce fut Jésus qui commença à prêcher pour se faire connaître comme prophète et à créer une religion en dehors de la religion du Dieu d'Israël, tout en lui ressemblant.

72. Ses innovations religieuses comportaient aussi des intentions politiques : se constituer un royaume et imposer son autorité non seulement aux tribus arabes dont il était originaire, mais aussi aux nations voisines et lointaines.

73. Le fondateur de la doctrine chrétienne comme le fondateur de la doctrine musulmane.

74. Il en résulte qu'il ne peut distinguer entre les deux, entre la vérité et le mensonge.

75. L'essence véritable.

l'homme il y a des merveilles authentiques et des œuvres qui montrent la sagesse du Créateur, béni soit-il. Nous voyons les nerfs qui se prolongent dans les chairs, cause du mouvement volontaire que l'on appelle « azal » en arabe et « mouskoul » (muscle) en langue étrangère, qui se rassemblent dans les membres, l'allongement des tendons et l'emplacement de leur inser-
122 tion [sur les os], l'enchaînement de leurs relations et la qualité de leur croissance, la structure des membres et leur articulation, l'origine des artères qui bougent et des artères qui ne bougent pas, leur division, leurs parties plus petites, extérieures et intérieures. Toute chose selon sa mesure, son modèle et à sa place.

Il en est ainsi du sot qui ne connaît pas les secrets des Ecritures saintes ni l'essence des commandements. Lorsqu'il veut comparer cette religion qui est la nôtre avec une religion contrefaite et fabriquée [76], il peut penser qu'il y a entre elles un parallèle et une ressemblance, puisqu'il trouve dans la religion de Dieu interdiction et permission et il en est de même dans la religion contrefaite et fabriquée ; dans la religion de Dieu, il trouve des pratiques cultuelles, de même dans la religion fabriquée ; dans la religion de Dieu il y a beaucoup de commandements, de mises en garde, de punitions et de récompenses, il en est de même dans la religion contrefaite et fabriquée. Si seulement il connaissait leur [nature] intime, il saurait que pour la religion de Dieu véritable, sa sagesse est dans ses [vertus] intimes [77], qu'elle ne comporte aucun commandement ni avertissement dont l'essence n'apporte un bénéfice pour la perfection de l'homme et n'éloigne de lui le dommage que cette perfection lui évite. Grâce aux commandements l'homme acquiert les vertus morales et les qualités intellectuelles — la foule selon sa capacité et les individus selon leur
123 compréhension [78].

Par [ses vertus intimes] s'opère le rassemblement divin [des hommes] [79], excellent, qui est réalisé durablement sur la base de ces deux perfections : c'est-à-dire la perfection pre-

76. Que les hommes inventent de leur cerveau, elle est une œuvre humaine tandis que la Tora est œuvre divine.

77. Dans l'intention intime et spirituelle qui est dans tout commandement positif et négatif.

78. Des hommes exceptionnels, doués de grands talents sortent de la règle générale.

79. Voir note 82.

mière qui est permanence dans l'être en ce monde-ci, basée sur l'affirmation des réalités qui conviennent à l'homme[80], et la perfection seconde qui est l'acquisition des concepts (intelligibles), tels qu'ils sont en eux-mêmes[81], selon la force de l'homme[82].

On sait aussi que ces religions qui se comparent[83] à notre religion sont des doctrines qui n'ont pas d'intériorité, mais sont des récits et des fictions que leur auteur a conçus pour sa propre gloire et pour qu'on dise de lui qu'il était comme un tel et un tel[84] ; son imposture fut dévoilée auprès des maîtres et suscita le rire et la plaisanterie comme lorsqu'on se moque
124 des manigances du singe qui imite les gestes de l'homme[85].

Déjà le Créateur vous avait annoncé, par l'intermédiaire de Daniel, que cela arriverait et qu'après de longues années, viendrait un homme qui révélerait une religion ressemblant à la religion véritable, qu'il ferait de grandes déclarations et dirait que l'esprit prophétique est descendu sur lui et qu'il lui a donné un livre, que le Créateur lui a parlé et qu'il a parlé au Créateur et toutes choses semblables, c'est ce que Daniel déclare dans le flot de ses paroles en racontant l'avènement du roi d'Edom[86]. Il a comparé aussi l'apparition du dément [Mahomet], comment viendra son triomphe sur le roi d'Edom, le roi de Perse et le roi de Grèce, la corne qui pousse, s'allonge et grandit comme cela est clair, d'après les versets, pour la foule et pour les particuliers car ce sont des

80. C'est-à-dire toutes les choses qui sont exigées pour le « rassemblement » humain dans le monde ; du côté de ce qu'il y a de meilleur ou dans l'absence de manque par exemple : la longévité, la bonne santé, une bonne situation économique, une vie tranquille, etc.

81. Connaître les choses et les réalités du monde avec une connaissance véritable telles qu'elles sont dans leur essence et leur être.

82. Dans la limite de ce que la connaissance de l'homme peut atteindre. Peut-être par l'expression « rassemblement divin » ne vise-t-il pas la société humaine parfaite mais l'individu éminent. « Rassemblement divin » signifierait alors : union de la richesse sur le plan matériel et spirituel.

83. Qui veulent ressembler quoique, en vérité, il n'y ait aucune ressemblance.

84. Par exemple ils comparent Jésus (ou Mahomet) en son temps, à Moïse, notre maître, dans le sien.

85. R. Juda Halevi dans le Kuzari dit également que les nations (Edom et Ismaël) ne purent imiter que les aspects extérieurs du culte divin mais pas son intériorité (cf. Kuzari 3, 32).

86. On vise l'empire romain, qui, dans la littérature rabbinique représente aussi la religion chrétienne, quoique jusqu'à Constantin il ait été idolâtre.

choses qui sont apparues dans la réalité, c'est-à-dire dans le monde[87] ; ces versets n'ont pas d'autre interprétation que leur sens obvie. L'Ecriture dit : « Je contemplais ces cornes et voilà qu'une autre corne encore, une petite, monta parmi elles ; et trois des premières cornes furent arrachées pour lui faire place. Cette corne avait des yeux pareils à des yeux d'homme et une bouche qui parlait avec arrogance » (Dan. 7, 8). Toi, réfléchis avec sagesse sur cette parabole et tu verras des merveilles. — Il dit qu'il vit une petite corne qui croissait, tandis qu'il s'étonnait de sa longueur et de la chute des trois premières cornes[88] devant elle, jusqu'à ce qu'il vit sur cette corne des yeux comme des yeux d'homme et une bouche qui parlait haut, je veux dire que ce nouveau venu proposera
125 une religion qui ressemblera à la religion de Dieu. Il dira qu'il est prophète et il multipliera les paroles. Daniel nous explique que son intention sera de rompre et d'abolir cette Tora qui est entre nos mains, qu'il voudra la modifier, comme il est dit : « Il proférera des paroles contre le Très-Haut, opprimera les saints du Très-Haut ; il aura la prétention de changer les solennités de la Loi, et tous seront livrés entre ses mains, durant une période, deux périodes et une demi-période » (ibid. 7, 25). Puis le Créateur explique à Daniel qu'il est destiné à tomber après sa gloire et la grandeur de son extension, avec tout ce qui reste des nations qui l'ont précédé.

Ces trois catégories de contestataires sont : la secte des agresseurs[89], la secte des argumentateurs et la secte des imitateurs de notre religion[90] ; toutes ont échoué. Si elles font preuve de quelque force et de quelque succès à un certain moment, cette force ne se maintiendra pas et ce succès ne durera pas. C'est ainsi que le Créateur en a décidé pour nous et il nous en a donné une garantie perpétuelle : à chaque fois qu'il y a une persécution contre les ennemis d'Israël[91]

87. Car ceci est réellement arrivé et est écrit dans les chroniques des peuples mentionnés.

88. Qui font allusion à la victoire sur les trois royaumes cités : Rome, Perse et Grèce.

89. Ceux qui lèvent le glaive et nous combattent.

90. Leur intention était de contrefaire notre religion, en instaurant, à côté de celle-ci, de nouvelles religions semblables et d'expulser l'ancienne au bénéfice de la nouvelle.

91. Anti-phrase pour dire la persécution contre Israël.

ou qu'il leur survient quelque malheur, il [le Créateur] interviendra pour l'écarter ou l'éloigner. Comme l'a dit David, avec l'aide de l'esprit saint, en se servant de notre langue : notre peuple se débat sous la violence des nations, et sous la pression de leur gouvernement depuis notre origine. Malgré tout ils n'ont pas été en mesure de nous anéantir et d'effacer notre nom, quoiqu'ils nous aient persécutés et accablés par des
126 persécutions et des mesures discriminatoires. Comme le dit David : « Violemment on m'a persécuté dès ma jeunesse — peut bien dire Israël — violemment on m'a persécuté dès ma jeunesse, mais on n'a pu triompher de moi » (Ps. 129, 1-2).

Et vous, nos frères, ne savez-vous pas qu'à l'époque de Nabuchodonozor, l'impie, on a obligé Israël à pratiquer l'idolâtrie et parmi ceux qui restaient, ne furent sauvés que Daniel, Hanania, Mishael et Azaria [92]. Finalement le Créateur, que son nom soit exalté, l'extermina [93], anéantit ses coutumes et la vérité reprit ses droits.

Il en advint de même, à l'époque du deuxième Temple, lorsque la royauté grecque impie décréta de grandes et violentes persécutions contre Israël, pour détruire sa religion, lui imposa la violation du Sabbat et de la circoncision, puis décida que tout Israélite devait écrire sur son vêtement qu'il n'a pas part au Seigneur, Dieu d'Israël, et que soit gravée sur la corne de son bœuf une inscription analogue et qu'ensuite il laboure avec celui-ci ; ils [les Israélites] luttèrent contre ce décret pendant 52 ans, et, au bout de ce temps, le Saint, béni soit-il, anéantit d'un seul coup leur gouvernement et leurs cultes. On trouve aussi des déclarations de nos maîtres à ce sujet en plusieurs endroits [94] : « Une fois, la royauté grecque impie décréta la persécution contre Israël » mais la paix revint
127 en Israël.

A maintes reprises on prit des décrets [discriminatoires] contre eux et ensuite le Créateur, béni soit-il, annula ces décrets et les

92. Sauf ceux-là, presque tous furent contraints de trahir la foi de leurs pères (Dan. 3, 6).

93. Sa religion qui ne subsiste plus.

94. Berakhot 6 b ; Taanit 28 a ; Meila 17 a ; Chabbat 49 a : « L'assemblée d'Israël est comparée à la colombe, comme il est dit : " Les ailes de la colombe sont recouvertes d'airain " » (Ps. 68, 14) ce qui signifie : comme pour la colombe ce sont les ailes qui la protègent, ainsi pour le peuple d'Israël, ce sont ses pratiques religieuses qui le protègent ».

fit cesser [95] en même temps que celui qui les avait édictés ; c'est ainsi que nos maîtres, de mémoire bénie, ont dit : « La persécution agit pour son annulation » [96]. Déjà le Saint, béni soit-il, avait assuré à Jacob, notre père, que la paix soit avec lui, que, quand bien même les nations asserviraient sa descendance, l'opprimeraient, la domineraient, cependant ses descendants subsisteraient et résisteraient, alors que leurs dominateurs disparaîtraient et seraient anéantis, comme il est dit : « Elle sera ta postérité comme la poussière de la terre... » (Gen. 28, 14), c'est-à-dire quoiqu'elle soit exposée à être piétinée et foulée comme cette poussière que tous écrasent, finalement elle prendra le dessus et triomphera. Ainsi en est-il de la parabole : la poussière finalement recouvre ceux qui la piétinent et subsiste, mais ceux qui la piétinent ne subsistent pas. Isaïe explique et nous fait connaître au nom de Dieu, qu'en ce qui concerne cette nation pendant toute la durée de son exil, quiconque veut la dominer et lui faire violence peut le faire et y réussir, mais finalement le Saint, béni soit-il, envoie un sauveur qui écarte d'elle sa maladie et sa douleur. Isaïe a dit : « Une vision effrayante m'a été révélée : l'oppresseur opprime, le ravageur ravage. Alerte, Elam, à l'assaut Mèdes ! Je vais mettre fin aux soupirs » (Is. 21, 2). Ainsi le Créateur nous assure par la bouche de nos prophètes que nous ne serons pas perdus ni anéantis et nous ne serons jamais détournés de notre existence de nation pieuse ; de même qu'il est impossible que soit abrogée
128 l'existence du Saint, béni soit-il, de même il est impossible que nous soyons perdus et rayés du monde puisqu'il est dit : « Parce que moi, l'Eternel, je ne change pas, vous aussi, enfants de Jacob, n'avez pas été anéantis » (Mal. 3, 6). De même il nous a annoncé et il nous a encouragé, béni soit son nom, qu'il lui est impossible de nous détester, en tant que communauté, quoique nous le mettions en colère et que nous transgressions ses commandements puisqu'il est écrit : « Ainsi parle YHVH : si l'on peut mesurer les cieux là-haut, et sonder ici-bas les fondements de la terre, alors moi je repousserai la race d'Israël à cause de tout ce qu'ils ont fait — oracle de YHVH. » (Jer. 31, 37). C'est exactement ainsi que, dans la Tora, Moïse, notre maître, nous apporte une assurance, puisqu'il est écrit : « Pourtant même alors, quand ils se trouveront

95. Les décrets avec le royaume impie qui les avait promulgués.
96. Voir Ketoubot 3 b.

relégués dans le pays de leurs ennemis, je ne les aurai ni dédaignés, ni repoussés au point de les anéantir, de dissoudre mon alliance avec eux : car je suis l'Eternel, leur Dieu » (Lév. 26, 44).

Vous mes frères, fortifiez-vous, encouragez-vous et soutenez-vous grâce à ces versets véridiques, et que les persécutions ne vous effraient pas, même si celles-ci se succèdent rapidement ; que la brutalité de votre ennemi ne vous épouvante pas, ni la faiblesse de notre nation ; car tout cela n'est qu'un test et une épreuve pour manifester au monde entier votre foi et votre amour afin qu'en des temps semblables ne se maintiennent dans la religion véritable que des maîtres craignant Dieu, de la semence de Jacob, la semence pure et intègre, dont il est écrit : « Alors quiconque invoquera le nom de l'Eternel sera sauvé, car sur le mont Sion et à Jérusalem le salut sera assuré, ainsi que l'a dit l'Eternel, comme il le sera, parmi les survivants, à ceux qu'élira le Seigneur » (Joël 3, 5). Et il explique que ce sont des individus rares, des hommes dont les pères se trouvaient au mont Sinaï et entendirent les paroles de la bouche de la Puissance de [Dieu] qui acceptèrent et se confièrent dans l'Alliance, endossèrent la pratique et la tradition en disant : « Tout ce qu'a prononcé l'Eternel, nous le pra-
129 tiquerons et l'écouterons » (Ex. 24, 7).

Ils s'en firent une obligation pour eux et leurs descendants, comme il est écrit : « Les choses révélées importent à nous et à nos enfants jusqu'aux derniers âges, afin que nous mettions en pratique toutes les paroles de cette doctrine » (Deut. 29, 28). Déjà le Créateur nous a promis comme un homme qui se fait le garant de son compagnon, et son engagement nous suffit — et il nous a fait savoir que tous ceux qui étaient présents au Sinaï croiraient aux prophéties de Moïse, notre maître et à tout leur contenu [97], eux, leurs fils et leurs petit-fils à jamais. Ainsi le Saint, béni soit-il, a dit : « Voici, moi-même, je t'apparaîtrai au plus épais du nuage, afin que le peuple entende que c'est moi qui te parle et qu'en toi aussi ils aient foi constamment » (Ex. 19, 9). C'est pourquoi il faut savoir que, quiconque se détourne de la voie tracée par la religion donnée par cette révélation, n'est pas de la descendance de ces hommes. Ainsi nos maîtres, de mémoire bénie, disent de quiconque éprouve des doutes sur la prophétie : « ses ancêtres n'étaient pas au Sinaï ».

97. La Tora et tous les commandements.

Dieu nous sauvera et vous sauvera du doute et éloignera de nous et de vous les pensées qui conduisent au doute et à l'obstacle.

C'est pourquoi, nos frères de tout Israël, dispersés jusqu'aux extrémités de la terre, vous devez vous encourager les uns les autres et que les grands fortifient et stimulent les petits et les individus [98], la foule ; réunissez votre nation pour la cause de la vérité, qui ne change pas et n'est pas rompue ; que vos voix proclament votre foi, qui ne vacillera jamais et ne sera pas détruite. Cette vérité et cette foi : proclamer publiquement que le Saint, béni soit-il, est un et n'est pas comme les autres uns [99] ; proclamer que Moïse est son prophète et lui a parlé,
130 que Moïse est le seigneur de tous les prophètes et qu'il est plus parfait que tous les autres ; qu'il a atteint du Saint, béni soit-il, ce qu'aucun prophète n'a atteint ni avant ni après lui ; le livre de la Tora tout entier, depuis « Au commencement » jusqu'à « aux yeux de tout Israël » [fin du Deutéronome], est la parole du Créateur, béni soit-il, adressée à Moïse notre maître, ainsi qu'il est écrit : « Je lui parle face à face dans une claire apparition et sans énigmes ; c'est l'image de Dieu même qu'il contemple » (Nom. 12, 8). Il ne faut jamais ni rompre, ni modifier ni ajouter, ni retrancher. [Cette foi consiste également à croire] que ne viendra pas de Dieu une autre Tora, ni commandement ni mise en garde ; de même rappelez-vous la révélation du Sinaï, que le Saint, béni soit-il, nous a ordonné de toujours conserver en mémoire ; il nous a également mis en garde de ne pas l'oublier et nous a ordonné de l'enseigner à nos fils afin qu'ils soient « élevés » sur cet enseignement [100]. C'est ce qui est écrit : « Mais aussi garde-toi, et évite avec soin, pour ton salut, d'oublier les événements, dont tes yeux furent témoins, de les laisser échapper de ta pensée, à aucun moment de ton existence ! Fais-les connaître à tes enfants et aux enfants de tes enfants ! N'oublie pas ce jour où tu parus en présence de l'Eternel, ton Dieu à l'Horeb » (Deut. 4, 9-10).

98. Les érudits qui sont parmi vous, les êtres exceptionnels.

99. Qui comportent une dualité et un partage, transformation et multiplication.

100. Dès le début de leur éducation ils apprendront et connaîtront cette vision grandiose et terrible de la révélation du Sinaï, la manifestation de la Présence divine et le don de la Tora aux yeux de tout Israël.

Il convient donc, nos frères, que vous éduquiez vos enfants autour de cette grande révélation, que vous racontiez au milieu de la communauté et des assemblées sa grandeur et sa magnificence, car elle est l'axe dont dépendent la foi et l'assertion [101] qui conduisent à la vérité. On exalte cette révélation au-dessus de toute grandeur comme le Saint, béni soit-il, l'a élevée : « De fait interroge donc les premiers âges, qui ont précédé le tien, depuis le jour où Dieu créa l'homme sur la terre et d'un bout du ciel à l'autre, demande si rien d'aussi grand n'est
131 jamais arrivé ou si l'on a ouï chose pareille ! Quel peuple a entendu, comme tu l'as entendue, la voix de Dieu parlant au sein de la flamme et a pu vivre » (Deut. 4, 32-33).

Sachez, nos frères, à propos de cette alliance et de cette croyance, que cet événement considérable, qui apparaît comme une réalité attestée par les meilleurs témoins, il n'y en a pas eu de tels auparavant et qu'il n'y en aura plus ultérieurement : que toute une nation entende la parole du Saint, béni soit-il, et voie sa Gloire de près. Cet événement se produisit pour renforcer la foi d'une force immuable et intangible et pour nous conduire à la vérité, afin de nous maintenir debout sans que nos pas chancellent dans des périodes comme celles-ci, lorsque se reproduisent malheur ou persécution contre les Juifs, à Dieu ne plaise, et lorsque s'appesantit la main de l'oppresseur, car il est écrit : « Soyez sans crainte ! C'est pour nous mettre à l'épreuve que le Seigneur est intervenu ; c'est pour que sa crainte soit toujours présente, afin que vous ne péchiez point » (Ex. 20, 20). C'est-à-dire ce qui vous a été révélé de cette façon est pour que vous résistiez à toute épreuve qui vous atteindra à la fin des jours, pour que votre cœur ne bronche pas et que vous ne péchiez pas.

Vous, nos frères, préservez votre Alliance, affermissez-vous en votre religion et comportez-vous toujours selon votre foi.

Le roi Salomon, que la paix soit avec lui, nous a comparés
132 à une femme extrêmement belle, d'une beauté sans lacune comme il est écrit : « Tu es toute belle, mon amie et tu es sans défaut » (Cant. 4, 7). Il compare les autres croyances et opinions que l'on veut lui imposer pour la convertir à leur foi, à des hommes débauchés et perfides qui séduisent des

101. La preuve et la démonstration. Cette révélation est la preuve digne de foi de la véracité de la Tora, qu'il n'y a eu aucune substitution, ni modification de notre foi, qui existe à jamais.

femmes vaillantes pour assouvir avec elles leur vilaine passion. C'est ce qui nous arrive avec ceux qui nous entraînent et nous séduisent pour nous convertir à leurs religions. Peut-être serons-nous attrapés et empêtrés dans les broussailles de leur étourderie et dans les branches de leurs mensonges. Ensuite [le roi Salomon] revient dans sa sagesse au langage de la repentance de la nation, comme si elle disait à ceux qui veulent la séduire et leur montrer que son opinion est meilleure que la leur — En l'honneur de quoi voulez-vous me forcer ? Pourrez-vous me faire voir comme la « danse à deux camps » (Cant. 7, 1), c'est-à-dire que la nation plaidera contre eux et leur dira : Faites-moi voir quelque chose comme la révélation du Sinaï, où il y avait le camp de Dieu et le camp d'Israël, l'un en face de l'autre — alors je me rangerai à votre conseil [102]. C'est ce qui est dit, sous forme de parabole : « Reviens, reviens, ô la Sulamite reviens, reviens, que nous puissions te regarder » [disent les nations]. « Que verrez-vous dans la Sulamite, si ce n'est la danse à deux camps » [répond Israël] (ibid.). Signification de la « Sulamite » : la pieuse parfaite et de « la danse à deux camps » : la joie de la révélation du Sinaï, où il y avait le camp d'Israël, comme il est écrit : « Moïse fit sortir le peuple du camp au devant de la divinité et ils s'arrêtèrent au pied de la montagne » (Ex. 19, 17) et le camp de Dieu comme il est dit : « Les chars de Dieu se comptent par myriades et milliers répétés, avec eux le Seigneur
133 se rend sur le Sinaï, dans le sanctuaire » (Ps. 68, 18).

Considère la sagesse de la parabole et son secret : le mot « Reviens » est répété quatre fois dans ce verset ; il suggère que nous sommes persécutés quatre fois, pour nous faire abandonner notre religon dans chacun de ces quatre royaumes [103], et le dernier de ces royaumes est celui où nous nous trouvons [104]. Le Saint, béni soit-il, nous a donné l'assurance dans sa Tora, en disant que, bien qu'étant contraints par eux d'adopter leurs doctrines : « Là, vous serez soumis à ces dieux, œuvres de la main de l'homme, dieux de bois et de pierre... » (Deut. 4, 28), cela ne se produira cependant pas sur toute l'étendue de la terre (cf. Pes. 87 b) et la Tora ne sera pas retranchée de nous pour toujours ; il nous a promis : « Car

102. A vos opinions et je serai d'accord avec vous.
103. On vise les royaumes suivants : Edom, Perse, Grèce et Ismaël.
104. Le royaume d'Ismaël (interprétation de Dan. 7, 8).

la bouche de sa postérité ne l'oubliera pas » (Deut. 31, 21). Il nous explique par l'intermédiaire d'Isaïe, le messager de notre nation [105] que le signe entre nous et lui [Dieu], le prodige qui indique que nous ne disparaissons pas, est le maintien de la Tora de YHVH et de sa parole parmi nous, comme il est écrit : « Quant à moi, dit l'Eternel, voici quel est mon pacte avec eux : mon inspiration qui repose sur toi et les paroles que j'ai mises en ta bouche, elles ne doivent pas s'écarter de ta bouche, ni de la bouche de tes enfants, ni de celle des enfants de tes enfants, soit à présent, soit dans les temps futurs » (Is. 59, 21).

Notre nation est également fière devant le Saint, béni soit-il, de ce qu'elle a souffert les tourments des persécutions et qu'elle les a endurés de façon répétée, comme il est écrit : « Mais pour toi nous subissons chaque jour la mort ; on nous considère comme des brebis destinées à la boucherie » (Ps. 44, 23). Telle est la génération de la persécution [106]. Nous devons nous réjouir de ce que nous avons souffert et des tourments que nous
134 avons endurés, de la perte de la fortune, de l'exil, de la disparition de nos entreprises car tout cela est pour nous gloire vis-à-vis de notre Créateur et un grand honneur ; tout ce que nous perdons dans ce contexte est considéré comme un holocauste sur l'autel. Moïse dit de nous à ce propos : « Moïse dit [aux fils de Lévi] : consacrez-vous dès aujourd'hui à l'Eternel parce que chacun l'a vengé sur son fils, sur son frère et que ce jour nous a mérité sa bénédiction » (Ex. 32, 29).

C'est pourquoi il convient pour vous de fuir à la poursuite de Dieu et que vous pénétriez dans des déserts et des endroits inhabités, que vous ne vous souciez pas de vous mettre à l'écart des hommes de votre proche entourage, de même ne vous souciez pas de la perte de fortune, car tout ceci est infiniment peu en face du roi des rois de tous les rcis, le Saint, béni soit-il, qui régente tout, ce nom vénéré et redoutable, le Seigneur ton Dieu. Il est fidèle à verser une bonne récompense dans ce monde-ci et dans le monde à venir. C'est

105. Le prophète Isaïe est appelé « messager de la nation » sur la base de ses prophéties contenues dans les chap. 40 et suivants, car il nous y annonce de bonnes nouvelles de salut et de consolation : la chute de Babylone, et le retour à Sion, la gloire d'Israël et le bonheur de la fin des temps.

106. Voir Gittin 57 b.

sur cette voie [107] que nous trouvons les pieux, épris de pureté, qui recherchent la vérité et l'atteignent : ils fuient [108] vers la religion de Dieu depuis les lointaines extrémités de la terre et se dirigent avec ardeur vers les lieux habités par des hommes pieux afin qu'ils augmentent pour eux la lumière de la Tora et qu'ils atteignent, ce faisant, venant du Saint, béni soit-il, le bien [promis aux justes]. Comment l'homme n'abhorrerait-il pas, comment ne serait-il pas dégoûté de sa patrie et des membres de sa famille en raison de toute la Tora dans son ensemble [109] ? Lorsqu'un homme parmi les autres hommes ne
135 trouve pas assez de subsistance en un endroit au point qu'il soit dégoûté de ce lieu hostile, il en sort pour se rendre ailleurs ; à plus forte raison lorsque le lieu le persécute pour sa religion et sa foi en Dieu, ne fuirait-il pas pour aller ailleurs !

Quiconque ne veut jamais partir, ne peut veiller à la tranquillité de son âme ; il se trahit lui-même et laisse le champ libre à la profanation du Sabbat et à la consommation de nourritures interdites. Il pourra penser qu'il s'est déchargé du joug de la Tora, cette Tora dont nul ne pourra échapper ni se dispenser à jamais, même pas un seul de la descendance de Jacob, ni lui, ni ses enfants et petits-enfants, volontairement ou non ; mais il est puni pour tout commandement violé parmi ceux qui lui sont prescrits, à savoir les commandements positifs ; il est également puni pour la transgression des commandements négatifs ; qu'il ne s'imagine pas qu'en appliquant les commandements importants [110], il ne sera pas puni pour les commandements moins importants afin de prendre des libertés à leur égard. Cependant Jeroboam, fils de Nevat, que ses os soient broyés, a été puni pour les veaux [établis à Bethel et à
136 Dan] cause de son péché, et il a entraîné Israël au péché, de même il a été puni pour avoir violé le commandement prescrivant de construire une cabane lors de la fête de Souccot [111].

107. Dans l'éloignement des proches et des amis, dans une vie solitaire.

108. Même en dehors des périodes de persécution.

109. En période de persécution où l'existence de toute la Tora est en danger.

110. Par exemple les transgressions passibles des quatre cas de peine de mort prononcées par le tribunal.

111. Parce qu'il n'avait pas fixé la fête pendant le mois de Tichri (7ᵉ mois) comme il est écrit dans la Tora, mais dans le mois de Marechevan (8ᵉ mois, voir I Rois 12, 32), qu'il avait imaginé de son chef. La violation d'un commandement positif en son temps est moins

Ceci est le principe et le fondement des fondements de la Tora et de la religion, enseigne-le, étudiez-le et faites-en une pierre de touche.

II

Quant à ce que tu rappelles au sujet de la déclaration du criminel [112], qui tenta d'inculquer dans le cœur du peuple que le mot « beaucoup, beaucoup » (Gen. 17, 20) [113] est écrit à propos du dément [114]. De même ce qui est écrit : « S'est révélé sur le Mont Pharan » [115] (Deut. 33, 2) ferait allusion à lui ; de même ce qui est écrit : « C'est un prophète sorti de tes rangs, un de tes frères [116] comme moi, que l'Eternel, ton Dieu, suscitera en ta faveur : c'est lui que vous devez écouter » !
137 (Deut. 18, 5) et que Dieu promit à Ismaël : « ... et je le ferai devenir une grande nation » (Gen. 17, 20). Ces paroles ont déjà été rejetées et réduites à néant en raison de leur constante répétition dans la bouche de tous [117]. Il n'est pas dit que ces

grave que la première ; cependant le principe talmudique selon lequel, en cas de fautes multiples, seule la plus grave est sanctionnée, ne s'applique que dans les jugements humains dans ce monde-ci, mais pas dans ce qui touche les relations avec Dieu (voir ci-dessus Lettre sur la persécution, p. 63). L'homme est puni pour toute faute légère comme pour toute faute grave : une punition sévère pour une faute lourde et une punition légère pour une faute légère ; de même l'homme reçoit sa récompense pour tout commandement appliqué. Il n'y a pas de compensation entre transgression et respect d'un commandement.

112. Il s'agit probablement de l'apostat Samuel Ibn Abbas, fils de R. Yehuda ben Ibn Abbas qui était Président du tribunal rabbinique de Fez. Il se convertit en 1163 et composa un écrit diffamatoire contre la foi juive.

113. Gen. 17, 20 : « Quant à Ismaël, je l'ai exaucé : oui je l'ai béni ; je le ferai fructifier et multiplier beaucoup, beaucoup (mot à mot) ; il engendrera douze princes et je le ferai devenir une grande nation ».

114. A propos de Mahomet. En guematria la valeur numérique de *bimeod, meod* (beaucoup, beaucoup) est de 92, comme celle de Mahomet.

115. Lieu d'établissement des fils d'Ismaël.

116. Le « criminel » prétend que la Tora vise ici la descendance d'Ismaël qui était le frère d'Isaac.

117. Parce que ces paroles étaient courantes dans la bouche des Ismaélites, qui avaient l'habitude de les avancer pour preuve de la vérité de leur foi, on s'opposait et on détruisait leurs prétentions (voir le commentaire d'Ibn Ezra sur ce verset) (Gen. 17, 20).

paroles sont d'une extrême faiblesse seulement mais que c'est une plaisanterie de les prendre pour preuve. Ce sont des paroles qui ne suscitent aucun doute même dans le cœur de la foule. Les criminels eux-mêmes se moquent de ces dires — ils ne pensent pas qu'il en soit ainsi — et n'en ont aucun doute ; mais leur intention en citant ces paroles est de s'en vanter devant les nations pour leur faire voir qu'ils sont croyants. — Seul [les prend au sérieux] l'être infâme qui dit que le dément est mentionné dans la Tora. Les Ismaélites eux-mêmes ne croient pas en ces preuves, ne les acceptent pas et ne les tiennent pas pour preuve, puisque leur inanité a été démontrée. Parce qu'ils ne trouvent absolument aucun argument dans l'un des versets de la Tora, ni dans la doctrine [rationnelle], ni dans
138 la fiction pour s'y référer, il leur est nécessaire de dire que nous avons changé la Tora, l'avons modifiée et que nous avons rayé de la Tora le nom d'un certain homme ; mais ils ne peuvent trouver à leur avantage aucun argument pour se sauver, qui soit plus proche que ce dernier [118] — et quoiqu'il soit complètement nul et non avenu ce qui est connu de la foule et à plus forte raison des individus [érudits] ; en effet, la Tora a été traduite en araméen, en perse, en grec et en latin plusieurs centaines d'années avant que n'apparaisse celui qui s'est disqualifié [Mahomet] [119]. De plus la Tora a été transmise de génération en génération, de l'Orient à l'Occident et dans tous ces textes ne se trouve aucune variante, même pas des minu-
139 ties grammaticales. Sur cet argument très faible on ne peut que dire que l'on ne trouve aucun doute dans la Tora.

L'interprétation de l'Ecriture : « Je le ferai devenir une grande nation » ne veut pas dire grande dans la Tora et la prophétie mais seulement par le nombre ; cela a déjà été dit des idolâtres : « ... des peuples plus grands et plus forts que toi » (Deut. 4, 38). Quant à ce que signifie « beaucoup, beaucoup », si l'intention avait été que sortit de lui [d'Ismaël] un tel [c'est-à-dire Mahomet], le texte aurait dit « et je l'ai béni beaucoup, beaucoup » et il eût été alors possible d'accrocher

118. Pour sortir de la confusion provoquée par les arguments qui disent que jamais Mahomet n'a été mentionné ni sous-entendu dans la Tora.

119. Nous voyons dans toutes les traductions faites des centaines d'années auparavant qu'il n'y a pas la moindre allusion à Mahomet. Toute accusation d'effacement trompeur est donc détruite.

cette revendication par un fil de toile d'araignée sur ceci : je bénirai un tel [Mahomet] pour qu'il soit de sa descendance ; or puisque l'Ecriture dit « beaucoup, beaucoup » après que Dieu eut dit « je multiplierai », il est donc enseigné qu'il ne s'agit que d'un accroissement numérique.

Le Saint, béni soit-il, expliqua dans la Tora, à Abraham notre père, que la paix soit sur lui, que tout ce que le Créateur lui promit parmi les bénédictions, la prescription des commandements à sa descendance et sa mise à part des autres — c'est seulement en faveur de la descendance d'Isaac que cela est dit et pour personne d'autre [Ismaël], ce dernier est marginal et contingent à la bénédiction d'Isaac, car il est écrit : « Mais
140 le fils de cet esclave aussi je le ferai devenir une grande nation parce qu'il est ta progéniture » (Gen. 21, 13). Il explique par là que l'essentiel est Isaac et que l'autre est l'accessoire.

Il précisa encore et dit explicitement : « Car c'est la postérité d'Isaac qui portera ton nom » (Gen. 21, 12). De plus, même si l'on accorde au sujet d'Ismaël que sa descendance sera nombreuse, il ne sera pas pieux et il n'aura pas la grâce de la perfection humaine de façon à devenir célèbre et à se faire connaître par elle ; mais ta piété deviendra célèbre chez ta pieuse descendance, et celle-là est la descendance venant d'Isaac. C'est le commentaire du mot « appelé » : « Sera appelé en eux mon nom et le nom de mes pères » (Gen. 48, 16), c'est-à-dire que grâce à eux il deviendra célèbre et sera reconnu.

Il explique ensuite à Isaac que ces bénédictions promises à Abraham, sont conditionnées par le fait qu'il mette en œuvre l'Alliance et la Tora du Créateur dans sa descendance, comme Il dit à ses fils : « Je serai pour eux un Dieu » (Gen. 17, 8). Après cela, Isaac fut isolé et séparé d'Ismaël dans toutes ces bénédictions, comme nous l'avons montré : il fut seul l'objet de l'Alliance à l'exclusion d'Ismaël, comme il est écrit : « Pour mon alliance je la continuerai sur Isaac » (Gen. 17, 21), après qu'il eut dit en faveur d'Ismaël : « Oui je l'ai béni ». Le Saint, béni soit-il, nous explique cette question à travers Isaac : Jacob fut seul l'objet de toutes ces bénédictions à l'exclusion d'Esaü. C'est ce que dit Isaac à Jacob : « Il [Dieu] t'attribuera la bénédiction d'Abraham à toi et à ta postérité avec toi... » (Gen. 28, 4). Il nous est donc expliqué quant au rang de la Tora, le Saint, béni soit-il, promet à Abraham, qu'il se maintiendra dans sa descendance, qu'Isaac y est particulièrement désigné et après lui Jacob de la descendance

d'Isaac. Nous trouvons également le prophète, que la paix soit sur lui, qui rend grâce au Saint, béni soit-il, pour l'excellence de cette désignation puisqu'il est écrit [à propos de l'alliance] : « Qu'il a conclue avec Abraham, qu'il a faite par serment avec Isaac, qu'il a érigée en loi pour Jacob, en alliance éter-
141 nelle pour Israël » (Ps. 105, 9-10).

Ce que tu dois savoir est que ce nom que les Ismaélites ont imaginé être écrit dans la Tora, a été utilisé par des criminels : « beaucoup, beaucoup » désignerait Mahomet ; or ce n'est pas Mahomet (Mahmad) mais Ahmad, parce que tel est le mot textuel dont ils disent qu'il est inscrit dans la Tora et dans la « mission des menteurs »[120] qui est l'Evangile[121], son nom y est Ahmad[122]. Le nombre correspondant à « *bimeod, meod* » (beaucoup, beaucoup) ne correspond pas au nombre de Ahmad, dont ils pensent qu'il est écrit dans la Tora.

Mais en ce qui concerne l'expression « S'est révélé sur le mont Pharan »[123], il est reconnu que le verbe est au passé et si l'on dit « sera révélé », celui qui prétend cela pourra en plaisanter ! Puisqu'il est écrit « s'est révélé », cela nous enseigne que la chose est déjà passée. L'explication est la suivante : le verset raconte la révélation du Sinaï, et dit : lorsqu'eut lieu la révélation sur le mont Sinaï, ce ne fut pas une [révélation] tombant des cieux sur le mont Sinaï comme de la grêle, mais, au contraire, ce fut une révélation très lente et progressive
142 depuis les sommets des montagnes, de sommets en sommets, jusqu'à ce qu'enfin [la révélation] descende sur le mont Sinaï. Il est écrit : « L'Eternel est apparu du haut du Sinaï, a brillé sur le Séïr pour eux ! S'est révélé sur le mont Pharan, a quitté les saintes myriades qui l'entourent, dans sa droite une loi de

120. Surnom donné aux disciples de Jésus, qui devinrent les Apôtres pour annoncer au monde sa doctrine.

121. C'est la nouvelle Alliance qui s'appelle en grec Evangelion « qui annonce la Bonne Nouvelle » et dans la littérature rabbinique la « feuille de la tromperie » (en hébreu *Aven-gilayion*).

122. Mentionné dans le Coran, Sourate 61, verset 6 : « Je suis l'apôtre de Dieu, répétait aux Juifs Jésus, fils de Marie. Je viens confirmer la vérité du Pentateuque qui m'a précédé, et vous annoncer l'heureuse venue du prophète qui me suivra. Ahmed est son nom ». Jésus prouva sa mission par des miracles et les Hébreux s'écrièrent : « C'est un imposteur ». En arabe le mot Ahmed est le participe du verbe *hamad,* et signifie « loué ».

123. Voir note 115.

feu, *pour eux* » (Deut. 33, 2) — il est évident pour qui veut, que le verset veut dire *pour Israël* !

Comprends comment il faut analyser : le mont Pharan est plus éloigné, il est écrit de lui « s'est révélé » et le Séïr est plus rapproché, il est dit « a brillé ». Sur le Sinaï qui était le but et sur lequel la Gloire résida comme il est dit : « La majesté divine se fixa sur le mont Sinaï... » (Ex. 24, 16), il est dit : « Il vint sur le Sinaï » [124]. C'est la description que fait Deborah lorsqu'elle raconte la révélation du Sinaï : que la Gloire se révéla lentement, lentement, d'une montagne à l'autre, comme il est écrit : « Eternel ! Quand tu sortis du Séïr, quand tu t'avanças de la région d'Edom, la terre frissonna, les cieux se fondirent, les nuages se fondirent en eau » (Juges 5, 4). Et à la manière dont nous l'ont montré les maîtres [125], de mémoire bénie : le Saint, béni soit-il a envoyé un prophète à Edom, avant Moïse notre maître, pour leur enseigner la Tora et ils ne voulurent pas l'accepter, de même il l'envoya à Ismaël et la leur montra et ils ne l'acceptèrent pas, ensuite il nous envoya Moïse et nous l'acceptâmes et nous dîmes : « Tout ce qu'a prononcé l'Eternel nous le pratiquerons et nous l'écouterons » (Ex. 24, 7). Tout cela se passait avant le don de la Tora. C'est pourquoi les mots apparaissent avec des formes verbales à l'accompli : alla, brilla, se révéla et non à l'inaccompli. Mais venons-en à la preuve qu'ils tirent du verset : « C'est un prophète sorti de tes rangs, un de tes frères comme moi que l'Eternel, ton Dieu suscitera en ta faveur, c'est lui que vous devez écouter » (Deut. 18, 15). Tu m'as dit qu'un petit nombre d'entre vous à cause de cela avait un doute [126] et qu'un petit nombre écartait ce doute par suite de l'expression « sorti de tes rangs » [127] ; et si l'expression « de tes rangs, un de tes frères » n'était pas pour vous une preuve à cet endroit, tu dois recourir à ta raison afin d'examiner attentivement ce qui t'est dit.

124. Directement et sans détour.

125. Voir Avoda Zara 2 b.

126. Car R. Jacob Al Fayyoumi lui avait écrit qu'un petit nombre de Juifs du Yémen commençait à douter et à dire : peut-être ont-ils raison de dire que Moïse, notre maître, a fait une allusion à Mahomet en disant « un prophète comme moi » puisque Mahomet a eu la prétention d'être un prophète et de créer une religion comme Moïse l'avait fait.

127. Mahomet n'est pas sorti des rangs d'Israël.

Sache qu'il ne vient à l'esprit de personne de prendre un mot en dehors de son contexte qui est tout entier lié et composé, de façon à en faire une preuve et pouvoir s'appuyer sur elle ; il convient d'étudier le contexte du mot avant et après lui, depuis le début de la phrase jusqu'à la fin. Alors on connaîtra l'intention de l'auteur et on pourra en tirer une preuve. Personne n'a le droit de tirer une preuve d'une parole isolée de ce qui la précède et de ce qui la suit. Si cela était possible, il conviendrait de dire que le Saint, béni soit-il, nous a avertis de ne pas écouter le prophète puisqu'il dit : « Tu n'écouteras pas les paroles de ce prophète... » (Deut. 13, 4). De même nous pourrions dire que le Saint, béni soit-il, nous a prescrit de pratiquer l'idolâtrie, à Dieu ne plaise, puisqu'il est écrit : « ...que vous d'autres dieux et leur rendiez hommage » (Deut. 11, 16) ; et il y a d'autres exemples du même genre. La nullité d'une telle pratique est évidente, car on ne tire jamais une preuve d'un verset d'aucune façon avant de connaître le sens du contexte du début à la fin, pour le
144 comprendre. Ce verset : « Un prophète sorti de tes rangs, un de tes frères comme moi », il convient de le replacer par rapport à ce qui le précède et ce qui le suit, à ce qui est joint au contexte afin de bien comprendre et de ne laisser subsister aucun doute. L'explication de ces mots est la suivante : nous sommes mis en garde, dans le début de cette section (Deut. 18, 19) contre les pratiques d'incantation, de magie, d'astrologie, de sorcellerie et de tout ce qui leur ressemble, contre les paroles de ceux qui, dans les nations, pensent pouvoir connaître l'avenir avant qu'il ne se réalise pour orienter leurs intentions en conséquence. Lorsque le Saint, béni soit-il, nous met en garde de nous livrer à ces pratiques, il nous dit : que toutes les nations croient savoir par ces moyens ce qui va arriver avant que cela n'arrive mais, quant à toi, tu ne connaîtras pas l'avenir par ce moyen ; mais tu le connaîtras par [la voix] du prophète que je susciterai pour vous, afin de vous faire connaître l'avenir ; on fera confiance à ses paroles et l'on ne péchera pas à l'égard de ce qu'il aura dit ; vous connaîtrez l'avenir qui doit se réaliser avant qu'il ne se réalise sans sortilège, ni sorcellerie, ni consultation de la position des astres, ni autres choses.

Ensuite il nous explique que cette parole nous parviendra sans avoir à prendre de la peine et il dit que tout prophète qu'il nous enverra pour nous faire connaître l'avenir sera

« sorti de vos rangs » afin qu'il ne soit pas nécessaire d'errer de ville en ville à sa poursuite et de le suivre au loin. C'est le sens de « sorti de vos rangs ». Ensuite il nous fait connaître autre chose en nous disant : en étant près de vous et au milieu de vous, il sera des vôtres, ce qui revient à dire qu'il sortira d'Israël, afin que cette supériorité vous soit particulière, à savoir de connaître ce qui arrivera. C'est pourquoi il continue en disant « comme moi » de peur qu'il ne te vienne à l'esprit — puisqu'il est écrit « un de tes frères » — qu'il puisse descendre d'Esaü et d'Ismaël, comme nous trouvons écrit à propos d'Esaü : « Ainsi parle ton frère Israël » (Nom. 20, 14), c'est pourquoi il est obligé de dire « comme moi », c'est-à-dire des fils de Jacob. Il n'est pas « comme moi » pour être ici comme lui [Moïse] au niveau de la prophétie car il est déjà dit : « Il ne s'est plus élevé en Israël un prophète comme Moïse ». Cela est l'essence de la section, qui vous enseigne ce que nous avons rappelé. Il dit : « Qu'il ne se trouve personne chez toi, qui fasse passer par le feu son fils ou sa fille, qui pratique des enchantements, qui s'adonne aux augures, à la divination, à la magie, qui emploie des charmes, qui ait recours aux évocations et aux sortilèges, ou qui interroge les morts — car l'Eternel a horreur de quiconque fait pareille chose, etc. » (Deut. 18, 10-15).

Mais pour toi ce n'est pas ainsi : le Seigneur, ton Dieu, te donne « un prophète, sorti de tes rangs, un de tes frères, comme moi ». Voici qu'il devient manifeste et avéré que ce prophète qu'il a promis en cet endroit n'est pas un prophète qui viendra pour un commandement [128] et pas non plus pour renouveler la Tora, mais qu'il est un homme qui ne nous obligera pas à des incantations, à de la magie ni à l'astrologie ; nous lui demanderons ce qui nous arrivera, comme les nations le demandent aux sorciers et aux magiciens — comme nous trouvons Saül interrogeant Samuel sur la perte qui l'avait frappé [129].

Mais nous ne croyons pas en la prophétie de Saïd [130] et

128. Pour donner une Tora et des commandements comme l'a fait Moïse.

129. I Sam. 9, 6.

130. Des prophètes descendant d'Ismaël. Rav Haalouv donne les précisions suivantes : il est possible que Maïmonide vise ici Ali, le gendre de Mahomet qui avait épousé sa fille Fatima, qui s'appelait Assad Alaal Galab et qui avait abrégé son nom en Saïd. Il réunit et regroupa

d'Omar. Ce n'est pas parce qu'ils ne sont pas des fils d'Israël, comme la foule le croit, si bien que nous devons préciser le sens de l'expression « sorti de tes rangs, un de tes frères » Job, Cophar, Bildad, Eliphaz et Elihou[131], tous sont pour nous des prophètes quoiqu'ils ne soient pas d'Israël. De même,
146 Hanania fils d'Azzour[132] est un faux prophète quoiqu'il soit d'Israël ; mais nous croyons en un prophète ou nous le repoussons en fonction du contenu de sa prophétie et pas en fonction de son ascendance.

Telle est l'explication de la question : c'est Moïse, notre maître, le maître de tous les prophètes, dont nous avons entendu le discours qu'il a reçu [de Dieu] et auquel nous croyons ainsi qu'en sa prophétie ; nous lui avons dit : « Va toi-même et écoute tout ce que dira l'Eternel, notre Dieu ; et c'est toi qui nous rapporteras tout ce que l'Eternel notre Dieu t'aura dit et nous l'entendrons et nous obéirons » (Deut. 5, 24). Il nous répondit qu'il ne restait plus au ciel de commandement à donner, qu'il n'y avait plus là [au ciel] d'autre croyance et que plus d'autre Tora ne viendrait en dehors de celle-ci, comme il est écrit : « Elle n'est pas dans le ciel pour que tu dises : qui montera pour nous au ciel et nous l'ira quérir et nous la fera entendre afin que nous l'observions » (Deut. 30, 12). Nous avons été mis en garde de ne rien ajouter et de ne rien retrancher à cette Tora : « Tout ce que je vous prescris, observez-le exactement, sans rien y ajouter, sans en retrancher rien » (Deut. 13, 1). Au nom du Créateur, nous devons croire en cette Tora, nous, nos fils et les fils de nos fils, jusqu'à la fin de toutes les générations, puisqu'il est écrit : « Les choses cachées appartiennent au Seigneur, notre Dieu, mais les choses révélées importent à nous et à nos enfants jusqu'aux derniers

tous les enseignements de Mahomet et en composa un seul livre, qui provoqua une grande controverse entre lui et le général Omar Ottman et Abulkar, gendre de Mahomet et premier calife après lui. A cause de cette controverse les Mahométans se divisèrent en deux sectes, la première se rattacha à Ali et s'appela chiite, elle ne croit que dans le Coran, mais pas dans la Sunna, qui est loi orale. C'est à cette doctrine que se rattachent les Perses et quelques musulmans résidant en Inde. La deuxième est la secte sunnite, elle croit en la tradition orale, et se rattache à Omar et Ottman. Cette secte se trouve surtout en Turquie, au Moyen-Orient et en Afrique du Nord.

131. Les amis de Job.

132. Jér. 28, 1.

âges, afin que nous mettions en pratique toutes les paroles de cette doctrine » (Deut. 29, 28). Tout prophète qui surgira, qu'il appartienne aux prêtres, aux lévites ou qu'il soit Amalécite [133] et qui dira que l'un des commandements inclus dans le livre de la Tora est sans valeur prescriptive, celui-ci ment et nie la prophétie de Moïse, notre maître, qui a dit : « Pour nous et pour nos fils à jamais ». C'est pourquoi nous le renierons et nous le mettrons à mort si nous le pouvons [134]. De
147 plus nous n'avons pas à considérer ses prodiges, de même que nous ne considérons pas le prophète qui nous dit de pratiquer l'idolâtrie, puisqu'il est dit : « S'il s'élève au milieu de toi un prophète ou un visionnaire, t'offrant pour caution un signe ou un miracle (...) tu n'écouteras pas les paroles de ce prophète ou de ce visionnaire car l'Eternel, notre Dieu, vous met à l'épreuve... » (Deut. 13, 2-4). Car Moïse, notre maître, que la paix soit avec lui, nous a dit : « Ne commets jamais d'idolâtrie ». C'est pourquoi nous saurons que ce signe qu'il a fait au nom de l'idolâtrie n'est que le résultat de la sorcellerie ou de la magie.

Ainsi Moïse nous dit que cette Tora existe pour toujours. C'est pourquoi en présence de tout prophète qui dira qu'elle est limitée dans le temps, nous devons savoir, au simple énoncé de sa prophétie, que c'est un faux prophète puisqu'il contredit Moïse, notre maître. C'est pourquoi nous ne lui demanderons ni signe, ni prodige et, s'il en fait, nous ne considérerons pas qu'il a fait un prodige parce que notre foi en Moïse n'était pas fondée sur le prodige, afin que nous ne nous engagions pas à faire une comparaison entre le prodige de ce prophète et le prodige de Moïse, notre maître, car nous l'avons cru selon que nous avons entendu la parole [de Dieu] comme il l'a entendue. A cause de cela, nous croyons en lui d'une croyance parfaite et éternelle, comme il est dit : « Pour qu'en toi aussi ils aient foi constamment » (Ex. 19, 9). Dans cette question concernant Moïse nous sommes comme les deux témoins qui témoignent avoir vu quelque chose. Car chacun d'eux sait évidemment que ce dont a témoigné son compagnon est la vérité ainsi que celle

133. C'est-à-dire le plus ignoble des peuples.

134. Si nous avions la possibilité de vivre et de nous conduire selon les règles de notre Tora.

de sa propre parole ; ils n'ont pas besoin d'apporter de preuve à l'appui de leurs paroles devant la foule du peuple.

Il en est ainsi pour nous : nous sommes la communauté (*éda*) d'Israël, nous connaissons la véracité de Moïse, notre maître, comme nous l'avons vu dans la révélation du Sinaï au moment du discours [divin] ; ce n'est pas à cause du prodige [135], quoiqu'il fît tout ce qu'il fit en matière de prodiges
148 pour répondre à la nécessité, comme cela est expliqué dans les versets de la Tora [136]. Parce que ce grand principe [137] a été oublié, la majorité de notre nation [138] ne s'appuie pas dessus. A cause de cela, nous ne croyons pas aux prodiges [139], comme nous croyons à Moïse, notre maître, et, en matière de foi nous ne les mettons pas sur le même plan [140]. C'est pourquoi Salomon a dit dans la langue de la nation : « Regardez donc

135. Qu'il fit pour venir en aide au peuple d'Israël dans le désert.

136. Lorsqu'il fut nécessaire de faire traverser les fils d'Israël à sec et d'engloutir les Egyptiens ; pour les nourrir il fit descendre la manne ; lorsqu'ils furent assoiffés il frappa le rocher et l'eau coula ; de même les autres signes qu'il ne fit pas pour qu'ils croient en lui, car ils croyaient déjà en lui depuis la révélation du Sinaï, ils étaient comme on l'a dit comme deux témoins voyant une même chose ; mais Moïse fit ces prodiges selon les besoins du moment éprouvés par les fils d'Israël.

137. Que la véracité de Moïse, notre maître, ne nous a sûrement pas été prouvée par les prodiges qu'il fit sous nos yeux, mais parce que nous l'avons vu lors de la révélation du Sinaï au moment des paroles divines.

138. S'ils n'avaient pas éloigné leur pensée de ce principe et ne l'avaient pas oublié, ils ne se seraient pas trop souvent laissé séduire par les paroles de faux prophètes et ne suivraient pas les séducteurs qui les égarent par des prodiges trompeurs et des actions illusoires pour commettre des actes contraires à la Tora de Moïse.

139. Que feront les prophètes pour prouver la vérité de leur prophétie. Le langage est embarrassé, mais l'intention est claire : quoique ce principe soit extrêmement important, il est cependant oublié par la majorité de la nation juive. C'est pourquoi nous ne croyons pas aux prodiges, même les plus merveilleux, comme en Moïse, notre maître.

140. Nous ne faisons pas de comparaison entre ces deux vérités : entre la vérité de Moïse et la vérité des prodiges et des merveilles, car il n'y a pas de ressemblance entre elles ; en effet ceux qui croient sur la base des signes, gardent un soupçon dans leur cœur car il est possible que le signe ait été produit par magie. Il n'en est pas de même pour la révélation du Sinaï car nos yeux ont vu et nos oreilles ont entendu.

la Sulamite comme la danse à deux camps » [141] (Cant. 7, 1). Si vous pouviez vous tenir devant moi comme lors de la révélation du Sinaï, alors je croirai en vous.

C'est pourquoi s'il surgit un prophète du sein d'Israël ou d'une autre nation et qu'il appelle les hommes à la religion de Moïse, notre maître, sans y ajouter ni retrancher, comme Isaïe, Jérémie et d'autres, nous lui demanderons un signe. S'il fournit ce signe, nous croirons en lui et il aura pour nous la dignité des prophètes ; mais s'il retranche et laisse tomber une quelconque
149 de ses paroles, qu'il soit mis à mort.

Pourquoi le croyons-nous lorsqu'il fournit un signe, quoiqu'il soit possible qu'il soit un renégat ? C'est parce que le Saint, béni soit-il, nous a ordonné par l'intermédiaire de Moïse : lorsque deux témoins témoignent de quelque chose, rends le jugement selon leur témoignage, montre-toi indulgent et base-toi sur la présomption de leur intégrité, quoiqu'il se puisse qu'ils aient témoigné honnêtement ou qu'ils aient témoigné mensongèrement. De même avons-nous reçu l'ordre : s'il s'élève un prophète et qu'il fournisse un signe ou un prodige et qu'il nous semble que le signe advienne selon ses paroles... quoi qu'il y ait la possibilité qu'il soit véridique ou menteur. Il nous est de même expliqué qu'il y a des choses que nous ne pouvons pas accepter venant de la prophétie : quelque chose qui viendrait démentir la prophétie de Moïse notre maître, que la paix soit avec lui.

Nous avons déjà commenté cette question de façon approfondie au début de notre grand ouvrage, le commentaire de la Michna. De là tu apprendras ces principes essentiels qui sont
150 les socles de la Tora et les colonnes de la foi.

Ce que tu dois savoir : de même qu'il n'y a pas d'adjonction à la Tora de Moïse ni de suppression dans les écrits saints, de même il n'y a pas d'adjonction ni de suppression dans son commentaire traditionnel, qui est ce qu'ont reçu les maîtres, chacun de la bouche de son prédécesseur : la Tora orale.

141. Il s'agit du camp d'Israël et du camp céleste.

III

Mais à propos de ce que tu rappelles sur la fin des temps [142] et ce que Rav Saadia Gaon [143] commente à ce sujet, tu dois d'abord savoir que la fin ne peut, *en vérité,* jamais être connue
151 d'aucun homme, comme l'explique Daniel : « Va Daniel ! Car ces choses demeureront cachées et scellées jusqu'au temps final » (Dan. 12, 9) ; mais les réflexions intenses d'une partie des maîtres portaient là-dessus et ils pensèrent avoir réussi — déjà le prophète avait commencé par annoncer la chose : « Beaucoup se mettront en quête et où augmentera la connaissance » (Dan. 12, 4). C'est-à-dire les connaissances et les supputations [144] se multiplieront. Le Saint, béni soit-il, a déjà expli-

142. Les calculs pour déterminer la fin : la fin de l'exil, des souffrances, de l'asservissement, la venue du Messie. Le fondement est dans Hab. 2, 3 : « Car encore que cette vision ne doive s'accomplir qu'au temps fixé, elle se hâte vers son terme... » vers la fin des jours (Dan. 12, 13) et San. 97 b : Nombreux sont ceux qui calculent la fin espérée et presque chacun d'entre eux suppute la fin selon son calcul particulier. Déjà, à l'époque du Temple, mais plus encore depuis sa destruction, se multiplièrent les éplorés de Sion qui se livrèrent à de nombreux calculs messianiques par soif de délivrance et espérance de salut. A chaque fois que le désespoir s'appesantissait sur le peuple, les sages de la nation se hâtaient vers le remède éprouvé : supputer la fin et démontrer que la délivrance était proche. Le fondement de ces calculs était la réponse peu claire : « Une période, deux périodes, et demie » que Daniel reçut de l'ange à sa question : « Jusqu'à quand [se fera attendre] la fin de ces événements extraordinaires (Dan. 12, 6) — le verset et d'autres versets énigmatiques (Dan. 8, 12 ; 12, 11-12 etc.) fournissent un large champ de réflexion à tous ceux qui supputaient la fin des temps, y compris de nombreux docteurs du Talmud. Et parce que l'aboutissement de ces calculs n'était que déception et désespoir, comme après le mouvement messianique de Bar Kokhba (en 130), les maîtres s'opposèrent à ces calculs, mais protestations et mises en garde ne servirent à rien, elles ne mirent pas fin à ces supputations messianiques en Israël dans toutes les générations jusqu'à aujourd'hui.

143. Même ce Gaon, l'un des plus grands maîtres d'Israël à son époque ne s'abstint pas de se livrer à ces calculs de la fin des temps, en raison de sa volonté de stimuler l'esprit de ses concitoyens, d'insuffler un esprit de vie et d'espoir dans le cœur de ceux qui désespéraient de la prolongation de l'exil, de renforcer leur foi. R. Saadia Gaon s'est occupé du calcul de la fin des temps, dans plusieurs de ses œuvres et en particulier, dans son livre *Emounot Vedeot,* le chap. 8 est entièrement consacré à la question de la délivrance.

144. Chacun à sa manière. Tout un chacun imaginant que son opinion est juste et sa supputation exacte.

qué par l'intermédiaire de ses prophètes qu'un petit nombre d'hommes se livreront au calcul de la venue [des jours] du Messie, mais les temps passeront et ne se réaliseront pas. Ensuite il nous met en garde de concevoir des doutes sur cette
152 question [145] et il dit : Ne vous affligez pas si votre calcul ne se réalise pas, mais plus il tarde, plus il vous faut l'espérer, comme il est écrit : « Car encore que cette vision ne doive s'accomplir qu'au temps fixé, elle se hâte vers son terme et elle ne mentira pas ; si elle diffère, attends-la avec confiance, car certes elle se réalisera sans trop tarder » (Hab. 2, 3).

Sache que la fin que le Saint, béni soit-il, a dit explicitement, concerne l'exil en Egypte : « Ta postérité séjournera sur une terre étrangère où elle sera asservie et opprimée durant 400 ans » (Gen. 15, 13). Sa véracité n'est pas connue et un doute est apparu à ce sujet [146] ; en particulier, certains pensent que ces 400 ans partent du moment où Jacob notre père est descendu en Egypte [147] ; d'autres ont pensé : depuis le début de l'asservissement, c'est-à-dire 70 ans après la descente en Egypte de Jacob notre père [148] ; d'autres ont pensé que cette durée part du moment où cette prophétie a été dite à Abraham, notre père, c'est-à-dire depuis l'Alliance [149]. Lorsque furent passés 400 ans depuis l'Alliance avec Abraham, quelques fils d'Israël [150] sortirent d'Egypte, 30 ans avant que n'apparaisse
153 Moïse, notre maître, et il leur est venu à l'esprit que la fin était déjà venue à son terme, or les Egyptiens les tuèrent et appesantirent leur sujétion sur eux. C'est ce que nous ont

145. Des doutes sur la venue du Messie parce qu'il tarde à venir.

146. De nombreuses controverses se sont élevées pour savoir à partir de quand il fallait compter.

147. C'est impossible car Kehath était parmi ceux qui sont venus avec Jacob en Egypte. Il vécut 133 ans (Ex. 6, 16). Amran son fils vécut 137 ans et Moïse avait 80 ans lorsqu'il parla au Pharaon. On ne trouve pas ainsi la justification.

148. Car, avant cela, les Juifs avaient le statut d'étrangers mais n'étaient pas réduits à l'esclavage selon l'auteur du *Seder Olam* : tant que vécut Lévi, Israël ne fut pas asservi à l'Egypte. C'est également le commentaire de Rachi sur Ex. 6, 16. Selon cette interprétation l'asservissement commença 94 ans après la descente de Jacob en Egypte, car Lévi naquit à Jacob à l'âge de 87 ans.

149. Gen. 15, 18. L'Eternel conclut une alliance avec Abraham et lui révéla que sa postérité résiderait 400 ans en terre étrangère.

150. La tribu d'Ephraïm. Voir PRE 48.

fait connaître nos maîtres [151] de mémoire bénie. A propos de ces hommes qui se trompèrent dans leurs calculs, parce qu'ils avaient imaginé que la délivrance était déjà arrivée quand ils sortirent [d'Egypte], David dit : « Les fils d'Ephraïm, armés de l'arc, habiles tireurs, ont tourné le dos au jour du combat » [152] (Ps. 78, 9). La fin véritable fut 400 ans depuis la naissance d'Isaac qui était la descendance d'Abraham, car il est écrit : « C'est la descendance d'Isaac, qui portera ton nom » (Gen. 21, 12). Il dit également, béni soit-il : « Ta postérité séjournera sur une terre étrangère où elle sera asservie et opprimée durant 400 ans » (Gen. 15, 13), et pendant la période de l'exil on les dominera, on les asservira et on les opprimera [153]. Tel est le sens du verset. Il y eut 400 ans de statut d'étranger [154] et pas d'asservissement. Ceci ne fut expliqué que lorsqu'apparut le grand prophète [Moïse]. Il se trouve que depuis la naissance d'Isaac jusqu'à la sortie d'Egypte, s'écoulèrent 400 ans exacte-
154 ment [155].

Tu peux raisonner a fortiori à partir de cette fin dont le terme est explicite [156] et qui ne fut pourtant pas connue : à plus forte raison ne connaît-on pas cette fin lointaine que redoutaient les prophètes et qui les faisait trembler en raison de son éloignement, au point que le prophète dise de façon étonnée : « Seras-tu à jamais courroucé contre moi ? Feras-tu d'âge en âge durer ton ressentiment ? » (Ps. 85, 6). Et Isaïe dit, lorsqu'il parle de la durée de cet exil : « Ceux qui sont réunis en tas comme des prisonniers au bord d'une fosse, ils

151. San. 92 b « Qui sont ces morts qu'Ezéchiel a fait revivre ? Rav a dit : Ils étaient de la tribu d'Ephraïm, qui avaient calculé la date de la sortie d'Egypte et s'étaient trompés... »

152. Voir PRE *loc. cit.*

153. Il y eut des années d'asservissement et d'esclavage pendant les 400 ans, mais pas continuellement.

154. Dans un pays qui n'était pas le leur, mais pas précisément en Egypte. Lorsque naquit Isaac, Abraham était un étranger au pays des Philistins, et même Hébron où il acheta un tombeau était un pays étranger. Il s'écoula 30 ans entre l'Alliance avec Dieu et la naissance d'Isaac.

155. Le calcul est le suivant : depuis la naissance d'Isaac, jusqu'à l'arrivée de Jacob en Egypte 190 ans, car Isaac était âgé de 60 ans lorsque Rebecca mit au monde Joseph, et Jacob, à son arrivée en Egypte était âgé de 130 ans et depuis leur venue en Egypte jusqu'à leur sortie 220 ans, soit au total 400 ans.

156. Puisqu'il est dit explicitement 400 ans.

seront enfermés dans la geôle ; seulement après de longs jours, on pensera à eux »[157] (Is. 24, 22). Daniel nous explique combien est profonde la connaissance de la fin, et qu'elle est obscure et cachée[158]. C'est pourquoi les maîtres, de mémoire bénie, nous dissuadent de supputer la fin des temps pour la venue du Messie — une foule de gens ayant échoué dans ces spéculations — de peur qu'ils s'égarent en voyant que la fin est arrivée et que le Messie n'est pas venu[159]. En vérité les maîtres, de mémoire bénie, ont dit : « Que se brise le souffle de ceux qui calculent la fin des temps » ! Car ils perturbent le peuple ; c'est pourquoi les maîtres prient pour eux, pour que leur raison s'évanouisse et que leurs calculs soient erronés[160].

Nous jugerons en bonne part Rav Saadia et nous dirons que ce qui l'a amené à évaluer la fin des temps malgré l'inter-
155 diction de la Tora qu'il connaissait, ce sont ses contemporains, qui avaient de nombreuses opinions dépravées[161] et peu s'en fallut que ne fut détruite la Tora divine, s'il n'avait pas été là, que la paix soit avec lui. Parce qu'il révéla les aspects cachés de la Tora, et grâce à cela il renforça ce qui s'affaiblissait[162] et les fit connaître par la parole et par la plume. Il eut une vision de l'ensemble [des moyens de sauver la foi] [et choisit de] rassembler la foule du peuple au moyen du calcul de la fin [des temps], afin de la fortifier et de faire grandir son espérance[163]. Dans ses actions, ses intentions étaient dirigées vers le ciel. Il n'y a pas lieu de l'incriminer pour son erreur dans ses calculs, puisque son intention était celle que nous
156 venons d'indiquer.

157. R. David Kimhi donne le commentaire suivant au nom de son père Joseph Kimhi : Cela se réfère à Israël qui sera longtemps en exil, enfermé dans une prison entre des idolâtres (Edom) et des Ismaélites. Ce n'est qu'après un exil prolongé que Dieu aura pitié d'eux et s'en occupera.

158. Dan. 12, 9.

159. Alors ils se désespèrent et disent qu'il ne viendra plus.

160. San. 97 b. Rav a dit : Toutes les dates [qui ont été calculées pour la venue du Messie] sont passées, et la chose ne dépend que de notre repentir et de nos bonnes actions... Rabbi Eliézer dit : Si Israël fait pénitence, il sera libéré, sinon il ne sera pas libéré.

161. Maïmonide vise les Karaïtes.

162. Les prescriptions et les interdictions, contenues dans la Tora, que diverses circonstances avaient affaiblies.

163. En montrant que, selon son calcul, la délivrance était proche.

Cependant, je t'ai vu t'intéresser à lui à propos de la science des astres et des conjonctions [164] — comme on les appelle en arabe... — qui sont passées [165], et qui se produiront dans l'avenir. Tout cela, chasse-le de ton cœur, purifie ta pensée de cette [science] et baigne ton esprit comme on lave des vêtements sales de leur saleté, parce que ce sont des choses inconsistantes ne contenant aucune vérité pour des maîtres parfaits, même pour ceux qui ne croient pas à la Tora [166] — a
157 fortiori pour ses adeptes [167].

Cette chose est une perte [168] [de temps]. Cela est abondamment expliqué par des arguments rationnels et véridiques qu'il n'est pas nécessaire de rappeler ici.

Mais sois attentif au peu que l'on trouve dans les Ecritures à ce sujet. Sache que lorsque Moïse, notre maître, se leva [169], tous les astrologues dirent d'une seule voix que cette nation [Israël] ne connaîtrait pas de renaissance et ne pourrait jamais s'affranchir de la servitude pesant sur elle. Au moment où l'on pensait qu'ils étaient au comble de l'humiliation, le salut se manifesta à eux et naquit le meilleur des hommes qui fut
158 parmi eux. Tandis que tous les [astrologues] de Pharaon n'avaient qu'une pensée : le pays d'Egypte était en parfait état, et au comble de l'abondance et ses habitants au faîte de la tranquillité. Alors s'abattirent sur eux les [dix] plaies comme l'a dit Isaïe en racontant l'histoire : « Où sont donc tes sages ? Qu'ils t'exposent donc, s'ils le savent, ce que l'Eternel Cebaot a résolu contre l'Egypte » (Is. 19, 12).

Cela arriva également au royaume de Nabuchodonozor lorsque tous ses astrologues et ses sages et tous ceux que l'on

164. Maïmonide sait par la lettre de R. Al Fayyoumi que le cœur de celui-ci est également porté à croire à l'astrologie.

165. Les conjonctions qui se sont déjà produites dans le passé.

166. C'est-à-dire auprès des sages des nations du monde.

167. Qui croient dans la Tora de Moïse, laquelle enseigne le libre arbitre de l'homme dans ses actes, la Providence individuelle de Dieu et la rétribution selon les mérites et les fautes. Voir Chab. 156 a et Nedarim 32 a.

168. L'astrologie. Il est possible de lire au lieu de « cette chose est une perte », « c'est un risque de destruction » de la foi. La phrase peut également viser ceux qui supputent la fin des temps d'après la conjonction des étoiles.

169. Il « se leva » pour être le sauveur d'Israël et le faire sortir de la servitude d'Egypte.

appelle sages [170] furent d'un seul avis : que l'on était au début d'un rétablissement et que le gouvernement allait en se fortifiant, or son royaume fut détruit et perdu comme le Saint, béni soit-il, l'a dit [171]. Isaïe a dit : il se moque d'eux et les tourne en dérision par ses sages qui se vantent de leur sagesse ; il se moque également du royaume où l'on dit qu'il y a parmi eux des sages dont la sagesse leur est utile [172]. Il dit : « Tu [Babel] t'es épuisée à force de faire des projets ; qu'ils se lèvent donc les contemplateurs du ciel, qui observent les étoiles, qui pronostiquent, à chaque lunaison ce qui doit arriver » (Is. 47, 13).

Il en sera ainsi des jours du Messie, que rapidement il se révèle : lorsque les nations penseront que cette nation [la communauté d'Israël] n'aura plus de souveraineté et ne sera
159 jamais délivrée de la servitude où elle se trouve, tous les sages seront unanimes sur cet avis et même les magiciens, maîtres des forces [cachées] — que le Saint, béni soit-il, réduise à néant leurs pensées et leurs suppositions fallacieuses [173] — alors le Messie apparaîtra. En effet Isaïe dit pour expliquer cette question : « J'annule les présages des diseurs de mensonges, je frappe de démence les devins, force les sages de reculer et fais taxer de folie leur science. J'accomplis la parole de mon serviteur et fais aboutir le dessein de mes mandataires, je dis de Jérusalem : Elle sera habitée ! Et des villes de Juda : Elles seront rebâties, je relèverai leurs ruines ! » (Is. 44, 25-26).

Et toi [174], ne prends pas en considération le traité qui parle de grande conjonction et de petite conjonction. J'ai également entendu ce que tu dis : que la sagesse dans vos pays [du Yémen] est défaillante et s'est éloignée de vous, et tu en attri-
160 bues la cause à la conjonction [175] des « trois signes de

170. Connus pour prédire l'avenir.

171. Par le prophète Isaïe chap. 13. Jérémie chap. 51 et également d'autres prophètes.

172. Par leur art de connaître ce qui se passerait dans l'avenir, ils étaient utiles à l'Etat, renforçaient le royaume et son autorité.

173. Leurs suppositions sont bâties sur le chaos, elles n'ont donc pas d'existence et sont démenties par la réalité.

174. Maïmonide s'adresse à R. Jacob Al Fayyoumi qui lui a fait connaître toutes ces difficultés dans la lettre qu'il lui a envoyée et Maïmonide sait que, même lui, est troublé et qu'il balance entre deux attitudes : croire ou non à l'astrologie.

175. Des planètes connues, et en particulier des deux planètes supérieures : Saturne et Jupiter.

terre »[176]. Tu dois savoir que cet événement[177] n'est pas particulier à votre pays mais qu'il affecte aujourd'hui tout Israël : l'extermination des maîtres et l'affaiblissement des connaissances. C'est, en vérité, ce que dit le prophète, au nom du Saint, béni soit-il : « Je vais continuer à faire avec ce peuple des choses surprenantes, inouïes, où la sagesse de ses sages restera à court, où l'intelligence de ses gens d'esprit se voilera » (Is. 29, 14). Il n'y a pas là de cause résultant d'un triangle de terre ou d'un triangle de feu[178], mais le prodige à ce sujet vient du roi Salomon dont il est dit : « Plus savant que tout homme... » (I Rois 5, 11), or il était au milieu du « [triangle] terre »[179]. Il en est de même d'Abraham, notre père, que la paix soit sur lui, qui est la colonne du monde,
161 c'est lui qui révéla et enseigna la cause première[180] à tous les maîtres et il fonda le fondement de l'Unique pour tous les hommes[181], il en est de même d'Isaac et de Jacob, car tous

176. Des douze planètes du Zodiaque qui sont également appelées « maisons » parce qu'elles servent de demeure aux planètes. Les astrologues les partagent en quatre tiers ou triangles ; elles sont partagées d'après les quatre éléments : feu, air, eau, terre. Trois planètes relèvent du feu, trois de l'air, trois de l'eau et trois de la terre.

177. Les persécutions et l'amoindrissement de la sagesse qui entraînent des explosions messianiques.

178. Il n'y a pas à chercher en eux la cause de ce phénomène, mais dans la sujétion des exils et dans le dévoiement des cœurs.

179. Selon les calculs, sa vie avait commencé exactement au moment de la conjonction des planètes Saturne et Jupiter, au milieu du triangle « Terre ».

180. « La cause première est le Saint, béni soit-il, maître de l'univers et Seigneur sur toute chose, cause de toutes les causes puisque tous les existants des cieux et de la terre, et ce qui est entre les deux n'existent que par la véracité de son existence » (Maïmonide — *Michne Tora,* Fondements de la Tora chap. 1).

181. Parce qu'à partir du moment où il connut le Créateur, il enseigna à tous qu'il était le seul Dieu et qu'il n'y en avait pas d'autre comme il est dit : « Abraham plante un bouquet d'arbres à Bersabée et y proclame le Seigneur, Dieu éternel » (Gen. 21, 33). Dans Gen. R. 82 p. 248 Reïch Laqich dit : « Les patriarches c'était le Chariot (divin, la Merkaba) ». Maïmonide dit (Hilkhot Avoda Zara chap. 1 règle 3) : « Et il sut qu'il existait un seul Dieu, maître de l'univers, créateur de toute chose et il n'y a pas d'autre Dieu que lui. Les maîtres disent (San. 97 a, Avoda Zara 9 a) : « Le Tanna, fils d'Eliyaou, enseigne : Le monde existera 6 000 ans ; les 2 000 premières années sont vides ; les 2 000 suivantes sont la période de la Tora et les 2 000 dernières, la période messianique. A cause de nos péchés un certain nombre de celles-ci sont passées » [et le Messie n'est pas encore là]. Quand ont commencé les 2 000 ans de Tora ? Depuis « Et les gens qu'ils avaient acquis à Haran » (Gen. 12, 5). — Les

les trois portaient le trône de Gloire dans leurs cœurs, car ils l'ont atteint en vérité [182], ce que les sages disent : « Les patriarches sont la Mercaba » comme il est dit [183] : « Dieu monta de sur lui [Jacob] » (Gen. 35, 13). Or vois que les trois patriarches étaient tous placés au milieu du triangle « terre » [184]. Tout cela deviendra clair à partir de ce que nous allons t'enseigner : que la petite conjonction, qui est la conjonction de Saturne et de Jupiter, depuis le moment où [ces planètes] entrent en conjonction à l'endroit [185] où elles entreront une deuxième fois en conjonction, cela correspond à environ 20 ans de parcours du soleil [186]. Elles ne cessent pas d'être en conjonction dans un même triangle le temps de douze
162 conjonctions, une conjonction restant dans un seul triangle 240 ans [187]. Après cela la conjonction se déplace dans un autre triangle et c'est ce qui est appelé conjonction moyenne ; c'est la conjonction de déplacement, qui a lieu tous les 240 ans [188] de trajet solaire. Selon cet ordre, il y aura depuis le moment où elles entreront en conjonction dans la même partie [du zodiaque] 960 ans [189] ; c'est la grande conjonction. C'est celle qui commence au moment où Saturne et Jupiter entrent en conjonction dans la première partie du Bélier jusqu'à ce qu'elles se rencontrent une deuxième fois [190]. Lorsque tu calcules rétro-

deux mille ans de chaos correspondent à la période d'ignorance (comme la Gehilia chez les Arabes est la période d'ignorance précédant l'apparition de Mahomet) car, quoique le monde soit déjà établi, par opposition aux deux mille ans où commence la période de la Tora, celle-ci est considérée comme chaos car, sans Tora, l'homme n'a aucune supériorité sur l'animal.

182. Ils connurent le Créateur et sa maîtrise du monde d'une connaissance véridique.

183. Gen. R. chap. 82, Yalkout Chimoni 136.

184. Cependant leur sagesse et leur intelligence étaient d'un très haut niveau.

185. Par exemple dans le triangle « Feu » dans la première partie de la planète du Bélier comme il est expliqué plus loin.

186. Les années solaires sont des années de 365 jours par opposition aux années lunaires de 354 jours.

187. Selon ce calcul la conjonction des planètes Saturne et Mars se renouvelle douze fois dans un triangle. La conjonction des deux planètes dure donc dans ce même triangle 240 ans (12 × 20) environ.

188. Tandis que la petite conjonction est la conjonction de déplacement d'une planète vers une autre planète dans le même triangle, qui se produit au bout de 20 ans.

189. Puisqu'il y a quatre triangles (4 × 240 = 960).

190. Dans le même triangle et dans le même point.

163 activement la date, devient clair pour toi tout ce que je t'ai rappelé à propos d'Abraham, Isaac et Jacob qui sont sous le triangle terre, de même que David et Salomon ; mais je ne t'ai expliqué tout cela que pour que tu écartes de ton cœur cette supposition [191] et que tu ne penses pas que ce triangle puisse correspondre à une cause quelconque.

De même tu me dis que des hommes déterminèrent la future conjonction et trouvèrent toutes les sept planètes en conjonction dans un seul signe du zodiaque ; cela n'est pas vrai, il n'y a absolument pas de conjonction à sept, ni dans la conjonc-
164 tion prochaine ni dans un grand nombre de conjonctions qui se produiront ultérieurement mais cette hypothèse a été avancée par un homme qui ne sait pas s'ajuster sur la vérité comme tu me l'as indiqué d'après l'ensemble de ses propos, lorsqu'il dit « qu'il se produira un déluge d'air et de poussière » [192].

Il faut que tu saches que ces choses et toutes choses semblables sont inanité et mensonge et que tu n'obtiendras aucune preuve même si tu en trouvais écrites dans les livres [193] — le menteur, comme il ment dans son langage, ment avec sa plume et cela ne le gêne guère. Mais les imbéciles ignorants tiennent pour preuve véridique, une chose parce qu'elle est écrite. Nous ne devons pas croire les suppositions de ces gens-là, mais
165 celles provenant d'autres sources [194]. Sache que de même que se sauve [195] l'aveugle en s'appuyant sur une personne voyante, en marchant derrière elle (parce qu'il sait lui-même qu'il n'a pas d'yeux), car il le guidera sur la voie droite ; de même que se sauve le malade, qui ne connaît pas l'art de la médecine, en écoutant le conseil du médecin qui le conduit et le dirige, parce que le malade ne connaît pas les drogues mortelles ni

191. Parce que ta lettre m'avait expliqué que la sagesse s'était amoindrie dans vos pays et avait même disparu parce que vous étiez placés sous l'influence du triangle « Terre ».

192. Pour détruire toute la terre par suite de la conjonction prévue entre planètes.

193. Ne t'imagine pas que tout ce qui est écrit dans les livres est vrai et bien établi.

194. Lorsque la vérité est nécessaire et contraignante pour la démonstration (voir Maïmonide *Mots de la Logique* section 8) — Maïmonide repousse l'astrologie, fondée selon lui sur le culte des astres des anciens idolâtres, pas seulement en tant que maître de la Tora d'Israël et de la religion juive, qui s'oppose énergiquement à l'aspect aveugle de cette doctrine fataliste, mais également en tant que philosophe et astronome.

195. Des obstacles, des craintes et de tous les accidents de la route.

celles qui pourront le sauver — il écoutera quelque conseil qu'on lui donne — de même il convient à la foule de se fier aux prophètes qui ont les yeux de la vérité [196]. Il lui suffit de suivre ce qu'ils enseignent : telle idée est vraie et telle idée n'est pas vraie. Et après l'époque des prophètes [197], [de suivre] les maîtres qui recherchent et poursuivent, nuit et jour, les suppositions et les connaissances pour savoir laquelle est vérité et laquelle est fausseté.

Après cette introduction, sache que tout ce que tu entends ou que tu trouves écrit venant [de ces astrologues] et de leurs pareils, sont des propos ne contenant aucune vérité, mais que celui qui les prononce est un sot [198] ou un bouffon [199] qui se moque ou quelqu'un qui veut contredire la Tora et démolir ses murailles [200]. Ne vois-tu pas leur insolence lorsqu'ils disent : un déluge d'air et de poussière, de même pourraient-ils dire un déluge de feu et tout cela n'est que machination et séduc-
166 tion pour induire la foi en erreur : le déluge [201] ne procédait que d'une accumulation d'eau, il n'est pas venu de la part du Juge de vérité pour punir les habitants de la terre de l'excès de leurs péchés, comme cela nous est expliqué dans Son livre intègre (la Bible) qui nous préserve de l'erreur. D'après leur affirmation et selon leurs pensées, Sodome et ses filles n'ont pas été anéanties pour leurs reniements et leurs fraudes, comme l'Ecriture le décrit : « Je veux y descendre, je veux voir si, comme la plainte en est venue jusqu'à moi, ils se sont livrés aux pires excès... » (Gen. 18, 21). Ainsi toute œuvre qui vient du Créateur, béni soit-il, dans le monde c'est pour eux une chose rendue nécessaire par la conjonction des astres. Mais ces opinions sont les préliminaires qu'ils veulent avancer pour détruire les principes de la religion. Ils sont devenus des

196. S'appuyer sur les paroles des prophètes qui ont une vue juste des choses et écouter tout ce qu'ils enseignent.

197. Après la période des prophètes, lorsque cessa la prophétie en Israël, il convient à la foule de s'appuyer sur les maîtres connus pour savoir discerner entre vérité et mensonge.

198. Celui qui ne sait pas et ne comprend pas par lui-même.

199. Qui, lui, sait la vérité mais qui se moque et bafoue les autres.

200. Ou, ce qui est encore plus vil, qui fait partie des mécréants qui visent à détruire la muraille de la religion et à bouleverser l'ordre établi. Car puisque tout dépend de la configuration du ciel et de la conjonction des astres, de même les actions et les mouvements des hommes, alors il n'y a plus de libre arbitre pour l'homme et pas de rétribution ; il n'y a plus de Tora ni de commandements.

201. A l'époque de Noë.

biens sans maître, livrés à leur passion et à leur âme mugissante[202], comme des animaux et des autruches.

C'est à cause de ces idées que le Créateur, béni soit-il, nous met en garde dans la Tora, en nous disant : en provoquant
167 [ma] colère, des malheurs s'abattront sur vous à cause de vos péchés. Si vous pensez que ceux-ci ne vous affecteront pas, si ce n'est par hasard et que la cause de vos malheurs ne vient pas de l'abondance de vos outrages, moi aussi, j'aggraverai pour vous ce hasard et je multiplierai les malheurs sur vous, comme le dit l'Ecriture, par voie de réprimande : « Si vous agissez de façon hasardeuse à mon égard (...), moi aussi je me conduirai envers vous en laissant agir le hasard » (Lev. 26, 21-24). « Hasard » désigne quelque chose qui survient sans qu'il y ait eu intention. Et [Dieu] dit : si vous placez les malheurs sur le plan du hasard, j'aggraverai contre vous ce hasard au septuple de vos péchés.

En fonction de ce que je t'ai déjà dit, sache que la venue du Messie ne dépend absolument pas d'une décision des astres[203]. Déjà un de ces hommes subtils[204] s'est levé en Espagne et a rédigé un livre sur la fin des temps en s'appuyant sur les astres, et il a dit que le Messie serait révélé en une certaine année[205]. Il n'y a pas un seul de nos maîtres ni un seul de nos hommes pieux qui ne méprise ses paroles et sa science, ils l'ont placé au rang des débiles pour ce qu'il a fait, et parce qu'il a fixé la fin[206]. Mais la réalité amena sur lui quelque chose de plus mauvais encore, rire et moquerie plus que nous-mêmes avions fait : au moment où il avait dit que se révélerait le Messie. se leva le réfractaire[207], un récalcitrant dans les

202. Car en détruisant les fondements de la religion par des croyances futiles et des opinions nuisibles, les hommes deviennent comme des lions sans maître, et ils peuvent suivre les caprices de leurs passions vulgaires et faire ce qui est bon à leurs yeux comme des bêtes sauvages.

203. Car la chose ne dépend que de la repentance et des bonnes actions et même « aujourd'hui si vous écoutez ma voix » (San. 98 a).

204. De ces initiés, experts en astrologie.

205. D'après ce qui est expliqué, prochainement en 1146.

206. Litt. : « Fomenté la fin ». Ibn Tibbon rend : « et ont (les maîtres) donné une grande réprimande ».

207. C'est le rebelle Ibn Tomeret et son disciple El Monnin, dirigeants des Almohades qui se révoltèrent contre le royaume des Almoravides, considérés comme hérétiques à leurs yeux. Ces nouveaux gouvernants prirent des décrets de persécution même contre les habitants des pays relevant de leur administration, en premier dans les pays occidentaux d'Afrique du Nord, puis ensuite en Espagne.

168 pays occidentaux et telle est la vilaine fin des maîtres de cette science.

Mais le poids de l'exil nous a obligés à tout cela [208] et l'intention est suspendue [209] sans corde ; vous, nos frères, fortifiez vos cœurs, confortez-le, tous ceux qui espérez en Dieu ; de même encouragez-vous les uns les autres, enracinez votre foi et croyez tous dans vos cœurs que la venue du Sauveur se révélera bientôt. « Fortifiez les mains défaillantes, affermissez les genoux vacillants » (Is. 35, 3) [210]. Sachez que Dieu, béni soit-il, nous fait savoir par l'intermédiaire d'Isaïe, messager d'Israël : par suite de la prolongation de l'exil et de son intensité, beaucoup penseront que Dieu, béni soit-il, nous a abandonnés et a détourné de nous le visage de sa miséricorde, à Dieu ne plaise (qu'il en soit ainsi). Ensuite il se rend témoi-
169 gnage qu'il ne nous a pas abandonnés et ne nous a pas oubliés : « Sion avait dit : L'Eternel m'a délaissée. Le Seigneur m'a oubliée » ; puis il revient et dit : « Est-ce qu'une femme peut oublier son nourrisson, ne plus aimer le fruit de ses entrailles ? Fut-elle capable d'oublier, moi je ne t'oublierai pas » (Is. 49, 14-15).

Et par l'intermédiaire de son premier prophète [211], que la paix soit sur lui, Dieu nous a fait savoir une chose semblable : « Car c'est un Dieu clément que l'Eternel, ton Dieu, il ne te délaissera pas, il ne consommera pas ta perte et il n'oubliera pas l'alliance de tes pères, l'alliance qu'il leur a jurée » (Deut. 4, 31) puis il ajoute : « L'Eternel ton Dieu, te prenant en pitié, mettra un terme à ton exil et il te rassemblera du sein des peuples parmi lesquels il t'aura dispersé » (Deut. 30, 3).

Et ceci, nos frères, est un des plus grands fondements de la religion d'Israël : il est impossible que ne se lève un homme, de la race de Salomon, qui rassemblera nos membres dispersés, réunira notre honte et notre exil, révélera la religion véridique et exterminera quiconque se rebellerait contre sa parole, comme

208. Le poids de l'exil et son amertume nous a amenés à supputer la date de la fin.

209. C'est-à-dire que la volonté et l'intention de sortir de la détresse conduisent l'homme désespéré à utiliser des stratagèmes dont il connaît lui-même d'avance l'inconsistance, sans corde, c'est-à-dire sans point d'appui.

210. Ce verset d'Isaïe a été placé par Maïmonide en tête de cette lettre comme devise.

211. Moïse.

Dieu nous l'a promis : « Je le vois maintenant mais ce n'est pas encore l'heure ; je le distingue mais il n'est pas proche : un astre s'élance de Jacob et une comète surgit du sein d'Israël qui écrasera les sommités de Moab et renversera tous les enfants de l'orgueil, fera sa proie de l'Idumée, sa proie de Seïr, ses ennemis. Et Israël triomphera » (Nom. 24, 17-18). Le temps de sa révélation sera celui d'une grande misère à l'encontre des Juifs, comme il est écrit : « Lorsqu'il les verra à bout de forces, sans appui et sans ressources » (Deut. 32, 36)
170 alors Dieu, béni soit-il, le révélera et il accomplira sa promesse. Le prophète dit, avec étonnement à propos du temps où le sauveur apparaîtra : « Mais qui est de force à supporter le jour de son arrivée, à demeurer ferme [212] quand il fera son apparition » (Mal. 3, 2). Telle est la vérité que nous croyons en cette occurrence. Mais ce temps a déjà été expliqué par les paroles de Daniel, d'Isaïe et par les autres paroles de nos maîtres, de mémoire bénie : sa venue [du Messie] aura lieu lorsque s'attaqueront Chrétienté et Islam et lorsque leur empire s'étendra sur le monde, comme en cette époque-ci, c'est là quelque chose d'indubitable et il n'y aura pas de démenti [213]. Dans Daniel, cela se trouve à la fin de ce qu'il raconte du royaume d'Ismaël et de la situation de Mahomet, et après lui la venue prochaine du sauveur. Isaïe explique aussi que la preuve concernant la venue du Messie est l'apparition du dément, parce qu'il est écrit : « Il verra une file de cavaliers, des chars conduits par des coursiers, un homme monté à dos d'âne, un homme monté à dos de chameau ; puis il percevra une rumeur, une formidable rumeur » (Is. 21, 7). Un « homme monté sur un âne », c'est le Messie, car il est écrit à son sujet : « Voici que ton roi vient à toi, juste et victorieux, humble, monté sur un âne, sur le petit de l'ânesse » (Zach. 9, 9) et vient tout de suite la vision de l'homme monté sur un chameau, c'est le roi arabe et ce qui est écrit : « une file (un couple) de cavaliers », c'est-à-dire qu'il réunit les deux nations qui sont

212. Qui pourrait résister à la détresse de ce temps plein de terreur lorsqu'apparaîtra le Messie. C'est le sens de l'expression « souffrances du messie » dont parle Rabba (San. 98 b) : « Qu'il vienne mais que je ne le voie pas » c'est-à-dire je ne voudrais pas vivre à cette époque.

213. Sous-entendu, mais sans aucun doute le Messie se révélera et viendra bientôt, à notre époque.

Edom et Ismaël[214]. Dans cette conjoncture cela est expliqué par le rêve de la statue[215] et par le rêve des [quatre] bêtes mentionnées dans Daniel[216]. Ces choses sont décrites d'après le sens littéral des Ecritures mais la détermination précise du temps n'est pas connue.

Mais il y a chez nous une tradition grande et merveilleuse. Je l'ai reçue de mon père, qui l'a reçue de son père et du père de son père et celui-ci la reçut à son tour ; ainsi la chose remonte au début de l'exil de Jérusalem[217], comme il est écrit : « Les exilés de Jérusalem répandus dans Sefarad possèderont les villes du midi » (Obadia 1, 20). Cette tradition est expliquée dans la prophétie de Balaam[218] où il y a une allusion : la prophétie reviendra en Israël après qu'elle lui aura été retirée. A cet égard, il y a dans la Tora des versets qui, d'après leur sens visent une question, mais ils contiennent une

214. Pour la guerre. Les « cavaliers » sont le symbole de la guerre.

215. Dan. chap. 2.

216. Dan. chap. 7. Selon R. Haï Gaon, un des signes évidents de la proximité de la fin sera la conquête de la terre d'Israël par les Musulmans : « Quand nous voyons qu'Edom (les Croisés) gouverne en Israël, nous croyons que le début de la délivrance arrive. Alors apparaîtra le Messie, fils de Jacob, qui regroupera de nombreux hommes en Haute Galilée et, avec eux, il conquerra Jérusalem mais seulement au temps fixé. Beaucoup de Juifs de la dispersion ne prendront pas part à ce mouvement, car il ne leur semblera pas évident que la fin soit arrivée ; mais les peuples au milieu desquels ils résident commenceront à les poursuivre et, lorsqu'ils apprendront qu'il y a un roi pour les fils d'Israël à Jérusalem, on se lèvera contre eux dans les autres Etats et on les chassera en disant : jusqu'à maintenant vous avez vécu avec nous en vous fondant sur la croyance que vous n'aviez ni roi, ni ministres ; mais maintenant que vous avec un roi, ne restez pas dans nos pays ; et beaucoup de Juifs partiront dans les déserts et y vivront sous la tente, et beaucoup manqueront de pain et d'eau. Beaucoup sortiront de l'alliance d'Israël parce qu'ils seront dégoûtés de la vie. Le Messie, fils de Joseph sera également tué par Armilos et d'autres Juifs encore abandonneront leur religion et se fonderont dans les nations du monde. Toutes les souffrances du Messie s'abattront sur les Juifs demeurés fidèles à leur religion et à leur peuple, jusqu'à ce qu'apparaisse Elie qui annoncera la venue du Messie, fils de David. Le début de la fin aura lieu en terre d'Israël, en particulier en Galilée ». Telle est la description des événements survenant à l'époque de la fin, selon les signes traditionnels chez les maîtres de cette époque. A cause de cela se développa l'agitation messianique depuis les Croisades et l'espoir de la délivrance proche s'affirma parmi les Juifs, en particulier après la conquête de Jérusalem par les Chrétiens.

217. Il existe une tradition selon laquelle les Juifs d'Espagne étaient des exilés de Jérusalem, de la classe dirigeante et noble.

218. Nom. 23, 23.

allusion à une chose différente[219], comme nous le trouvons dans une déclaration de Jacob, notre père, qui dit à ses fils : « Descendez là-bas en Egypte et achetez-y du blé pour nous, et nous resterons en vie au lieu de mourir » (Gen. 42, 2). « Descendez là-bas », parce qu'ils seront retenus en Egypte pendant une durée correspondant à la valeur numérique de *Redou*[220], qui est de 210 ans. De même la déclaration de Moïse, notre maître qui dit : « Quand vous aurez engendré des enfants, puis des petits-enfants, et que vous aurez vieilli sur cette terre... » (Deut. 4, 25), parce que nous avons été établis sur la terre d'Israël depuis le jour où nous y sommes entrés jusqu'à l'exil du roi Jehoyakim, ce qui équivaut à la valeur numérique de *nosantem*[221] (vous aurez vieilli) soit 846 ans, et il y a beaucoup de choses semblables.

Sur ce problème [de l'allusion] nous avons reçu une tradition selon laquelle il y a un élément ésotérique dans ce que Balaam dit : « Il ne faut point de magie à Jacob, point de sortilège à Israël : ils apprennent à point nommé, Jacob et Israël, ce que Dieu a résolu » (Nom. 23, 23). Depuis cette époque il faut décompter comme la valeur numérique de ce qui s'est écoulé des six jours de la création jusqu'à cette époque — la prophétie reviendra pour Israël et alors les prophètes lui diront ce que Dieu a résolu. Cette prophétie[222] a été dite la quarantième année de la sortie d'Egypte. Tu trouveras, depuis le début du décompte, jusqu'à cette époque [où Balaam
173 a prophétisé] 2488 ans[223], selon l'indication [mnémotechnique] des 488 rescapés[224]. Selon cette comparaison et cette inter-

219. Cachée, qui n'est ni claire ni évidente.

220. Parce que Jacob ne leur dit pas « allez » mais « descendez » (*redou*).

221. Le sens littéral (obvie) est fourni par ce qui est exotérique, mais il y est inclus aussi autre chose qui est caché, que l'on découvre par la guématria.

222. De Balaam qui a dit : « ils apprennent à point nommé ».

223. Depuis la création du monde car c'est elle que visait la prophétie de Balaam.

224. L'indication serait erronée selon R. Haalouv, elle devrait être 448 selon la formule usuelle : « par les 448 rescapés », ce qui donnerait l'année 2448 depuis la création pour la sortie d'Egypte ; mais il n'y a pas d'erreur ici et l'indication de 448 rescapés fait allusion à un autre événement : la traversée du Jourdain lors de l'entrée en Israël.

prétation, la prophétie reviendra en Israël en l'année 4976[225] de la création. Il n'y a pas de doute que le retour de la prophétie est le début des temps messianiques comme il est écrit : « Même sur les esclaves et les servantes, je répandrai en ces jours mon esprit. Et je ferai apparaître des prodiges au ciel et sur la terre : du sang, du feu et des colonnes de fumée » (Joel 3, 1-2)[226]. Cela est plus certain que les supputations qui sont dites sur une quelconque fin des temps. Nous disons que c'est véridique, après que nous avons été mis en garde à ce
174 sujet et que nous avons été tout à fait dissuadés de le révéler.
Nous te l'avons fait connaître pour que le jour ne soit pas
175 lointain[227] aux yeux du peuple. Béni soit celui qui sait ![228]

Mais ne me dis-tu pas que cette époque[229] est celle sur laquelle Jérémie dit : « Ah ! c'est qu'il est redoutable ce jour, pareil à nul autre : c'est un temps d'angoisse pour Jacob, mais il en sortira triomphant » (Jér. 30, 7). Les choses ne sont pas ainsi, car ce passage de l'Ecriture fait allusion nécessairement aux guerres de Gog et Magog, cela sera[230] après l'apparition du Messie dans la suite des temps[231], mais le signe de la porte de Gouran[232] et d'autres qui lui ressemblent sont des

225. C'est-à-dire 1216 de l'ère vulgaire, c'est également l'avis de l'auteur du *Seder Olam* mais selon l'avis de R. Samuel Ibn Tibbon, cette prophétie de Balaam aurait été prononcée 38 ans après la sortie d'Egypte, ce qui correspondrait à 1212. Le principe du calcul que Maïmonide présente comme tradition familiale, était, semble-t-il, un dire du T.J. Chabbat VI, 9). En vérité cette tradition est répandue et bien connue, et est celle mentionnée dans le T.J.

226. Tout le chapitre est une vision de la fin des jours, sur l'époque précédant la venue du Messie.

227. Trop lointain. Si la fin était trop lointaine aux yeux du peuple, celui-ci s'abandonnerait au désespoir. Quoique l'année 1216, l'année de la délivrance selon ce calcul, ne soit pas trop éloignée de l'année de la rédaction de la lettre (1172) ce délai reste important.

228. C'est Dieu qui est visé, car lui seul connaît la date de la fin des temps et peut-être lui seul sait et comprend la raison pour laquelle je n'ai pas gardé le secret comme il me l'avait ordonné. On comprend l'indulgence montrée par Maïmonide pour R. Saadia Gaon qui s'était trouvé dans la même situation.

229. Où le décret de persécution s'appesantit sur vous.

230. Pour la guerre de Gog et Magog voir Ezéchiel, chap. 38 et 39.

231. Et pas avant sa révélation.

232. Il y a à Damas une porte qui s'appelle Geiron, et selon des visions prophétiques diverses, la fin de l'autorité musulmane viendra lorsque la porte Geiron s'effondrera et tombera, cela selon le savant Steinschneider d'après divers livres de vision. Il convient de souligner que, dans le Talmud également (San. 98 a) on parle de R. Yossé Ben

176 éléments très faibles [233] qui n'ont pas été nommément attribués aux maîtres et ne font pas partie de leurs déclarations [234]. Il y en a parmi eux qui sont énigme et ne t'échine pas à traiter de ce sujet.

IV

Venons-en à ce que tu mentionnes de l'activité de cet homme qui dit être le Messie dans les villes du Yémen. — Sache que je ne suis étonné ni de lui, ni de ceux qui croient en lui — parce qu'il est dément sans doute ; pour un malade il n'y a ni culpabilité ni crime s'il n'est pas responsable de sa maladie. De même je ne suis pas étonné de ceux qui croient en lui, par suite de leur impatience [235] et parce qu'ils ne connaissent pas le lieu du Messie [236] et son haut niveau de dignité [237] et que cela leur soit venu à l'esprit [238].

Mais je m'étonne de toi, toi un disciple de la Tora et pratiquant des livres des maîtres [239], ne sais-tu pas, mon frère, que le Messie est un très grand prophète, le plus grand de tous les prophètes, à l'exception de Moïse, notre maître, que la paix

Kisma, interrogé par ses disciples : « Quand viendra le fils de David ? Il leur répondit : lorsque tombera cette porte et qu'on la reconstruira et elle tombera et on n'aura pas le temps de la reconstruire jusqu'à ce que vienne le fils de David ». Selon le commentaire de Rachi, la porte mentionnée se trouve à Rome, car selon la Aggada, le Messie réside là-bas et attend sa chute. Peut-être y a-t-il un lien entre ces deux portes ?

233. Maïmonide exprime également cette opinion dans son livre *Michne Tora* (Hilkhot Melakhim chap. 12 § 2) p. 147.

234. Ce sont des paroles inventées de toute pièce qui n'ont pas été prononcées par des maîtres de la tradition.

235. Dans une époque de servitude, et on ne peut en vouloir à un homme égaré de douleur.

236. Là où il se révélera. Ils pensent que le Yémen est le lieu de la révélation comme leur a dit celui qui les a induits en erreur. Il est également possible d'interpréter le « lieu du Messie », sa position dans la société.

237. Le degré très haut des qualités intellectuelles et morales.

238. L'idée de se laisser duper.

239. Voici que toi aussi tu es enclin à croire qu'il est le Messie du Seigneur ! Parce que le R. Jacob Al Fayyoumi dans sa lettre à Maïmonide avait écrit, entre autres : « Peut-être est-ce la vérité ? » comme s'il tendait à lui faire confiance. Il semble perplexe et balancer entre deux attitudes.

soit sur lui ? En outre ne sais-tu pas que quiconque prétend être un prophète, si sa prophétie est démentie, il est passible de la peine de mort parce qu'il s'est attribué cette haute dignité [240], au même titre qu'est mis à mort celui qui prophétise
177 au nom de l'idolâtrie, car il est écrit : « Toutefois, si un prophète avait l'audace d'annoncer en mon nom une chose que je ne lui aurais pas enjoint d'annoncer ou s'il parlait au nom d'une divinité étrangère, ce prophète doit mourir » (Deut. 18, 20). Quelle est la grande preuve de son mensonge ? C'est qu'il se pare du nom de « Messie » [241]. Je suis étonné de tes propos lorsque tu dis : « il est connu pour mener une vie tranquille [242] et il y a chez lui quelque sagesse ». T'es-tu imaginé que ces qualités-là en feront un Messie ? Ce qui t'a amené à dire tout cela, c'est parce que tu n'as pas considéré la dignité de Messie, ce qu'elle est, quelle sera sa situation, en quel lieu il sera [243] et quel signe particulier [244] il fournira.

Mais sa dignité sera d'un plus haut niveau d'excellence que la dignité des prophètes, et plus chargée d'honneur, en dehors de Moïse, notre maître ; le Créateur concentrera sur lui des qualités que Moïse, notre maître n'a pas reçues ensemble, comme il est écrit : « Animé ainsi de la crainte de Dieu, il ne jugera point selon ce que ses yeux croiront voir, il ne décidera pas selon ce que ses oreilles auront entendu » (Is. 11, 3). Et : « Sur lui reposera l'esprit du Seigneur, esprit de sagesse et d'intelligence, esprit de conseil et de force, esprit de science et de crainte de Dieu » (Is. 11, 2). Et : « La justice sera la ceinture de ses reins et la loyauté l'écharpe de ses flancs »
178 (ibid. 5). Le Saint, béni soit-il, l'appellera de six noms : « C'est qu'un enfant nous est né, un fils nous est accordé, la souveraineté repose sur son épaule et on l'a appelé conseiller, mer-

240. La dignité de la prophétie est le niveau le plus élevé que l'homme puisse atteindre selon Maïmonide.

241. Ce qui le met au-dessus des prophètes (sauf Moïse).

242. C'est-à-dire il est dans une bonne situation économique et mène une vie sans souci. Il semble que R. Al Fayyoumi, par cette insistance voulait dire que ce « Messie » faisait toutes ses actions avec foi, sans pouvoir être suspect de vouloir tromper le public ni s'enrichir, comme l'ont fait d'autres faux prophètes. Peut-être R. Al Fayyoumi voulait-il dire qu'il y a chez lui toutes les qualités requises chez un prophète comme il est dit dans Chab. 92 a : « La Providence divine ne réside que sur un sage, fort, riche et de belle stature ». Or il est riche et sage.

243. En terre d'Israël ou dans un pays situé en dehors.

244. Par quel signe il se distinguera de tous les autres hommes de sa génération.

veilleux, héros, divin, père de la conquête, prince de la paix » (ibid. 9, 5) et il l'appelle *El* (divin) par hyperbole, pour faire connaître que sa grandeur est supérieure à celle de tout homme [245]. L'une des conditions que nous savons impartie à tout prophète est qu'il atteigne le comble de la connaissance et alors le Saint, béni soit-il, lui donne le don de prophète.

Il existe chez nous un principe : la prophétie ne se fixe que sur un sage, un homme courageux et riche [246] et l'on explique « un homme courageux » [247] en disant qu'il doit maîtriser son instinct [248] — et « riche », riche en connaissance. Mais lorsqu'apparaît un homme qui n'est pas réputé pour sa sagesse et qu'il dit qu'il est prophète, nous ne le croyons pas. A plus forte raison si un rustre dit qu'il est le Messie. L'une des preuves qu'il est rustre : il ordonne de disperser toute sa fortune et de l'offrir aux pauvres. Tous ceux qui lui obéissent sont des imbéciles et lui est un pécheur car il prêche le contraire de notre Tora, puisque selon notre Tora, il ne convient pas de
179 faire don de toute sa fortune, mais une partie car il est écrit : « ...mais toute chose dévouée qu'un homme aurait dévouée à l'Eternel parmi ses propriétés... » (Lev. 27, 28), et les docteurs de la tradition [249] soulignent « parmi ses propriétés » et pas « toutes ses propriétés ». Ils mettent une haie et une limite aux offrandes, qui est le cinquième. Ils disent [250] : « Celui qui donne, qu'il ne donne pas plus du cinquième ».

245. Dans la traduction d'Ibn Tibbon il est ajouté encore : « Il (Dieu) ne dédaigne pas d'étendre sa stature jusqu'à ce qu'Il lui dise, béni soit-Il : " Tu es mon fils, c'est moi aujourd'hui qui t'ai engendré " » (Ps. 2, 7). Notre traducteur R. Nahum Hamaharavi a sauté, semble-t-il, ce passage, parce que les Chrétiens, partisans de la doctrine de la Trinité, utilisaient ce verset pour démontrer la messianité de Jésus, appelé fils de Dieu.

246. Chab. 92 a (voir note 242).

247. On ne vise pas l'homme courageux par sa force corporelle, mais fort par son esprit.

248. Voir Pirké Avot chap. IV, michna 1 : « Ben Zoma disait : " Quel est le véritable héros ? C'est celui qui sait dominer ses passions ainsi qu'il est dit : " Qui résiste à la colère l'emporte sur le héros ; qui domine ses passions, sur un preneur de villes ". Quel est le vrai riche, c'est celui qui est content de son sort, ainsi qu'il est dit : " Oui, le produit de ton travail, tu le mangeras, tu seras heureux et content ". Heureux dans ce monde-ci et content dans le monde futur ».

249. Ce sont les docteurs, maîtres de la tradition qui l'ont dit dans le traité Arakhin 28 a.

250. Ket. 67 b.

Sans aucun doute son intelligence et son cœur[251] l'ont poussé[252] à dire qu'il était le Messie, lui qui a commandé aux hommes de se débarrasser de toutes leurs possessions et de les offrir aux pauvres. Et ils deviennent pauvres et les pauvres deviennent riches et ces derniers s'obligent à leur tour à cause de la loi[253] à leur rendre leurs biens. Et la fortune fera la navette entre les riches et les pauvres et ainsi de suite, ce qui est une stupidité manifeste[254].

En ce qui concerne la qualité du statut du Messie et en quel endroit il se révélera ? — Au début, il se révélera en terre d'Israël. En effet, c'est en terre d'Israël qu'aura lieu le début de son apparition, comme il est écrit : « Soudain il entrera dans son sanctuaire[255], le maître dont vous souhaitez la venue, le messager de l'alliance que vous appelez de vos vœux ; le voici qui vient dit l'Eternel Cebaot » (Mal. 3, 1).

En ce qui concerne la qualité de son statut, sache que tu ne sauras pas quel est son statut avant qu'il existe et que l'on puisse en parler, qu'il est un tel de telle famille ; mais surgira[256] un homme inconnu avant son apparition, les signes et les prodiges qu'il manifestera seront les preuves de l'authenticité de son ascendance. Car le Saint, béni soit-il, nous a déclaré lorsqu'il nous a décrit cette affaire [du Messie] : « Voici
180 un homme dont le nom est « rejeton »[257] et il germera de sa place pour bâtir le temple de l'Eternel » (Zac. 6, 12) et Isaïe déclare aussi qu'il apparaîtra sans qu'on connaisse ni son père, ni sa mère, ni sa famille : « Il poussait devant lui, pareil à un faible rejeton, à une racine plantée dans un sol brûlé. Il n'avait

251. L'intelligence qui est dans son cerveau et la morale qui est dans son cœur.

252. Parce qu'il est plein d'arrogance et d'orgueil.

253. Selon les instructions de ce « Messie ».

254. Cela prouve que leur supposé Messie, non seulement ne détient pas une sagesse supérieure comme il conviendrait au Messie attendu, mais qu'il est même stupide en donnant des ordres contradictoires que l'on ne peut exécuter.

255. Qui se trouve en terre d'Israël.

256. La révélation du Messie sera soudaine, sans qu'on le connaisse auparavant, sans que l'on sache qui il est, le lieu de son ascendance et d'où il vient.

257. Le sens est que le roi Messie sera le rejeton sortant et fleurissant de la race de David. Sur la base de ce verset et sur les paroles de Jer. 33, 15 se fondent les paroles de la prière des 18 bénédictions : « Fais bientôt lever la semence de David, ton serviteur et que sa puissance grandisse par ton secours... ».

ni beauté, ni éclat pour attirer nos regards, ni grâce pour nous le rendre aimable » (Is. 53, 2).

Après qu'il se sera révélé dans le pays charmant [258] [d'Israël] et qu'il aura rassemblé tout Israël à Jérusalem et dans le reste des régions, alors la nation se prolongera et s'étendra en direction de l'ouest et de l'est jusqu'à ce qu'elle vous atteigne vers le Yémen et arrive vers les habitants plus lointains de l'Inde [259]. Car il est écrit : « Celui qui expédie des messagers par la mer et les fait naviguer sur les eaux dans des canots de papyrus ! Allez, messagers agiles vers une nation à la taille élancée, au visage glabre, vers un peuple redoutable depuis qu'il existe, peuple marchant droit son chemin, foulant tout aux pieds et dont les fleuves sillonnent le sol ! » [260] (Is. 18, 2). « Vers le lieu de résidence du nom de l'Eternel Cebaot, sur la montagne de Sion » (ibid. 7). L'ensemble de ses qualités, décrit par tous les prophètes depuis Moïse notre maître qui est le premier jusqu'à Malachie qui est le dernier, tu pourras le recueillir dans les vingt-quatre livres [de la Bible].

Mais il y a une qualité qui lui est particulière, c'est celle-ci : à l'instant de sa révélation, tous les rois de la terre seront effrayés à cette nouvelle et ils auront peur, leur royaume sera inquiet et ils conspireront sur les façons de s'opposer à lui, par le glaive ou par d'autres moyens, c'est-à-dire qu'ils ne pourront pas plaider ni protester contre lui, ils ne pourront pas le contredire, mais ils seront effrayés par les prodiges qu'il fera voir et ils mettront leurs mains sur leur bouche ; car ainsi Isaïe raconte le moment où les rois entendront parler de lui ; il dit : « Les rois se tiendront bouche close devant lui, car ce qui ne leur a pas été conté ils le verront, ils observeront ce qu'ils
181 n'avaient pas ouï dire » (Is. 52, 15). Il dit qu'il pourra tuer qui il voudra tuer par son verbe et personne ne pourra lui échapper ni se sauver de son emprise car il est écrit : « ...du sceptre de sa parole il frappera les violents et du souffle de ses lèvres il fera mourir le méchant » (ibid. 11, 4). Mais le déplacement du glaive et de la guerre à l'est et à l'ouest — cela ne se passera pas au début de son apparition mais après les

258. Ezéchiel 20, 7.

259. Selon les dires des maîtres (Ex. R. 20, 3) Jérusalem est destinée à devenir une grande métropole pour tous les pays.

260. Pour porter la nouvelle au loin (voir R. Saadia Gaon *Emounot Vedeot* chap. 8).

guerres de Gog et Magog, comme Ezéchiel le décrit [261], je ne vois pas que l'homme qui a surgi dans votre pays possède toutes ces qualités [262] !

De plus, tu as entendu parler de cet homme [263] avec toutes les grandeurs qu'on lui a attribuées, qui aurait opéré la résurrection de morts [264] selon la croyance [de ses disciples] [265], et des prodiges dont ils s'illusionnent parmi eux. Même si nous leur accordions toutes leurs paroles concernant les enseignements de cette doctrine, ils ne réussiraient pas à nous convaincre de leur prétention selon laquelle il est le Messie. En effet, nous pourrions leur montrer dans les Ecritures, environ un millier de signes qui ne sont pas réalisés [266], et même d'après

261. Chap. 38 et 39.

262. Toutes ces conditions : signes, prodiges, vertus particulières exigées du Roi-Messie.

263. Jésus le Nazaréen.

264. Durant sa vie (Lazare et d'autres) et il a lui-même ressuscité après sa mort.

265. Certains : « selon sa croyance », c'est-à-dire qu'il ressuscitait les morts selon sa volonté et selon ce qui paraissait bon à ses yeux.

266. Voir les paroles de Maïmonide dans *Michne Tora,* Sefer Choftim Hilkhot Melakhim chap. 11, halakha 4, p. 415). « S'il se présente un roi de la maison de David qui médite la Tora et s'occupe des commandements, comme David son ancêtre, aussi bien la Tora écrite que la Tora orale, et oblige tout Israël à aller dans cette voie ; à renforcer la brèche et à livrer les guerres du Seigneur, alors il y a une présomption qu'il est le Messie. S'il réussit dans ses actions, reconstruit le Temple à sa place et rassemble les dispersés d'Israël, alors c'est certainement le Messie ; il amènera le monde entier à servir ensemble le Seigneur, comme le dit l'Ecriture : « Mais alors aussi je gratifierai les peuples d'un langage épuré pour que tous invoquent le nom de l'Eternel et l'adorent d'un cœur unanime » (Sophonie 3, 9). Mais s'il ne réussit pas, ou s'il est tué, il est connu qu'il n'est pas celui à propos duquel la Tora nous a donné des assurances et il est comme tous les rois accomplis et vertueux de la maison de David, qui sont morts. Dieu ne les a suscités que pour tenter la foule, comme le dit l'Ecriture : « Du parti des sages, certains tomberont pour qu'ils soient éprouvés, triés et purifiés en attendant le moment final, car il tardera encore jusqu'à l'époque fixée » (Dan. 11, 35). Il en est de même de Jésus le Nazaréen qui s'imagina être le Messie et qui fut mis à mort selon la sentence d'un tribunal ; Daniel avait déjà prophétisé à son sujet : « ...des enfants scélérats de ton peuple s'insurgeront pour réaliser la vision, mais ils succomberont » (Dan. 11, 14). Car il y a un grand obstacle à cela, c'est que tous les prophètes ont déclaré que le Messie libérera et sauvera Israël, rassemblera les exilés, renforcera les commandements mais cela a entraîné la destruction d'Israël par le glaive, la dispersion de ses restes, leur abaissement, l'altération de la Tora et a induit en erreur une grande partie du monde pour qu'il serve une divinité autre que le Seigneur ; mais il n'est

leur doctrine[267], qui leur donna ce titre [de Messie] ? Tous ceux
182 qui voulaient faire de lui un objet de risée et de moquerie[268]. En fin de compte, il est de fait que cet homme[269], s'il a dit ce qu'il a dit avec préméditation et impudence[270], est passible de mille morts ; mais ce que je suis enclin à croire est qu'il est vraiment devenu fou, que son intelligence et sa raison se sont altérées. C'est pourquoi je vous donne un conseil qui sera bon pour vous et pour lui : qu'il soit enfermé[271], jusqu'à ce que cela soit connu chez les Gentils, c'est-à-dire que l'on sache que sa compréhension est dérangée et sa raison perdue. On fera connaître la chose et vous lui ferez une large publicité[272]. Ensuite vous le libérerez [de l'asile] et vous le sauverez lui-même d'abord[273]. Puisque les Gentils auront entendu dire de lui qu'il prétendait être le Messie, après que vous aurez pris cette mesure à son égard [l'internement], ils l'injurieront comme ils traitent les hommes atteints de folie et de démence comme lui, et vous vous sauverez de la méchanceté des Gentils.

pas au pouvoir de l'homme d'appréhender les pensées du Créateur du monde parce que nos voies ne sont pas ses voies et nos pensées ne sont pas ses pensées ; et toutes ces paroles de Jésus le Nazaréen, et celles de cet Ismaélite qui apparut après lui, n'ont été prononcées que pour aplanir la voie pour le roi Messie et réformer le monde entier pour qu'il serve Dieu dans l'unité, comme il est dit : « Alors aussi je gratifierai les peuples d'un langage épuré pour que tous invoquent le nom de l'Eternel et l'adorent d'un cœur unanime » (Sophonie 3, 9) ».

267. Ses admirateurs fervents affirmèrent qu'il était le Messie et ils racontèrent son histoire dans les Evangiles et tout ce qui lui arriva à cause de sa messianité : qu'il tomba dans les mains des soldats romains qui le fouettèrent et le crucifièrent comme criminel politique et insurgé contre l'autorité.

268. Seuls les plaisantins et ceux qui se moquaient de lui déclarèrent à son sujet qu'il était le Messie et l'appelèrent Messie, Roi des Juifs comme cela est décrit dans les Evangiles : Matthieu 27, 28-29 ; Marc, 15, 18-19, etc., c'étaient les soldats romains qui se moquèrent de Jésus en l'appelant Roi des Juifs mais lui-même ne s'est jamais présenté comme tel.

269. Leur Messie imaginaire qui est apparu au Yémen.

270. Afin d'induire les gens en erreur.

271. Quelque temps pendant lequel il sera détenu, dans une maison de fous.

272. Pour faire savoir que c'est l'homme qui s'est vanté d'être le Messie des Juifs ou l'annonciateur de la venue du Messie qui est fou et qu'il a déjà été enfermé par les Juifs dans un asile.

273. De façon à ce qu'il ne tombe pas entre les mains des non-juifs, car c'est un malade mental et il n'est pas responsable pénalement.

Si vous vous montrez négligents [274] dans cette affaire jusqu'à ce qu'elle soit connue [275] des Gentils, ceux-ci le tueront et, à Dieu ne plaise, que le malheur [276] ne se retourne contre vous.

Et vous, nos frères, vous savez que le Saint, béni soit-il, nous a fait tomber dans les abîmes de nos fautes, au milieu de cette nation ismaélite qui a abattu sa méchanceté sur nous et intrigue pour nous faire du mal et pour nous détester, comme
183 l'a décrété contre nous le Saint, béni soit-il : « ... vos ennemis en sont juges » [277] (Deut. 32, 31) ; il n'y a pas eu contre Israël de nation plus hostile qu'elle, ni de nation qui ait fait preuve de méchanceté systématique pour nous humilier, nous rapetisser et nous détester comme eux [les Ismaélites]. Même le roi David, que la paix soit sur lui, lorsqu'il vit, par l'esprit saint, tous les tourments qui attendaient Israël, commença par crier et se lamenter, au nom de la nation, à cause des malheurs des fils d'Israël, en disant : « Quel malheur pour moi d'avoir séjourné à Mechec, demeuré près des tentes de Kédar » [278] (Ps. 120, 5). Voyez comment il rappelle Kédar, parmi les fils d'Ismaël — parce que le dément [Mahomet] est de la descendance de Kédar, comme cela est connu par sa généalogie. En outre Daniel ne nous décrit notre faiblesse et notre affaiblissement que sous la royauté d'Ismaël, qu'elle soit vite déchue : « ... et il fit tomber à terre une partie de cette armée, et des étoiles et les foula aux pieds » [279] (Dan. 8, 10). Nous subissons déjà leur assujettissement, leurs tromperies et leurs mensonges, plus que nous ne pouvons supporter car l'homme n'a pas l'aptitude à avoir la force de souffrir. Il en

274. Si vous ne l'enfermez pas un certain temps en tant que malade mental.

275. Qu'un homme est apparu chez les Juifs qui prétend être leur Messie et leur sauveur, alors les Gentils craindront des machinations en vue d'une rébellion contre les oppresseurs.

276. De la part des Gentils. Sur la responsabilité de ce Messie yéménite qui suscita aussi une grande confusion dans le cœur pur des Juifs du Yémen et troubla leur raison, Maïmonide nous raconte dans sa lettre aux sages de Marseille qu'à la fin de l'année de ses activités messianiques, il fut arrêté par les autorités et exécuté. Il est donc vraisemblable que les conseils de prudence donnés par Maïmonide n'aient pas été suivis.

277. Nos ennemis seront comme des juges contre nous pour nous asservir.

278. Kédar, fils d'Ismaël, souche d'une tribu arabe.

279. On parle ici de la petite corne qui fait allusion au royaume d'Ismaël.

est comme l'a dit David, que la paix soit sur lui : « Pourtant moi, tel un sourd, je n'entends point, je suis comme un muet qui n'ouvre pas la bouche » (Ps. 38, 14). Comme nous l'ont démontré nos maîtres : il faut supporter les tromperies
184 d'Ismaël et ses mensonges et garder le silence devant eux ; on s'appuie pour cela sur le verset écrit à propos de ses fils : « Michma, Douma, Massa... » (Gen. 25, 14) [tels sont les fils d'Ismaël], ce qui signifie : écoute, garde le silence et supporte [280] !

Nous tous, grands et petits, avons consenti à subir leur asservissement comme l'a dit Isaïe : « J'ai livré mon dos aux coups et mes joues aux violences ; je n'ai point dérobé mon visage aux insultes et aux crachats » (Is. 50, 6). Malgré notre [absence de réaction] nous ne pouvons pas échapper entièrement aux excès de leur méchanceté et de leur précipitation. Tandis que nous recherchons la paix avec eux, eux nous poursuivent par le glaive et la guerre, comme l'a dit le roi David, que la paix soit sur lui : « Je suis moi tout à la paix et quand je la proclame, eux ne méditent que guerre » (Ps. 120, 7). A plus forte raison si nous nous excitions et prétendions la royauté par des futilités et des illusions, nous nous mettrions en danger de mort.

Vous devez savoir qu'au début du royaume d'Ismaël, apparut de l'autre côté du fleuve [281], un homme qui se dit être le Messie ; il attira [à lui] des dizaines de milliers de fils d'Israël. Son prodige était qu'il était lépreux la nuit et se levait guéri [282] ; ses entreprises n'aboutirent pas, son dessein ne dura pas et il s'en retourna. Israël resta après lui dans la ville d'Ispahan au plus fort de l'exil et les tourments recommencèrent pour
185 eux, à cause de lui.

De même apparut un homme dans la ville de Fez, il y a 48 ans [283], qui dit être le messager et l'envoyé du Messie ;

280. Les noms des fils d'Ismaël viennent t'enseigner : écoute tout ce que l'on te dira, garde le silence : subis en silence et supporte le joug à ton cou, tant que le moment n'est pas venu de t'en décharger.

281. L'Euphrate. On vise Abbou Issi Obadia de la ville d'Ispahan en Perse. Il vécut à l'époque du calife Ibn Almalech (659-705).

282. Lorsqu'il allait se coucher le soir, il était atteint de lèpre et, le matin il se levait sain, guéri de sa lèpre. L'atteinte de la lèpre était également un des signes du Messie selon Is. 53, 4.

283. C'était en 1127, 44 ans avant la rédaction de la présente lettre en 1172.

il dit que celui-ci[284] se révélerait cette année-là. Sa parole ne se confirma pas et les tourments reprirent pour Israël à cause de lui. Cette affaire m'a fait connaître ce qui s'est reproduit dans toutes [les autres][285].

Environ dix ans auparavant[286], dans les régions d'Espagne de la province de Cordoue apparut un homme se prétendant le Messie et peu s'en fallut qu'il n'y ait eu à cause de lui, un anéantissement de la part des ennemis d'Israël.

Environ trente ans auparavant, en 1087, un homme apparut en France se prétendant le Messie et il produisit des signes selon ce que crurent [les Juifs]. Les Français le tuèrent et tuèrent, en même temps que lui, une grande partie des saintes
186 communautés.

Tous ces événements sont conformes à la promesse des prophètes qui nous en ont informé comme je vous l'ai dit : à l'approche des jours du Messie véritable se multiplieront ceux qui prétendent et pensent être le Messie[287] : leur prétention ne dure pas et ne se justifie pas et ils se perdent et
188 beaucoup se perdent avec eux.

En effet Salomon, que la paix soit sur lui, savait, par l'esprit saint, que notre nation, à cause de la longue durée de son exil, serait portée à s'agiter avant le temps adéquat[288], se perdrait à cause de cela et s'attirerait des malheurs ; ils furent avertis de ne pas le faire et [Salomon] conjura la nation à l'aide d'une parabole[289] : « Je vous en conjure, filles de Jérusalem, par les biches et les gazelles des champs, n'éveillez pas, ne provoquez pas l'amour avant qu'il le veuille » (Cant. 2, 7).

284. Le Messie.

285. Cette affaire m'a été racontée par quelqu'un qui était à Fez à cette époque et qui en avait été le témoin oculaire.

286. En 1117.

287. Maïmonide croyait aussi que les jours du Messie étaient proches et que les tourments s'abattant sur le peuple d'Israël étaient « les souffrances du Messie ». Maïmonide l'a dit plus haut de façon explicite. En général de grandes espérances messianiques s'exprimèrent pour l'année 1186.

288. Ils anticipent l'heure de quitter les terres d'exil avant le temps fixé, comme les fils d'Ephraïm, à leur époque, hâtèrent la fin, sortirent d'Egypte trop tôt et périrent. Voir PRE 48.

289. Parce que le Cantique des Cantiques selon lui est tout entier une parabole de l'amour de la communauté d'Israël pour son aimé, son Père qui est dans les cieux.

Vous, nos frères bien aimés, écoutez son serment, n'éveillez pas l'amour avant qu'Il le veuille. Le Créateur du monde, par la vertu de sa miséricorde se souviendra de nous et de vous pour rassembler les exilés de son héritage et de son lot [290], pour qu'ils contemplent l'amabilité de Dieu et rendent visite à son palais [291] ; il nous fera sortir de la vallée des ténèbres où il nous a installés, il retirera l'obscurité de nos yeux et de nos cœurs, il accomplira de nos jours et de vos jours ce qui est consigné dans l'Ecriture : « Le peuple qui marchait dans l'obscurité voit une grande lueur ; ceux qui habitaient une terre ténébreuse, la lumière rayonne sur eux » (Is. 9, 1). Il assènera son courroux et sa colère contre tous nos ennemis, il éclairera nos ténèbres comme il nous l'a promis : « Oui, tandis que les ténèbres couvrent la terre et une sombre brume les nations, sur toi l'Eternel rayonne, sur toi sa gloire apparaît » (ibid. 60, 2).

Que la paix soit sur toi, notre cher ami, maître des sagesses,
189 trésor d'intelligence [292] et sur tous les disciples, nos frères, et sur tout le peuple d'Israël [293], que la paix soit comme une lumière qui se lève, une abondance de paix sans lune. Amen. Sélah.

De grâce, je te demanderai d'envoyer une copie de cette lettre à toutes les communautés, aux sages et aux autres [294] pour fortifier leur foi et affermir leurs pas pour qu'ils ne trébuchent pas. Tu la liras à la communauté et à chaque Juif [en particulier], afin que tu sois de ceux qui remettent le public sur le droit chemin, après que tu auras veillé et que tu auras pris soigneusement garde qu'il n'y ait pas d'impie qui ne publie ni ne divulgue cette affaire aux Ismaélites, de peur que ne se produise quelque [mal] [295] dont le Nom nous sauvera par sa miséricorde. Quoique je l'aie écrite, j'en aurai eu de grandes

290. Surnom pour le peuple d'Israël (Deut. 32, 9) : « Car ce peuple est la part du Seigneur, Jacob est le lot de son héritage ».

291. C'est la terre d'Israël.

292. Il s'agit encore de R. Jacob Al Fayyoumi, qui était un sage, chef d'école talmudique et propagateur de la Tora. Maïmonide écrivit ce passage en hébreu.

293. Et à tous nos frères habitant le Yémen.

294. A tous les membres de la communauté, même à ceux qui ne sont pas érudits.

295. Après que tu auras bien examiné et vérifié qu'il n'y a pas parmi vous des délateurs.

craintes, mais j'ai estimé que la remise des foules sur le droit chemin était une chose à propos de laquelle il ne convenait pas d'avoir peur du danger. Bien que je vous l'aie envoyée [296] : — « Le secret du Seigneur est pour ceux qui le craignent » (Ps. 25, 14). Déjà nous l'ont promis les maîtres qui ont reçu [l'enseignement] des prophètes, que la paix soit sur eux, en disant [297] : les messagers des commandements ne subissent aucun dommage. Et il n'y a pas de plus grand commandement que celui-ci. Que la paix soit sur tout Israël. Amen.

296. Quoique j'aie eu l'audace de vous envoyer cette lettre, que cela ne soit pas une chose futile à vos yeux et ne vous comportez pas à ce sujet avec insouciance. Sois très prudent en cette affaire afin de ne rien divulguer à ceux qui ne craignent pas Dieu.

297. Pessahim 8 b : « Rabbi Eliézer dit : les envoyés des commandements ne subissent pas de dommages et celui qui agit pour les besoins des commandements n'a donc pas à craindre de dommages ». Et le Talmud cite l'exemple de Samuel lorsque Dieu lui ordonna d'oindre David comme roi à la place de Saül (I Sam. 16, 1 à 3).

Les traducteurs de cette épître en hébreu, R. Nahoum Hamaaravi, Ibn Tibbon et semble-t-il R. Abraham ben Hasdaï n'ont rendu le texte arabe de Maïmonide relatant l'histoire des quatre messies que de façon très abrégée, nous en donnons la version complète d'après la version hébraïque du professeur Jacob Mann, publiée dans Hateqoufa, 24, p. 354-356.

Je te raconterai maintenant brièvement les événements qui se produisirent après que s'établit la souveraineté ismaélite et tu en retireras profit. Après ces événements, il arriva que se manifesta en Orient, derrière Ispahan [en Perse], une grande foule de Juifs, des centaines de mille et à leur tête un homme qui se prétendait le Messie. Ils revêtirent des tenues de guerre, brandirent leurs glaives et tuèrent quiconque leur résistait. Selon ce que nous savons, ils finirent par arriver dans les environs de Bagdad. Cela se passa au début de la dynastie des Omanides. Le roi [c'est-à-dire le calife], dit aux Juifs de son pays : « Que vos maîtres aillent parler avec ces hommes, et s'ils disent la vérité et que cet homme est celui que vous attendez [le Messie], nous conclurons une alliance de paix avec eux selon les conditions que vous voudrez ; mais si la chose est un mensonge, je les combattrai ». Tous les maîtres allèrent à leur rencontre. Ces hommes dirent : « Nous sommes des fils de la contrée qui est de l'autre côté du fleuve » [c'est-à-dire le Sambatyon]. Les maîtres leur demandèrent : « Pourquoi vous êtes-vous soulevés [contre le gouvernement] ? » Ils leur répondirent : « Cet homme qui est ici nous est connu pour être un homme pieux et honorable et il est de la descendance de David. Nous avons su qu'il était lépreux lorsqu'il alla se coucher une nuit, et le matin suivant il se leva sain et bien portant. » En vérité, ceci serait l'un des signes du Messie, parce qu'ils prétendent que c'est le sens du verset le concernant : « Nous le prenions pour un malheureux frappé par Dieu, humilié » (Is. 53, 4), et ce signe est qu'il sera lépreux. Mais les maîtres leur expliquèrent que cette interprétation n'était pas exacte et que manquaient à cet homme quelques caractéristiques propres au Messie, si ce n'est toutes. Et les maîtres ajoutèrent pour les convaincre : « Nos frères, vous êtes encore proches de votre pays, vous avez la possibilité d'y retourner ; mais si vous restez plus longtemps dans ce pays vous mourrez tous et vous abrogerez aussi les paroles de Moïse, notre maître [c'est-à-dire les promesses de la Tora] car la foule pensera que le Messie est déjà apparu et a été vaincu. Il n'y a pas de prophète parmi vous et il n'y a aucun miracle en votre faveur. » Ces hommes acceptèrent finalement les paroles des maîtres, et le gouvernement [c'est-à-dire le calife] leur donna en cadeau plusieurs milliers de dinars pour qu'ils puissent retourner dans leur pays ; mais après qu'ils se furent éloignés pour retourner chez eux, le gouvernement commença à provoquer les Juifs et à les accuser de tout ce qui était nécessaire de proférer contre eux. Il décida qu'ils devaient porter des signes distinctifs sur leurs vêtements, d'écrire sur leurs manteaux le mot « maudit » et de marcher dans les rues avec des habits de fer posés sur leur dos et sur leur poitrine. Depuis cette époque, toutes les communautés de Karsan et d'Ispahan sont demeurées dans un exil pénible jusqu'à aujourd'hui. Tout cela nous a été appris par un récit oral.

Mais ce que nous allons raconter maintenant nous est
connu comme vérité rigoureuse car la chose s'est produite
assez récemment [en 1122], cinquante ans environ [avant la
191 rédaction de la lettre au Yémen en 1172].

Un homme pieux et éminent, un des sages d'Israël, connu sous le nom de Mar Moïse Deraï, se rendit de Darha [ville du Maroc] en Andalousie [Espagne du Sud] pour étudier la Tora auprès de Rabbi Joseph Halévi, Ibn Magach, dont la bonne réputation t'est parvenue. Mar Moïse revint ensuite au centre du Maroc, c'est-à-dire dans la ville de Fez et le peuple se rassemblait autour de lui, à cause de sa piété, de son éminence et de son enseignement. Il leur fit connaître que le Messie s'était révélé et que son nom lui avait été communiqué en rêve. Mais il ne prétendit pas être le Messie comme ce fou [c'est-à-dire Ibn Yissi d'Ispahan, ou peut-être Maïmonide fait-il allusion ici au faux prophète du Yémen]. Il affirma seulement que le Messie était déjà apparu. Le peuple afflua vers lui et crut à ses paroles. Et Monsieur mon père, que son souvenir soit béni [c'est-à-dire le Rav Maïmon, le juge de Cordoue] essaya d'empêcher le peuple de le suivre et lui ordonna de l'abandonner. Mais seulement un petit nombre écouta ses paroles et presque tous suivirent Mar Moïse de mémoire bénie. Ensuite il se mit à prophétiser des choses qui se réalisèrent effectivement. Son habitude était d'annoncer à la foule : « Réunissez-vous demain et telle chose se produira ». Et ceci se produisait vraiment. Une fois il dit que cette semaine-là tomberait une pluie mêlée de sang. Parce que c'est un signe du Messie selon le verset : « Et je ferai apparaître des prodiges au ciel et sur la terre : du sang, du feu et des colonnes de fumée » (Joël 3, 3). C'était au cours du mois de Marechvan [298]. Une pluie forte et abondante tomba cette semaine-là et l'eau était rouge et trouble comme si elle était mélangée de boue. — Ce prodige démontra aux yeux de tous qu'il était sans aucun doute prophète. — En vérité cela n'est pas impossible du point de vue de la Tora, comme je te l'ai expliqué en ce qui concerne la prophétie qui reviendra [en Israël] avant la venue du Messie. Lorsque se réalisèrent ses paroles aux yeux des hommes, il leur dit que le Messie apparaîtrait dans la nuit de Pâque et leur conseilla de vendre tous leurs biens et d'augmenter leurs dettes envers les Musulmans : d'acquérir d'eux toute chose valant un dinar pour dix dinars [évidemment à crédit] pour accomplir les paroles de la Tora [« ... de sorte qu'il dépouilla les Egyptiens » — Ex. 12, 36], car après la Pâque il ne les verrait plus jamais. Lorsqu'arriva la Pâque et que rien ne se produisit, les hommes crièrent famine parce qu'ils avaient vendu tous leurs biens et que leurs dettes avaient augmenté. La chose fut connue des Gentils et de leurs serviteurs. Et cet homme aurait été tué de leurs mains s'ils l'avaient trouvé. Le pays ismaélite ne pouvait plus le supporter, et pour cette raison il alla en Israël où il

298. 2e mois de l'année : octobre-novembre.

mourut, que son souvenir soit béni [299]. Selon ce que m'ont dit ceux qui le virent lorsqu'il partit [du Maroc], il prophétisa sur tout ce qui arriverait ultérieurement aux Juifs d'Occident [c'est-à-dire la persécution des Almohades de l'année 1146].

Mon père me raconta également que quinze ou vingt ans
192 environ avant cet événement [300], il y avait à Cordoue, capitale de l'Andalousie, des hommes importants qui croyaient beaucoup à l'astrologie et étaient d'accord pour penser que le Messie viendrait cette année-là. Nuit après nuit ils faisaient des consultations pour savoir si le Messie serait un fils du pays [c'est-à-dire d'Andalousie]. Finalement ils décidèrent que [le Messie] était l'homme pieux et honorable connu sous le nom de Ibn Arié qui enseignait le peuple. Ils faisaient des miracles et disaient vraiment l'avenir, comme le faisait El Deraï, jusqu'à conquérir le cœur du peuple. Mais lorsque la chose fut connue des anciens et des maîtres de notre communauté [c'est-à-dire Cordoue, ville où est né Maïmonide], ceux-ci se réunirent dans la synagogue et firent comparaître Ibn Arié ; ils le punirent, le fouettèrent et le mirent au ban [de la communauté] — parce qu'il s'était tu sur cette affaire et avait autorisé ces hommes à se servir de son nom sans les démentir et sans leur démontrer la faute qu'ils commettaient contre la religion. L'on fit de même à ceux qui l'avaient suivi. — De cette façon, ils se sauvèrent vis-à-vis des non-Juifs avec grande difficulté.

Environ 40 ans avant l'incident d'Ibn Arié [301], apparut un homme en France, dans un grand centre nommé Lyon, où se trouvent des dizaines de milliers de familles juives, qui se prétendit être le Messie. Le prodige qu'il faisait aux yeux des

299. Le Professeur Mann fait remarquer à ce sujet que Mar Moïse Deraï est resté célèbre comme homme pieux même après ces événements, lorsqu'il s'établit en Palestine. Maïmonide lui-même le cite avec honneur dans l'une de ses *Responsa*. La fin de la vie de cette personnalité extraordinaire se perd dans le brouillard. En vérité, il resta fidèle à son peuple et à sa religion et il continua à se conduire pieusement comme précédemment.

300. Entre les années 1102-1107, aux alentours de la première croisade. Après la conquête de Jérusalem par les Croisés en 1099 se développa une émotion mystique parmi les Chrétiens et aussi parmi les Musulmans ; et des visionnaires parmi les Juifs de Cordoue commencèrent à utiliser l'astrologie et des prodiges concernant la venue du Messie.

301. Entre les années 1060-1070.

Lyonnais, était que dans une nuit éclairée par la lune, il montait au sommet d'arbres très hauts, se lançait dans le vide et sautait d'arbre en arbre comme s'il volait dans l'air — c'était selon lui le sens du verset : « Au sein des nuages célestes survint quelqu'un qui ressemblait à un fils de l'homme ; il arriva jusqu'à l'Ancien des jours... » (Dan. 7, 13). Beaucoup témoignèrent de ce prodige et affluèrent vers lui. Mais les Français intervinrent dans l'affaire, en tuèrent et en pillèrent beaucoup ; parmi les tués se trouvait aussi cet homme. Certains pensent qu'il est caché jusqu'à aujourd'hui.

Ces choses qu'ont prophétisé et annoncé les prophètes comme je te l'ai expliqué, est qu'à l'approche du Messie véritable se multiplieront les menteurs et les imposteurs ; mais leur caractère mensonger ne leur permet pas d'obtenir confirmation, ils se perdent et avec eux beaucoup de ceux qui les ont suivis...

EPITRE SUR LA RÉSURRECTION DES MORTS

Au nom du Seigneur, Dieu éternel [1].

Elles sont empreintes de droiture toutes les paroles de ma bouche, en elles rien d'équivoque ni de louche [2].

Toutes sont loyales au gré de l'homme intelligent et probe pour qui possède le savoir [3].

Un homme avisé ne fait pas montre de son savoir ; les esprits sots proclament leur sottise [4].

I

Il a déclaré Samuel Ben Yehouda Ibn Tibbon, il a déclaré le grand docteur, le Rav notre maître, Moïse fils de Maïmon, que son souvenir soit béni : Il n'est pas rare que l'homme décide d'expliquer une question concernant un prin-
341 cipe essentiel dans un langage explicite et simple, s'efforçant

1. Gen. 21, 33.
2. Pro. 8, 8.
3. Pro. 8, 9.
4. Pro. 12, 23.

de supprimer les doutes et d'écarter les commentaires [5], or les faibles d'esprit interprèteront ce langage dans le sens contraire du principe qu'il a voulu expliquer [6].

Il arrive la même chose aux paroles de Dieu : lorsque le prince des prophètes a voulu nous faire connaître la parole de Dieu, selon laquelle il est Un et qu'il n'a pas de second, et retirer de nos âmes les croyances malfaisantes des dualistes [7], [Moïse] explique [au nom du Seigneur] ce principe fondamental : « Ecoute Israël ! Le Seigneur notre Dieu, le Seigneur est un » (Deut. 6, 4). Et l'on avance ce verset comme preuve selon laquelle Dieu est triple et ils disent [8] : le verset dit le « Seigneur », et il dit « notre Dieu » et il dit « le Seigneur », il y a trois noms et l'on dit ensuite un, c'est une preuve qu'ils sont trois en un — à Dieu ne plaise pour l'Eternel. Puisqu'une telle chose se produit pour les paroles du Saint, béni soit-il, à plus forte raison cela arrive-t-il pour les paroles des hommes comme cela est arrivé à un petit nombre de membres de notre
342 nation à propos du commentaire de nos écrits sur un des principes de la Tora, alors que nous avons voulu présenter des observations sur un grand principe peu remarqué [9] — et à cause de cela ils ont émis des doutes sur un principe explicite et connu de toute la nation, qui ne peut soulever aucun doute [10]. — En outre lorsque nous nous sommes attelés à nos écrits sur l'étude de la Tora et le commentaire de ses arrêts [11], nous avons voulu obéir en cela à la volonté du Nom, béni soit-il, sans rechercher une récompense humaine, ni un hon-

5. Afin que les choses soient si claires et explicites, qu'il soit impossible de laisser place au doute et que des commentaires soient nécessaires comme cela est le cas pour des questions obscures appelant des commentaires éloignés du sens obvie.

6. Et tous les efforts de cet homme pour être simple, clair et compréhensible se terminent par un échec.

7. Ceux qui disent qu'il existe deux divinités, deux domaines : une divinité bonne et de lumière et une divinité mauvaise des ténèbres, comme les adeptes de la religion perse de Zoroastre Ormuze le dieu bon et Ariman, le dieu du mal.

8. Ces partisans du dualisme ou de la trinité, comme les Chrétiens qui croient en un Dieu en trois personnes.

9. Qui est l'immortalité de l'âme dans le monde à venir.

10. Il s'agit de la croyance en la résurrection des morts qui est reçue par la tradition et diffusée dans toute la nation, sans aucun doute et sans avoir besoin de commentaire.

11. Maïmonide vise ici son grand traité *Michne Tora*.

neur [12], mais pour redresser, expliquer et donner une préparation à ceux dont les connaissances et l'intelligence sont limitées afin de leur permettre de comprendre les écrits des
343 anciens docteurs de la Tora, de mémoire bénie.

D'après ce que nous pensons, il nous semble que nous avons rapproché et facilité la compréhension des questions difficiles et profondes, nous avons rassemblé et recueilli des questions dispersées et séparées [13] ; de plus nous savons que nous avons été récompensés quoi qu'il en soit, en effet : si la chose est bien telle que nous le pensons, c'est-à-dire que nous avons allégé, rapproché, regroupé, ce que n'a fait aucun de nos prédécesseurs — déjà nous sommes gratifiés de l'utilité qu'en tirent les hommes et d'une rétribution de la part du Nom, béni soit-il [14] ; s'il n'en est pas ainsi et si nos paroles n'ont pas apporté un supplément d'explication, ni facilité [la lecture] de ce qu'ont rédigé nos prédécesseurs — la récompense nous vient seulement du Nom, béni soit-il, pour notre bonne intention : « Le Dieu miséricordieux demande le cœur [15] » —. Ce dessein a conduit [notre] langue et [notre] main à écrire pour toute question où nous espérions ce que nous venons de dire au sujet du regroupement et de la clari-
344 fication. Lorsque nous nous y sommes aventurés, nous avons décidé de ne pas débattre sur une base stricte comme nous l'aurions voulu [16], je veux dire commenter et rapprocher les paragraphes de la Loi [c'est-à-dire les détails des comman-

12. Maïmonide écrit à son disciple Ibn Aknin : « Sache que je n'ai pas écrit ce traité pour me grandir parmi les Juifs et que je n'en recevrai aucune gloire, etc. mais j'ai fait ce que j'ai fait pour la gloire de Dieu exclusivement ».

13. Dans toute la littérature halakhique.

14. Car on ne peut recevoir des hommes ni salaire, ni récompense pour l'enseignement de la Tora (Hagiga 7 a, Nedarim 37 a) : « De même que je [Dieu] vous enseigne gratuitement de même vous, vous devez enseigner gratuitement ».

15. San. 106 b : « Il a suffi que Rav Yehouda retire ses chaussures [dans une attitude d'humilité alors qu'il priait pour demander la pluie] pour que la pluie tombe, et nous avons beau crier et supplier, Dieu n'y prête pas attention. Mais c'est que le Saint, béni soit-il, « demande le cœur » [plus que les vastes connaissances] car il est écrit : « Dieu regarde le cœur » (I Sam. 16, 7).

16. Il ne convient pas dans nos écrits de ne nous occuper que des détails des commandements comme nous l'avions pensé au début.

dements], abandonner l'indication de leurs racines [17] de façon à ce que je ne les commente pas et n'atteste pas leur vérité. A plus forte raison [y sommes-nous résolus] depuis que nous avons rencontré un homme, parmi les maîtres en Israël, vive le Nom, connaissant depuis sa jeunesse la méthode de discussion propre à la guerre de la Tora, selon ce qu'il croyait — et avait des doutes sur la corporalité de Dieu : a-t-il des yeux, une main, des jambes, des intestins comme cela est mentionné dans des versets [de la Bible], ou bien n'est-il pas un corps ? D'autres personnes que je rencontrai parmi les hommes de quelques pays, décidaient de façon définitive que Dieu a un corps et prenaient pour un renégat quiconque croyait le contraire [18] et l'appelaient hérétique, épicurien ; et ils comprenaient de nombreuses homélies d'après leur sens littéral [des versets mentionnant la main, le bras de Dieu, etc.] J'ai entendu dire des choses semblables sur quelques hommes que je n'ai pas vus. Lorsque j'ai su, concernant ces hommes complètement égarés, qu'ils étaient des hommes à part et qu'ils pen-
345 saient être des maîtres en Israël alors que ce sont les plus insensés des hommes et qu'ils se fourvoient plus que des animaux, leur cerveau est déjà plein d'extravagances de vieilles femmes et de fantasmagories pernicieuses comme celles des enfants et des femmes. J'ai estimé qu'il était nécessaire, dans nos rédactions pédagogiques, de commenter les principes de la Tora dans le style du récit [19] et non en vue de fournir des preuves, car l'apport de la preuve concernant ces racines nécessite une virtuosité dans plusieurs disciplines, dont les étudiants en Talmud ne connaissent rien comme nous l'avons expliqué dans le *Guide des Egarés.*

C'est pourquoi nous avons choisi de nous limiter aux véri-
346 tés au moins reçues par la foule.

17. Ce sont les principes de foi comme l'unicité du Créateur, sa spiritualité et les autres principes dont les détails des commandements sont comme les rameaux et les branches de l'arbre qui les porte ; voir infra Introduction au chap. Helèq *in fine.*

18. C'est-à-dire qu'il n'avait pas de corps.

19. Sans démontrer ni expliquer comme nous avons présenté les questions dans le *Commentaire de la Michna* et dans le *Michne Tora.*

II

Nous avons mentionné dans le préambule de notre introduction à la Michna [20], les principes qu'il faut croire en matière de prophétie [21], les principes de la transmission et cela qu'il est obligatoire que tout théologien croie dans la Tora orale. Dans le chapitre *Helèq* [22] nous avons commenté les racines liées aux principes fondamentaux et à la rétribution, je veux dire : ce qui est lié à l'unicité [23] et au monde à venir [24] avec les autres principes de la Tora. C'est ce que nous avons fait également dans notre ouvrage, le *Michne Tora* [25] dont n'ont reconnu le mérite que les hommes épris de vérité parmi les hommes de religion et de sagesse [26], lorsqu'ils ont fait preuve
347 d'intelligence lucide et de la connaissance du contenu de l'ouvrage [27], qu'ils connaissaient la dispersion de ces paroles que

20. Introduction à la Michna p. 11-40.

21. C'est-à-dire les principes selon lesquels nous savons discerner entre la prophétie authentique et la prophétie mensongère, l'essence de la prophétie et la limite de sa compétence ; quand il faut croire et obéir à tout ce qu'elle ordonne et quand il faut s'abstenir.

22. Introduction à la Michna, chap. Helèq p. 119-133, dont la traduction est donnée ci-après.

23. L'unicité et l'unité de Dieu qui est l'élément premier et le principe de tout le reste.

24. Qui est la fin, le terme final de la récompense, comme le dit Maïmonide (*Helèq* p. 122 et 128) : « Parce que le bien et le terme final est d'atteindre la compagnie du Dieu très haut et ce terme est le monde à venir ».

25. Voir les règles sur les fondements de la Tora et la règle de la repentance dans le premier livre du *Michne Tora* : *Le livre de la connaissance.*

26. Parce que la jalousie n'a pas corrompu leur jugement.

27. Maïmonide désigne presque toujours son livre *Michne Tora* par le terme *Hibbour* (mot à mot : composition, rédaction). Dans sa lettre à Rav Pinhas Bar Mechoulam, le juge d'Alexandrie, Maïmonide définit le terme *Hibbour* et sa différence avec les autres livres : tout ce qui est écrit est un livre, mais on peut choisir une de ces deux méthodes : *Hibbour* ou *Perousch* (commentaire). La méthode du *Hibbour* consiste à ne mentionner que les choses exactes seulement, en excluant les difficultés et leurs solutions, ainsi que les preuves ; la méthode du *Perousch,* commentaire, consiste à mentionner les choses exactes mais aussi les autres choses contredisant les premières. Les difficultés et leurs solutions ; les preuves établissant ce qui est vérité

j'ai réunies et comment je les ai classées. Nous y avons mentionné également tous les principes bibliques et talmudiques [28]. Notre intention était que, ceux-là qui sont appelés disciples des maîtres, maîtres, gueonim, ou de quelque titre que ce soit, construisent leurs « rameaux » sur les racines talmudiques [29] et que leur théorie soit ordonnée selon celles-ci pour que leur étude soit fructueuse. Tout ceci étant bâti selon des principes
348 toraïques [30]. Et qu'ils ne rejettent pas la connaissance de Dieu [31] derrière leur dos [32], au contraire qu'ils déploient de grands efforts et tout leur zèle sur ce qui les fera se parfaire et se rapprocher du Créateur [33], et non pas ce qui amène à penser que la perfection est parmi la foule !

Parmi l'ensemble des racines dont nous avons traité, il y a le monde à venir ; il nous est arrivé de parler de la véracité du monde à venir [34] et d'y avoir insisté. Nous avons men-

et ce qui est mensonge ; ce qui est convenable et ce qui ne l'est pas. La Michna utilise la méthode du *Hibbour,* la guémara (du Talmud) utilise la méthode du commentaire. C'est pourquoi le *Michne Tora* porte ce nom, parce que n'y sont mentionnées que les choses exactes, les règles obligatoires sans les difficultés et leurs solutions. C'est un *Hibbour.*

28. Ce sont les principes de la foi, dont les fondements se trouvent dans la Tora écrite et dans la Tora orale.

29. Comme nous l'avons déjà rappelé note 17.

30. Qui sont le fondement des racines talmudiques.

31. La connaissance du Créateur par une recherche spéculative est première, c'est-à-dire qu'il la place en tête du *Michne Tora* : « Le fondement essentiel et la colonne des sciences est de savoir qu'il existe un Etre premier ».

32. En prétextant qu'il suffit de connaître le Créateur de façon traditionnelle.

33. Parce que leur perfection spirituelle les rapproche du Créateur par amour et connaissance authentique.

34. Son essence véridique et ses caractéristiques (*Michne Tora,* Livre de la connaissance — Hilkhot Techouva, chap. VIII p. 244-250 : « Le bien réservé aux justes est la vie du monde à venir que n'habitent ni la mort, ni le mal... Par contre la punition des impies consiste à ne pas obtenir la vie du monde à venir, à être retranchés et à mourir (p. 244). « Dans le monde à venir n'existent ni matière, ni corps, mais seulement les âmes des justes dépourvus de corps (p. 245) § 8. » Si les maîtres utilisent le terme « monde à venir », ce n'est pas parce qu'il n'a pas de réalité actuelle, le monde à venir existe en acte comme le dit l'Ecriture : « Qu'elle est grande la bonté que tu tiens en réserve pour tes adorateurs. » (Ps. 31, 20). On ne l'appellerait pas monde à venir, si ce n'était que parce que cette vie n'arrive pour l'homme qu'après qu'il a vécu dans ce monde-ci où nous existons avec un corps et une âme qui est la condition où tout homme existe en premier » (p. 250).

tionné des preuves à son sujet tirées des paroles de l'Ecriture et des preuves venant des dires de nos maîtres, de mémoire bénie ; nous avons expliqué ce qu'il convient d'expliquer pour des hommes sages.

Nous avons expliqué dans le commentaire du chapitre *Helèq* et nous avons fait connaître la raison qui nous a fait tendre à expliquer le monde à venir sans traiter de la résurrection des morts et nous avons dit que nous avons vu des hommes ne traiter que de la résurrection des morts seulement : est-ce qu'ils se lèveront nus ou habillés [35] et autres questions analogues. En vérité, le monde futur, ils l'ont complètement oublié. En outre, nous avons expliqué là que la résurrection des morts est un des principes de la Tora de Moïse, que la paix soit sur lui, et qu'elle n'est pas la fin dernière [36], mais que la fin dernière est la vie du monde à venir [37]. Tout ceci [38] vise à éclaircir le grand doute de celui qui pense que, selon la Tora, il n'y a de récompense et de châtiment que dans ce monde-ci et qu'il n'est pas fait mention explicitement de récompense et de châtiment dans le monde à venir. Or nous avons expliqué les paroles de la Tora selon les commentaires de nos docteurs, à savoir que la Tora a visé la fin dernière pour la rétribution et celle-ci consiste en la vie du monde à venir ; et elle a visé la fin dernière pour le châtiment, qui est le retranchement du monde à venir. Ce sont ces questions en elles-mêmes que nous avons longuement commentées dans notre ouvrage (*Michne Tora*), dans la partie sur les règles de la Techouva (repentance).

Mais dans le commentaire du chapitre *Helèq* nous avons expliqué — comme le verra celui qui l'examinera — après avoir développé le problème du monde futur, et nous avons dit que la résurrection des morts est un principe [39] de la Tora, que n'a aucune part celui qui n'y croit pas, dans la Tora de Moïse, notre maître. Pourtant elle n'est pas la fin dernière. De même dans notre ouvrage nous avons énuméré ceux qui

35. Voir San. 90 b.

36. Comme le pensent ceux qui confondent toutes les promesses messianiques.

37. Monde à venir et résurrection des morts sont deux questions différentes qu'il ne faut pas confondre, ni mélanger.

38. Que j'ai développé dans mon explication sur le monde à venir.

39. Un fondement de la Tora de Moïse.

n'ont pas part au monde à venir, en indiquant que l'ensemble était au nombre de vingt-quatre — à cause de notre crainte qu'il en manque un et que quelqu'un dise : Parmi les vingt-quatre que nous avons comptés, il y a celui qui nie la résurrection des morts et lorsque nous avons mentionné le monde à venir, nous y avons précisé également que c'est la fin der-
350 nière, en ces termes : « C'est la récompense supérieure à toute autre et un bien au-delà duquel il n'est plus de bien ».

Nous avons également expliqué [40] que, dans le monde à venir, il n'y a pas d'existence des corps, conformément aux dires de nos maîtres [41], de mémoire bénie : il n'y a pas là-bas de manger, ni de boire, ni de rapports sexuels. Et ce serait mensonge que [le corps] ait des organes inutiles. A Dieu ne plaise qu'il y ait une œuvre inutile [42] ! Que se passerait-il si l'homme avait une bouche, un estomac, un foie et des organes sexuels et ne mangerait pas, ne boirait pas et ne procrérait pas. S'il en était ainsi l'existence de ces organes serait totalement inutile. Il ne convient pas que l'homme ait des divergences d'opinion concernant ces questions qui ont des preuves spéculatives dans le sens obvie des commentaires, qu'il faut
351 dire devant les femmes dans la maison de deuil [43].

Il est déjà contredit celui qui a contredit notre opinion en disant : « Moïse et Elie, que la paix soit sur eux, ont passé une période sans manger et sans boire et eux avaient des corps [44]. C'est ainsi que seront les participants du monde à venir. » Loin de vous un tel sort [45], vous qui passez par là ! Regardez et voyez ! Moïse et Elie, que la paix soit sur eux, n'avaient pas d'organes inutiles, car tous deux étaient des

40. Introduction à *Helèq*, p. 121-122.

41. Berakhot 17 a.

42. Comme l'ont dit les docteurs du Talmud : dans tout ce que Dieu a créé dans son monde, il n'a pas créé une seule chose inutile (Chabbat 77 b) : « Rav Yehouda dit au nom de Rav : De tout ce que le Saint, béni soit-il, crée dans son univers, rien ne fut créé par lui inutilement ».

43. Lorsqu'elles se réunissent pour consoler les endeuillés.

44. Alors qu'ils étaient encore en vie — Moïse sur le mont Sinaï : « Il fut là avec Dieu 40 jours et 40 nuits sans manger de pain, ni boire d'eau » (Ex. 34, 28). Et pour Elie l'Ecriture dit : « Il se leva, mangea et but, puis, réconforté par ce repas, il marcha 40 jours et 40 nuits jusqu'au Horeb, la montagne de Dieu » (I Rois 19, 8).

45. Si funeste d'en venir à croire pareille absurdité. Voir Lam. 1, 12.

hommes de ce monde-ci, grâce à eux ils mangeaient et buvaient avant et après le miracle. Comment comparer cette situation à une existence permanente n'ayant pas de fin, mais, comme l'ont dit nos maîtres [46], de mémoire bénie, au monde où tout est bien, au monde où tout est éternel ?

Comment le corps aurait-il des organes inutiles ? Nous savons bien que le corps dans son ensemble est en vérité un organe pour l'âme lui permettant de déployer ses activités [47], alors qu'aucune de ces activités ne se trouve chez les participants au monde à venir. Ceux [qui affirment cette contre-vérité] ne connaissent pas la grandeur de la honte inévitable de celui qui attribue à Dieu une action inutile et qui place des organes
352 supposant une fin, là où il n'y a pas de fin.

En vérité cela est lié à tout ce qui vient de l'imagination de la foule qui ne croit pas qu'il puisse y avoir une existence tangible autrement que par le corps ; quant à ce qui n'est pas un corps mais qui se trouve dans le corps, je veux dire les accidents [48], cela existe aussi chez eux mais sa force d'existence n'est pas comme celle du corps. Cependant, ce qui n'est pas un corps et n'est pas une manifestation accidentelle, n'existe pas pour les ignorants qui sont sans aucun doute — quoiqu'ils se fassent passer pour des sages, des enfants qui viennent d'être sevrés, de quitter la mamelle [49]. C'est à cause de cela que beaucoup d'entre eux croient que Dieu est un corps ; car s'il n'était pas corps, il n'existerait pas pour eux.

Pourtant, chez ceux que l'on appelle les véritables sages, et pas par métaphore, il apparaît clairement que tout ce qui est distinct de la matière a une existence plus tangible que ce qui est relié à la matière. Et il ne faut pas dire « *plus tangible* », mais « existence séparée, *plus authentique* », parce qu'aucune

46. Qidouchin 39 b.

47. Voir Maïmonide *Guide* Ire partie, chap. 46 p. 156-167 p. 164 : « En réalité la condition de tous les organes (corporels) tant extérieurs qu'intérieurs est la même ; tous ils sont des instruments pour les diverses actions de l'âme ».

48. Ce qui se manifeste dans le corps, ses accidents et son apparence comme la bravoure et la faiblesse, l'avarice et la générosité, etc.

49. Is. 28, 9 : « A qui veut-il donc enseigner la science ? A qui inculquer des leçons ? A des enfants qui viennent d'être sevrés, de quitter la mamelle ? », c'est-à-dire des êtres privés de connaissance et de raison comme les enfants.

sorte de changement ne l'atteint [50]. Ce sont eux [les sages véritables] à qui il apparaît, par voie de miracle, que Dieu n'est pas un corps ni une force corporelle — c'est pour cela que le degré de son existence s'élève jusqu'à la consistance absolue [51].

Il en est de même pour toute créature séparée [52], je veux
353 dire les anges et l'intelligence [53], qui a une réalité très tangible,

50. Comme tout corps qui évolue et se transforme sans cesse, change de forme, son existence est provisoire et éphémère, tandis que le spirituel, distinct de la matière est permanent et durable, voir *Michne Tora :* Principes de la Tora chap. I, règles 11 et 12 p. 7 § 11 : « Puisqu'il est clair que Dieu n'est pas corporel, il apparaîtra qu'il n'est affecté d'aucun des accidents qui arrivent au corps... Dieu n'existe pas dans le temps de façon à avoir commencement ou fin ou un certain nombre d'années ; il ne saurait changer car il n'y a rien en lui qui puisse provoquer un changement... » § 12. Puisqu'il en est ainsi, toutes ces qualités et d'autres analogues, qui dans la loi et dans les écrits des prophètes sont attribuées à Dieu, toutes ne doivent s'entendre que comme des paraboles et des maximes... Toutes ces images ont fait dire aux maîtres : « La Loi s'est exprimée selon le langage des hommes (Berakhot 1 b).

51. Voir *MT* Principes de la Tora chap. I règle 7 p. 5 : « Ce Dieu est un. Il n'est ni deux ni plus de deux, mais il est un et son unité n'est comparable à aucune des unités existant dans le monde... La puissance de notre Dieu n'ayant ni fin, ni cesse... n'est pas une puissance matérielle. Puisque Dieu n'a pas de réalité corporelle, il ne saurait être affecté par aucun accident corporel de manière à être divisible ou séparable d'un autre être... ». Voir aussi *Guide* II chap. 1.

52. Distinct et dépourvu de toute matérialité.

53. Car tout homme qui devient un intellect-agent grâce à l'acquisition des axiomes, s'élève à un niveau de connaissance supplémentaire qui est en potentialité dans son âme (Principes de la Tora chap. IV règle 8), p. 21-22 : « L'âme de tout être vivant est sa forme que Dieu lui a donnée ; quant à la connaissance supplémentaire se trouvant dans l'âme de l'homme, elle est la forme de l'homme dans la plénitude de sa raison. C'est cette forme qui est visée dans la Tora : " Faisons l'homme à notre image et à notre ressemblance " (Gen 1, 26). Cela veut dire : donnons-lui une âme intellective qui puisse appréhender les espèces intelligibles, dépourvues de matière, comme les anges qui sont une forme incorporelle, jusqu'à ce qu'il leur ressemble... C'est à la forme de l'âme que s'appliquent les paroles de l'Ecriture : " à notre image, à notre ressemblance ". Car tout cela lui donne une réalité authentique et une existence éternelle pour la vie du monde à venir et ce mot " intelligence " vise l'intelligence éternelle qui est l'intellect-agent car l'intelligence de l'homme n'est qu'une étincelle arrachée à la lumière. L'intellect-agent, selon la croyance des philosophes, est le messager proposé par Dieu pour donner une forme à toutes les créatures de l'univers dans le monde sub-lunaire et, également à l'homme, la forme humaine qui est l'intelligence qui le distingue de façon particulière parmi les créatures. L'intellect-agent qui est appelé chez nos maîtres (Hulin 60 b) " l'ange tutélaire " est celui qui aide l'homme à extraire son intelligence, de la potentialité à l'acte » (Voir *Guide* II chap. 12).

plus durable que n'importe quel corps. C'est la raison pour laquelle nous croyons que les anges ne sont pas des corps et que les participants au monde à venir sont des âmes distinctes, je veux dire des intelligences [54]. Nous avons déjà fourni des preuves tirées de la Tora dans notre ouvrage, le *Guide des Egarés* (Ire partie, chap. 49 et IIe partie, chap. 6).

Si l'un des membres de la foule ne veut pas le croire et préfère croire que les anges ont un corps et qu'ils mangent également en raison du verset : « Et ils mangèrent [55] » et que les participants au monde à venir ont aussi un corps, nous ne serons pas sévère à son égard, nous ne le traiterons pas de renégat, nous ne nous écarterons pas de lui et nous ne considérerons pas celui qui dit cela, comme un ignorant [accompli]. Plût au Ciel que tout sot ne commette que cette sottise sur ce point et que nous soyons assurés que leur foi est sauvée de la croyance en la corporalité du Créateur, et il n'y aura pas
354 de dommage s'il le croit pour les créatures distinctes [56]. S'il ne suffit pas à l'un de ces ignorants de douter et de ne pas décider entre ces deux opinions, mais qu'il choisisse l'opinion populaire [57], et piétine notre opinion et nous vilipende en tant que nous croyons que les anges et les participants au monde à venir sont distincts de la matière et complètement exempts de celle-ci — il n'y a pas de péché sur lui, nous lui avons déjà pardonné et expliqué ses erreurs. Les commentaires au sens obvie ne manqueront pas où ils trouveront une réplique contre nous ; il n'y a rien d'extraordinaire à cela, de même que de nombreux versets reproduisant les paroles de la prophétie montrent, selon leur sens obvie, que Dieu a une matière, des yeux et des oreilles ; mais lorsque des preuves rationnelles et exemplaires confirment cette impossibilité, nous savons que cela est comme l'ont dit nos maîtres : « La Tora parle le lan-

54. *Dé'ot* (litt. : des idées), des intelligences sans corps. Ce sont des intelligences qui ont une existence éternelle parce que les hommes, de leur vivant, ont maîtrisé les axiomes, lesquels leur ont donné l'intelligence acquise et ces hommes ont une réalité spirituelle éternelle.

55. Gen. 18, 8.

56. S'il croit qu'elles sont matérielles, car cela ne nous est pas ordonné par la Tora.

57. Selon laquelle les messagers de Dieu (les anges) et les participants au monde à venir ont des corps.

gage des hommes [58] ». Mais il ne comprend pas ces preuves qui n'atteignent pas celui qui croit en la matérialité.

Il existe encore d'autres preuves rationnelles qui enseignent
355 que les anges et les participants au monde à venir sont exempts de la matérialité, au point que l'on soit obligé de dire de ce qui amène à penser qu'il y a en eux de la matérialité que c'est une parabole : ils ne croient pas ces preuves, ceux qui croient qu'ils ont des corps. Comment imaginer qu'ils comprennent qu'ils sont exempts de matière alors que le corps est pour eux la réalité ; je veux dire que, s'agissant des anges et des âmes des participants au monde à venir, ceux-là penseront que leur existence n'est connue qu'en fonction de la tradition de la Tora [59], et qu'il n'y a pas de méthode spéculative montrant la réalité des anges et l'immortalité de l'âme [60], comme le dit celui qui pense [un de ces anthropomorphistes] avoir atteint la connaissance véridique instantanément [61], grâce à ces opinions injustifiées, à la faiblesse de leur recherche, à l'absence de toutes les sciences et au fait de se contenter du sens obvie de la tradition. Comme si nos maîtres n'avaient pas écrit que, dans les paroles de la Tora, il y a des choses dévoilées et des choses cachées [62]. Pour cela ils ont appelé le sens caché : les

58. Berakhot 31 b : « En ce qui concerne cette méthode d'interpréter la répétition de termes (voir, tu verras), la Tora parle le langage des hommes, c'est-à-dire que cette répétition fait partie du style des Ecritures ». Cette affirmation n'est pas conforme à l'exégèse traditionnelle qui, partant du principe que toute lettre de la Tora a un sens, a fortiori, une répétition a également un sens, parfois l'interprétation du premier mot vise le monde présent et le deuxième, le monde à venir.

59. Sans la tradition venant de la Tora qui les mentionne, ne connaîtraient rien de leur existence.

60. Selon les anthropomorphistes, il est impossible de démontrer l'existence des messagers de Dieu par voie spéculative et de recherche, de même qu'il est impossible de démontrer ainsi l'immortalité de l'âme.

61. C'est-à-dire facilement et sans grand effort. Ceci vise l'illumination mystique instantanée à laquelle on parvient par la renonciation à la recherche (scientifique) et par l'engourdissement de l'intelligence. Cette illumination surgit d'un seul coup par opposition à la connaissance par voie spéculative qui ne vient qu'après de grands efforts intellectuels. Il convient de souligner que l'illumination mystique était l'argument favori des opposants français à Maïmonide.

62. L'allusion et le secret, l'idée intime, enfouie et cachée sous le manteau du sens obvie.

secrets de la Tora [63]. — Comme si nos maîtres n'avaient jamais parlé des secrets de la Tora ! En vérité ceux-là [les anthropomorphistes] s'en détournent complètement [64] au point qu'ils
356 n'en savent pas l'existence.

Nous avons déjà expliqué dans le *Guide des Egarés* [65], à propos de ces questions, ce qui est suffisant pour des hommes de sagesse ; nous y avons mentionné les dires de tous les maîtres [concernant les secrets de la Tora] et j'ai fait des observations sur les endroits cités pour révéler ce point sur lequel nous avons apporté une preuve, faisant apparaître sa véracité.

III

Lorsque fut publié cet ouvrage (le *Michne Tora*) dans les divers pays et qu'il se répandit au loin, il nous a été rapporté que l'un des disciples de Damas avait dit que ni la résurrection des morts ni le retour de l'âme dans le corps après sa séparation n'y étaient mentionnés et que tous les hommes présents lui avaient dit : comment peux-tu dire cela ? Et il se mit à apporter la preuve de ce que nous avons dit dans notre ouvrage [66] : que la fin dernière est le monde futur et qu'il n'y a pas là-bas de corps. Ils commencèrent à apporter des preuves [contraires] venant de ce qui est célèbre dans la nation et des dires des sages sur ce sujet. Il répliqua que tous sont des paraboles et

63. Pessahim 119 a : « Rabbi Eléazar fait allusion aux secrets de la Tora ». Hagiga 13 a : référence à Ben Sira III, 21-22 : « Ne cherche pas les choses trop difficiles pour toi et ne recherche pas les choses qui te sont cachées. Médite sur les choses permises car les choses secrètes ne sont pas ton affaire ». Cette recommandation vise essentiellement l'œuvre du chariot et l'œuvre de la création.

64. De l'effort pour comprendre la Tora en dehors de son sens obvie.

65. Ire partie, chap. 33-35, IIe partie, chap. 33-37, IIIe partie, chap. 3.

66. *Livre de la connaissance,* règles de la Techouva, chap. VIII, règle 2, p. 245 : « Dans le monde à venir n'existent ni corps, ni matière mais seulement les âmes des justes dépourvues de corps, comme les anges du Service. Puisqu'ils n'ont plus de corps, il n'y a plus de manger, de boire ni aucune de ces choses matérielles nécessaires aux hommes en ce monde-ci. Il n'arrive non plus aucun de ces accidents arrivant aux hommes en ce monde-ci comme la station assise ou debout, le sommeil et la mort, le chagrin et le rire et autres choses analogues... Il est donc évident qu'il n'y a pas de corps (dans le monde à venir) puisqu'il n'y a ni manger, ni boire... Les justes comprennent et appréhendent l'essence du Saint, béni soit-il, ce qu'ils ne connaissaient pas lorsqu'ils étaient dans un corps de ténèbres et de vilenie ».

ils prolongèrent leur discussion avec lui. Lorsque nous avons appris ce qui s'était passé, nous n'y avons pas prêté attention et nous avons dit : cela est nul et sans importance, car qui irait croire cette sottise et qui soulèverait des difficultés sur
357 la compréhension de nos dires.

Lorsque en 1189 nous parvint une lettre des régions du Yémen, nous interrogeant sur ces questions et disant qu'il y avait chez eux des hommes qui avaient pris cette position : le corps est anéanti et corrompu, et l'âme ne revient pas dans le corps après sa séparation, la récompense et la punition ne concernant que l'âme ; et ils apportaient comme preuve ce que nous avons dit au sujet des participants au monde à venir [67]. Que lorsque nous leur avons mentionné les dires des maîtres renommés qui affirment la résurrection des morts [68], et quelques-unes des paroles des prophètes [69], ils dirent que ceci est une parabole interprétative [70] ; celui qui m'interrogeait me disait que cette opinion s'était répandue chez eux et qu'ils avaient rejeté toute autre opinion et qu'ils nous demandaient une réponse. Nous avons répondu à leurs ques-
358 tions en leur expliquant : que la résurrection des morts était un principe fondamental de la Tora, que celle-ci signifie le retour de l'âme au corps et que cela n'a pas à être commenté [71] ; que la vie du monde à venir vient après la résurrection des morts [72] comme nous l'avons dit dans le chapitre

67. Qu'ils étaient des âmes sans corps (voir note 66).

68. San. 90 a. Le chapitre XI commence par la célèbre Michna : « Tout Israël a part au monde à venir... » puis ce texte indique « Voici ceux qui n'auront pas part au monde à venir : celui qui dit que la résurrrection des morts n'est pas tirée de la Tora », puis suivent plusieurs catégories d'exclus. La Guemara commente : « Tout cela pourquoi ? Un Tanna a enseigné : celui qui a nié la résurrection des morts n'aura pas part à la résurrection des morts car toute « mesure que prend le Saint, béni soit-il, c'est mesure pour mesure ».

69. Comme : « L'Eternel fait mourir et fait vivre ; il précipite au tombeau et en retire » (I Sam. 2, 6) et sous une forme plus explicite : « Beaucoup de ceux qui dorment dans la poussière se réveilleront, les uns pour une vie éternelle, les autres pour être un objet d'ignominie et d'horreur éternelle » (Dan. 12, 2).

70. D'une façon symbolique et par voie d'allégorie et pas selon le sens littéral et obvie.

71. Par voie d'allusion et d'ésotérisme, mais c'est à prendre au sens littéral.

72. C'est-à-dire après avoir vécu une vie corporelle, une vie aussi longue que dans les jours du Messie, ils mourront et commenceront à vivre une vie éternelle, la vie du monde à venir.

Helèq[73] et nous avons pensé que cette leçon était suffisante[74].

Lorsque nous arrivâmes en cette année 1191, des lettres nous parvinrent de quelques-uns de nos amis[75] de Babylone. Elles rappelaient que le questionneur, parmi les gens du Yémen, posait des questions sur ces mêmes problèmes au chef d'académie talmudique, Rabénou Samuel Halévi, nommé gaon à Bagdad à notre époque[76]. Il rédigea pour eux un traité sur la résurrection des morts et il introduisit dans nos paroles sur ce sujet quelques erreurs et inexactitudes, et quelques propos qu'il est possible d'excuser ; il nous défend et nous aide un peu avec sa plume[77].

Après les lettres, nous avons reçu ce traité rédigé par ce gaon dans son langage et nous avons vu toutes les homélies et aggadot qu'il avait rassemblées[78]. Chacun sait que l'on ne demande pas aux maîtres un récit des homélies et des actions
359 merveilleuses dans leur propre langage, comme en racontent les femmes dans une maison en deuil, bribe par bribe ; mais ce que l'on attend d'eux [des maîtres] est qu'ils explicitent leurs difficultés jusqu'à ce qu'ils conviennent à l'intelligence ou s'en rapprochent. Plus prodigieux encore, ces opinions extraordinaires qu'il a mentionnées en disant qu'elles étaient les opinions des philosophes sur la psychologie. C'est la preuve qu'il pense que tout ce qu'ont dit les « motakallimoûn » [secte de philosophes religieux parmi les croyants de l'Islam] et autres pareils, en matière d'opinions malfaisantes[79], sont les opinions des philosophes. Ce qui est le plus prodigieux dans tout ce que nous y avons vu — je veux dire dans ce traité, quoiqu'il soit tout entier un prodige[80] — est que l'on dise (que Son Rocher le préserve[81]), que les sages parmi les philosophes n'ont pas parlé de l'impossibilité du retour de l'âme dans le corps après sa séparation de celui-ci, mais que, du point de vue spéculatif

73. La fin dernière est la vie du monde à venir.

74. Pour écarter les positions tortueuses et repousser le doute.

75. Et à leur tête son disciple R. Joseph Ibn Aknin.

76. Ce gaon exerça sa fonction de chef d'académie de 1163 à 1197.

77. En ce qu'il plaide en notre faveur pour nous aider et nous défendre contre les gens du Yémen qui se plaignaient à notre égard.

78. Pour démontrer grâce à elles la véracité de la croyance en la résurrection des morts, voir par ex. Ber. 18 b.

79. Parce qu'elles ne sont pas fondées sur des bases rationnelles et ne sont pas exactes.

80. Parce qu'il n'y a rien qui soit proche des axiomes.

81. Formule de bénédiction.

cela est du domaine du possible [82]. Telle est sa façon de s'ex-
primer. Ce traité enseigne que les motakallimoûn sont des sages
parmi les philosophes et qu'il ne connaît pas les voies selon
lesquelles les philosophes distinguent entre ce qui est néces-
360 saire, impossible et possible. On y rappelle également les ques-
tions tirées du *Traité de la rétribution* d'Ibn Sina [83] (Avicenne)
et du *Mout'aber* [84] composé chez eux à Bagdad, qu'il consi-
dère comme des œuvres philosophiques. Ainsi nous voyons ce
gaon, que Son Rocher le préserve, décider de décréter que,
chez les philosophes, ne se confirme pas l'immortalité de l'âme
et qu'ils sont en désaccord avec cette notion. Je m'étonne : qui
sont ces personnages qu'il appelle des philosophes ?

Nous constatons un autre prodige, à savoir que l'intelligence [dans l'écrit] de ce gaon n'est jamais mentionnée [85]. Je ne saurai pas si l'âme et l'intelligence, dans sa philosophie, sont une seule et unique chose, ou bien si l'âme subsiste et l'intelligence est réduite à néant, ou bien si l'intelligence survit et l'âme est réduite à néant. C'est l'âme dont il dit que les philosophes ne la connaissent pas et que l'une de leurs opinions est qu'elle est le sang [86] ; peut-être l'intelligence est-elle pour lui contingente [87], comme l'ont dit les motakallimoûn, qui sont pour lui les sages parmi les philosophes. Dans ce cas elle [l'intelligence] est sans aucun doute réduite au néant. Si ce gaon se contentait de rassembler les homélies et les anecdotes et de commenter ces versets qu'il explicite dans ce commentaire affirmant que la résurrection des morts est mentionnée explicitement dans la Tora, ce serait convenable et approprié en ce domaine. Finalement, tout ce qu'il a dit, que Son

82. C'est-à-dire que si, en vérité, on ne peut pas le prouver de façon rationnelle il est possible de le concevoir de façon spéculative, cela est donc du domaine du possible, c'est-à-dire ni obligatoire, ni impossible.

83. Médecin et philosophe arabe qui s'appuyait sur les principes d'Aristote (980-1037). Il eut une influence sur les docteurs d'Israël et sur les maîtres chrétiens du Moyen Age, Albert le Grand et Thomas d'Aquin.

84. Nom d'un livre composé par le renégat Ibn El Berakhot.

85. Puisque dans son article il ne la mentionne pas une seule fois et qu'il ne parle que de l'âme seulement.

86. Comme il est dit dans Lév. 17, 14 : « le principe vital de toute créature c'est son sang qui est dans son corps, aussi ai-je dit aux enfants d'Israël : ne mangez le sang d'aucune créature ».

87. Comme les autres contingences du corps : beauté, laideur, courage, faiblesse.

361 Rocher le garde, ou la plus grande partie, a déjà été plus ou moins dit en la matière. Il n'est pas dans nos intentions, dans cette lettre, de marquer une divergence d'opinion sur une chose incluse dans ce traité, ni même de le mentionner, pourtant nous avons cité ce que nous avons cité parce qu'il est nécessaire de présenter ce que nous avons dit nous-mêmes, à ce même sujet comme il est clair pour celui qui cherche à comprendre [88] ; mais notre intention est d'être utile à ceux qui s'instruisent ; nous ne visons pas l'élévation d'un homme ou sa défense ni l'humiliation d'un autre et son abaissement. Les voies de la critique et de la démolition [89] sont ouvertes à celui qui veut les suivre mais Dieu fermera pour nous cette voie et tout ce qui lui ressemble. A partir de maintenant je reviendrai au fond de ma lettre.

IV

Sache, toi lecteur, que notre intention, dans cette épître, est d'expliquer ce que nous croyons au sujet de ce principe ayant fait l'objet d'un incident entre les disciples [à Damas] et qui est la résurrection des morts. Dans cette lettre, il n'y a aucune addition par rapport à ce que nous avons écrit dans le commentaire introductif au chapitre *Helèq* [de la Michna Sanhédrin] et dans le *Michne Tora* (Livre de la connaissance, Techouva chap. 8 et 9) ; mais il y a une répétition et un long développement à l'usage de la foule, ainsi qu'une explication complémentaire que comprendront les femmes et les igno-
362 rants [90] et pas davantage [91]. Tout cela pour dire que la résurrection des morts, bien connue, admise par toutes les fractions de notre nation est abondamment rappelée dans les prières, les récits [92] (aggadot), les oraisons composées par les prophè-

88. Pour celui qui étudie cette Epître avec intelligence et connaissance.

89. De l'édifice de la paix sociale, ou ceux qui ne voient que le côté négatif chez les autres.

90. C'est-à-dire que même les ignorants qui n'ont ni lu, ni appris, ni jamais vu les lumières de la sagesse comprendront cela.

91. Dans ces paroles transperce l'irritation de Maïmonide parce qu'il est obligé, pour répondre aux ignorants, d'écrire la présente lettre et de répéter des explications qu'il a déjà données, sans rien y ajouter.

92. La résurrrection est souvent mentionnée dans les aggadot des maîtres et dans les prières, même dans la prière des 18 Bénédictions elle trouve sa place : « Eternellement tu es fort, mon Seigneur, tu ressuscites les morts, et tu es empressé à secourir ».

tes et les plus grands maîtres ; le Talmud et les Midrachim sont remplis de ce problème : le retour de l'âme au corps après sa séparation. C'est un point sur lequel on n'entend aucune controverse dans notre nation, il n'y a pas lieu de le commenter [93] et il n'est pas permis d'ajouter foi à un homme, parmi les religieux, qui prétendrait le contraire.

Et je vais maintenant t'expliquer dans cette lettre pourquoi nous n'avons pas commenté ces versets [94] comme nous avons commenté de nombreux versets de la Tora en les faisant sortir de leur sens obvie. La raison est que cette résurrection des morts est le retour de l'âme au corps après la mort ; déjà Daniel en avait fait une évocation qu'il est impossible de commenter (Dan. 12, 2) : « Beaucoup [95] de ceux qui dorment dans la poussière du sol se réveilleront, les uns pour une vie éternelle, les autres pour être un objet d'ignominie et d'horreur éternelle », et le messager de Dieu lui dit (ibid. 3) : « Toi, marche vers la fin, tu entreras dans le repos, puis tu te relè-
363 veras pour recevoir ton lot, à la fin des jours ».

En vérité, celui qui prétend que nous aurions dit que la résurrection des morts, telle qu'elle est présentée dans l'Ecriture, est une allégorie, celui-ci est un fieffé menteur et un calomniateur. Mais nos œuvres sont déjà publiées — qu'ils les lisent et voient où nous l'avons dit ! Au contraire, nous avons dit ce qu'avaient déjà dit les maîtres d'Israël, comme les morts d'Ezéchiel [96] sur lesquels les docteurs du Talmud divergent d'opinion [97] — dans toute question où il y a divergence et où l'on n'apporte pas de solution applicable, il est possible de choisir en faveur de l'une des interprétations de préférence

93. Cette question ne souffre pas de commentaire autre qu'une explication littérale.

94. Qui apportent un enseignement sur la résurrection.

95. Beaucoup mais pas tous car il n'y a résurrection que pour les justes seulement (Gen. Rabba Paracha 13).

96. Ezéchiel, chap. 37.

97. San. 92 b : Les maîtres du Talmud ont en effet émis plusieurs interprétations sur les morts qu'Ezéchiel a fait revivre :
— pour annoncer le retour futur d'Israël de l'exil de Babylone,
— c'est une allégorie ou une comparaison,
— les morts ressuscités par Ezéchiel sont montés en terre d'Israël, ils se sont mariés et ont eu des fils et des filles,
— c'étaient des gens de la tribu d'Ephraïm qui s'étaient trompés dans leur calcul de la date de sortie d'Egypte, et qui avaient été tués,
— ce sont les morts de la vallée de la Doura (Dan. 3, 1).

à l'autre [98]. Nous l'avons déjà mentionné à plusieurs reprises dans nos commentaires sur la Michna. Ainsi il nous est apparu, en vertu de ces textes, que ces hommes dont les âmes avaient rejoint leurs corps, mangeaient, buvaient, avaient des rapports sexuels et procréaient, puis mouraient après une très longue vie comme la vie existant dans les jours du Messie [99].

En vérité, la vie qui ne connaît pas de mort après, elle est la vie du monde à venir, parce qu'il n'y a pas de corps [100], car nous croyons et c'est la vérité pour tout homme raisonnable que, dans le monde à venir les âmes sont dépourvues de corps, comme les anges. L'explication est que le corps, en vérité, est
364 la somme des organes en vue des activités de l'âme, cela a déjà été expliqué avec la preuve [101]. Tout ce qui est dans le corps se divise en trois parties :

a) Les organes où est traitée la nourriture, comme la bouche, l'estomac, le foie, les intestins et en général tout ce qui est dans le bas-ventre.

b) Les organes où s'effectue la procréation : les organes sexuels qui produisent la semence et le fœtus.

c) Les organes qui assurent l'entretien du corps qui y trouve tout ce qui lui est nécessaire : comme les yeux et les autres sens, les artères, les nerfs, les muscles qui commandent tous les mouvements. Sans eux il serait impossible à l'être vivant d'aller à la recherche de sa nourriture, ni de fuir ce qui lui est hostile, le fait périr et corrompt sa nature[102] ; mais lorsque la nourriture de l'homme n'est pas traitée seulement par les tra-

98. La décision de Maïmonide est en faveur de R. Yehouda qui dit que les morts d'Ezéchiel constituent une parabole.

99. Car, en raison de l'abondance, des bénédictions et de la vie agréable et sans souci en ce temps-là, leurs années de vie se multiplieront.

100. Parce que celui-ci doit retourner à la poussière et se dissoudre en ses éléments (voir *Michne Tora* : Livre de la connaissance, Principes de la Tora, chap. IV, règle 4) « Puisque tout ce qui est corruptible se décompose en ces (quatre) éléments, pourquoi l'Ecriture dit-elle à l'homme : " Et à la poussière tu retourneras " (Gen. 3, 19) ? C'est parce que la plus grande partie (du corps humain) vient de la terre et que tout corps corruptible ne revient pas immédiatement à ses quatre éléments lorsqu'il se décompose, mais il se décompose et retourne à quelque chose d'autre, et ainsi de suite et ce n'est que finalement qu'il retourne à ses éléments (constitutifs). Toutes choses existent puis retournent de façon cyclique ».

101. Voir Maïmonide, *Huit chapitres,* chap. I et II.

102. Voir *Huit chapitres,* chap. III.

vaux qu'il fait avec beaucoup de soins [103], il est nécessaire pour effectuer ces travaux de penser et de réfléchir ; pour cela il a la capacité intellectuelle de se souvenir de ces opérations. Il se trouve également des instruments naturels avec lesquels il effectue ces travaux, je veux dire les mains et les jambes, car les jambes sont un organe ne servant qu'à la marche. Les détails de ce principe sont connus des hommes de cette science [104].

On a donc expliqué que le corps tout entier a besoin de son existence pour un but qui est de recevoir la nourriture pour la
365 perpétuation du corps, et la procréation d'êtres semblables pour la perpétuation de l'espèce [105] de ce corps. Lorsque cette fin [106] disparaîtra et qu'il n'y en aura plus nécessité, je veux dire dans le monde à venir — c'est ce que les maîtres, de mémoire bénie, ont déjà expliqué : « Là, il n'y a ni action de manger, ni de boire ni activité sexuelle [107] », dans ce cas, il est clair qu'il y a absence de corps. Dieu ne crée jamais rien en vain et ne fait rien sans but ; à Dieu ne plaise que ses activités, qui sont parfaites, soient comme les statues d'idoles : « Elles ont une bouche et ne parlent pas, des yeux et elles ne voient pas ; elles ont des oreilles et elles n'entendent pas, des narines et elles n'ont pas d'odorat [108] ». C'est ainsi que serait Dieu pour ceux [qui prétendent que les participants au monde à venir ont un corps] : il créerait des corps, c'est-à-dire des organes qui ne feraient rien de ce pour quoi ils ont été créés, et sans aucune raison ; peut-être les participants au monde à venir, pour ces hommes, n'ont-ils pas d'organes — pourtant ce seraient des corps de toute façon — peut-être seraient-ce des sphères d'un seul bloc ou des colonnes, ou des cubes — toutes ces hypothèses sont ridicules — « Plaise à Dieu que vous vous condamniez au silence, ce serait une marque de sagesse de votre part [109] ».

103. Car, en dehors des fruits des arbres et de quelques légumes qui se mangent crus, il y a beaucoup de sortes de nourriture qui exigent une longue préparation (Berakhot 58 b).

104. Qui s'appelle zoologie, la science des êtres vivants en général et de l'homme en particulier (voir *Guide,* Ire Partie, chap. 46-72).

105. Pour perpétuer l'existence de l'espèce ; les individus particuliers passent et meurent mais les espèces existent toujours.

106. De la réception de la nourriture pour la survie du corps.

107. Berakhot 17 a (voir notre N° 41).

108. Ps. 115, 5 et 6.

109. Job 13, 5.

La cause est toute entière dans ce que nous avons expliqué, « pour la foule il n'y a pas d'existence à ses yeux si ce n'est avec un corps ou ce qui se trouve dans ce corps — et ce qui n'a pas de corps, ni de force corporelle n'a aucune existence. » Plus ils veulent affirmer l'existence d'une chose, plus ils y ajoutent de la matérialité, je veux dire qu'ils épaississent la substance de sa matière. Nous avons déjà mentionné ce grand principe clairement dans le *Guide des Ega-*
366 *rés*[110]. Quiconque voudra tenir notre opinion pour erronée qu'il le fasse ; et s'il veut lui imputer des fautes et des erreurs par inadvertance[111], qu'il le dise et nous ne lui en tiendrons pas rigueur, car nous préférons — comme nous l'avons expliqué dans le *Guide*[112] — qu'un seul homme d'intelligence nous suive dans la voie de la croyance véridique, même si mille ignorants devaient s'éloigner de nous pour croire des balivernes.

V

En vérité, nous démentons et nous nous disculpons envers Dieu au sujet de la proposition selon laquelle « l'âme ne reviendrait jamais dans le corps et qu'il serait impossible qu'il en soit ainsi ». En effet une telle dénégation entraînerait la dénégation des prodiges[113] et des miracles, le reniement de l'essentiel et l'abandon de la religion. C'est la raison pour laquelle nous tenons la résurrection des morts pour un principe de la Tora et aucune de nos paroles ne va dans le sens d'une dénégation du retour de l'âme au corps, mais toutes enseignent le contraire. Celui qui veut délibérément nous calomnier en nous attribuant une opinion à laquelle nous ne croyons pas, comme l'on soupçonne de transgressions les innocents, et

110. *Guide,* Ire Partie, chap. 26 à 46.

111. Il y a là une allusion au gaon de Bagdad, R. Samuel Ha Levi, qui, dans sa réponse à la population du Yémen, a cité quelques paroles de Maïmonide sur la résurrection des morts en y introduisant des erreurs.

112. Fin du préambule.

113. C'est-à-dire : nous n'avons pas dit cela et celui qui nie ce principe de la résurrection des morts est finalement amené à nier les prodiges et les miracles contenus dans la Tora, comme la création du monde ex-nihilo et autres prodiges analogues.

qui veut donner à nos paroles une interprétation éloignée [de la réalité] pour induire notre culpabilité, il devra en rendre compte et pour lui il y a un jugement comme pour tout homme
367 pervers qui suspecte des innocents [114]. Il ne se peut pas qu'un homme se fourvoie après cette explication et dise que nous croyons que tout ce qui concerne la résurrection des morts dans les Ecritures est une parabole. Cependant certaines références sont véridiques comme nous l'avons rappelé [115], et d'autres constituent indiscutablement une parabole [116], et quelques-unes sont d'interprétation douteuse [117] : parabole ou vérité ? Lorsque tu considères tout ce qu'ont dit les maîtres d'Andalousie [118] à ce propos, et ce qui est écrit avant et après dans cet écrit, cela t'apparaîtra de façon explicite [119]. Il n'est pas nécessaire pour nous — selon l'intention de cette lettre — d'entrer dans le détail, car tu ne renforces pas la vérité des questions par la multiplication des mots et par de nombreuses répétitions, et tu ne soustrais rien [de la vérité] en t'abstenant de multiplier et de répéter. Tu connais le rappel du principe de l'unicité : « L'Eternel est un » (Deut. 6, 4), et ce principe n'est pas répété dans la Tora.

Après avoir estimé que les paroles du prophète (Dan. chap. 12) ne supportaient pas de commentaire, puisqu'il précise le retour de l'âme au corps, le récit prophétique nous a déjà informés à ce sujet [120] et tu n'ajoutes rien à la vérité de ce récit lorsque tu fais la liste de tout mot « résurrection » dans les Ecritures, désignant le retour de l'âme au corps et tu ne retires aucunement de vérité au récit, que tu en mentionnes quelques-

114. Il est frappé dans son corps, par exemple par la lèpre, Chabbat 97 a.

115. Par exemple : versets de Dan. Chap. XII.

116. Exemple : Is. 11, 6 : « Alors le loup habitera avec la brebis, et le tigre reposera avec le chevreau, etc. ».

117. Exemple : Is. 26, 19 : « Puissent donc les morts revenir à la vie et les cadavres des miens ressusciter ! Réveillez-vous et entonnez des cantiques, vous qui dormez dans la poussière ! »

118. Ce sont les maîtres d'Espagne, commentateurs de la Bible, comme R. Moshe Ibn Gikatilla et R. Abraham Ibn Ezra.

119. Si c'est une parabole par voie de métaphore, ou des paroles simples à comprendre au sens littéral.

120. Déjà là se trouve l'annonce prophétique nécessaire pour la foi en la résurrection. La prophétie est le degré suprême de la connaissance, elle n'a pas besoin de preuve, seul le prophète doit prouver qu'il est un vrai prophète, notamment par l'accomplissement d'un prodige. La prophétie se place alors à un niveau supérieur à celui de la preuve.

368 uns ou tous, en dehors d'un seul verset [121], en tant qu'exemple. Finalement, le récit prophétique vient [renforcer la foi], qu'il apparaisse une seule fois ou de nombreuses fois ; les maîtres d'Israël, anciens et récents, l'ont mentionné à maintes et innombrables reprises. Il est bien connu et accepté dans notre nation que l'âme de l'homme revient à son corps et c'est ce que nous entendons par « résurrection des morts » même si un maître ou un auteur ne le mentionne pas.

VI

Déjà des hommes ont éprouvé des doutes concernant ces paroles à la fin de notre ouvrage [122] où nous avons dit en propres termes : « Il ne faut pas s'imaginer que le Roi-Messie doit faire des signes et des prodiges et renouveler l'ordre du monde ou ressusciter les morts ou autres choses semblables ». Et nous avons apporté une preuve de ce que nous avons expliqué [123]. Quelques faibles d'esprit ont pensé que cela constituait une dénégation de la résurrection des morts, ce que nous avons expliqué dans notre commentaire de la Michna [124] : « Que la résurrection des morts était un des principes de la Tora [125] ». Tout ceci est expliqué et il n'y a là ni doute ni contradiction. Voilà ce que nous disons : « on ne doit pas attendre du Mes-

121. Comme celui du livre de Daniel qui est à prendre au sens obvie.

122. *Michne Tora,* Sefer choftim, Hilkhot Melakhim, p. 144 : « Ne t'imagine pas que le Roi-Messie devra renouveler le monde ou ressusciter les morts et toutes choses analogues ; les choses ne sont pas telles. C'est ainsi que Rabbi Akiba, l'un des plus grands maîtres de la Michna, a pourtant soutenu Ben Kosiva le Roi en disant de lui qu'il était le Roi-Messie, il l'a cru ainsi que tous les sages de sa génération jusqu'à ce que celui-ci soit mis à mort pour ses péchés. Par cette mise à mort ils ont su qu'il n'était pas le Roi-Messie et les maîtres ne lui avaient demandé ni signe, ni miracle. Le principe en cette matière est le suivant : cette Tora, ses lois et ses décrets existent pour l'éternité, il ne faut ni y ajouter ni en retrancher ».

123. Preuve tirée des dires des maîtres : Berakhot 34 a : « Il n'y a pas d'autre différence entre ce monde-ci et les jours du Messie que seulement la fin de l'assujettissement d'Israël aux royaumes. »

124. Introduction au chap. *Helèq,* p. 125.

125. Car il y est dit : « la résurrection des morts est un des fondements de la Tora de Moïse, notre maître, que la paix soit sur lui, et il n'y a pas de religion ni d'adhésion à la religion juive pour celui qui n'y croit pas ».

sie qu'il fasse des prodiges, qu'il partage la mer ou qu'il ressuscite les morts à titre de miracle », car on ne lui demande
369 pas de miracle, comme cela a été précisé par les prophètes dont la prophétie a été attestée [126] ; mais il ne découle pas obligatoirement de ce discours que Dieu ne ressuscitera pas des morts, de par sa volonté, lorsqu'il voudra et qui il voudra, soit à l'époque du Messie soit avant lui, soit après sa mort. En conclusion : dans tout ce que nous avons écrit dans nos œuvres, rien ne peut semer le doute chez des hommes réfléchis mais seulement chez des élèves débutants. Il leur suffit de relever notre déclaration (voir *Michne Tora* Melakhim chap. 12 règle 1) selon laquelle le verset d'Isaïe 11, 6 : « Alors le loup cohabitera avec la brebis et le tigre reposera avec le chevreau (...) et le lion comme le bœuf se nourrira de paille... » est une parabole. Cependant nous ne sommes pas le seul à l'avoir dit, mais nous avaient déjà précédés des hommes de raison parmi les commentateurs comme R. Moche Gikatilla [127] et Ibn Balham [128], de mémoire bénie, entre autres commentateurs [129]. La fin du passage d'Isaïe le montre en disant (11, 9) : « Plus de méfaits, plus de violence sur toute ma sainte montagne, car la terre sera pleine de la connaissance de Dieu, comme l'eau abonde dans le lit des mers ». La cause avait ainsi été déjà donnée : le fait d'être alors sans auteur de violence ni de dommage, grâce à leur connaissance de Dieu.

Soyez avertie, communauté d'Israël ! Quiconque a une intelligence, qu'il fasse appel à son imagination : le lion à notre époque présente, c'est le rebelle [130] et en cela il est dévorant ; puis il fait repentance et apprend de son créateur ce qui est nécessaire et il comprend qu'il ne faut pas commettre de dommages et il se met à manger de la paille ! Se réalise alors ce qui est dit dans Isaïe 29, 11 : « Ainsi la révélation de tous ces événements est-elle pour vous comme les mots de ce livre scellé que l'on présente à un homme lettré en lui disant : Lis

126. Cela a été rendu public pour de vrais prophètes comme Isaïe, Michée et d'autres.

127. Né à Cordoue en 1070, il fut le disciple de R. Yona Ibn Ginah.

128. Contemporain et concitoyen de R. Moïse Ibn Gikatilla, tous deux étaient de grands philologues et commentateurs de la Bible.

129. Comme R. Abraham Ibn Ezra qui écrit dans son commentaire sur ce verset : « Par manière de parabole sur la paix qui régnera en ce temps-là ».

130. Le rebelle et le récalcitrant qui ne connaît pas Dieu.

donc ceci ! et lui de répondre : Je ne puis pas car ce livre
370 est scellé », mais nous avons déjà expliqué cette question dans un chapitre du *Guide des Egarés* [131] ; et dans notre ouvrage [132] nous avons justifié notre preuve évidente par les paroles [des maîtres] : dans les jours du Messie, il n'y aura pas de modification de l'ordre de la création [133].

Sache à propos des promesses [134] et de ce qui y est lié dont nous avons dit qu'elles étaient une parabole, que nos paroles ne sont pas un dogme car aucune prophétie ne nous est venue de Dieu nous ayant fait savoir que c'était une parabole et nous n'avons pas trouvé de tradition des maîtres, venant des prophètes, qui expliquent pour ces passages, qu'elles sont des paraboles.

Pourtant nous avons trouvé sur cette question quelque chose que je vais t'expliquer : notre effort et l'effort de tout homme raisonnable parmi l'élite est le contraire de l'effort fait par la foule. Parce que la foule des hommes religieux, ce qu'elle prise le plus et qui est le plus doux pour elle, à cause de son ignorance est de mettre la Tora et la raison à deux extrémités

131. *Guide,* IIe Partie, chap. 29, p. 210 à 230.

132. *Michne Tora,* Sefer Choftim hilkhot Melakhim, chap. XII, règle 1, p. 417 : « Que l'on ne s'imagine pas que, dans les jours du Messie, la nature du monde sera altérée en quoi-que ce soit, ou qu'il y aura une novation dans l'œuvre de la création. Par contre le monde suivra sa marche habituelle et ce que dit Isaïe : " Alors le loup habitera avec la brebis et le tigre reposera avec le chevreau " (Is. 11, 6) est une parabole et une énigme. Le sens est qu'Israël sera installé en sécurité à l'égard des impies parmi les nations du monde qui sont allégorisées sous les termes de loup et tigre, comme il est dit : " ...le loup des steppes arides s'acharne sur eux, la panthère est tapie près de leurs villes " (Jér. 5, 6). Tous reviendront à la religion véritable, ne commettront plus ni vol ni destruction ; mais ils mangeront des aliments permis avec le peuple d'Israël, comme il est dit : " ...le lion, comme le bœuf, se nourrira de paille " (Is. 11, 7). De même toutes les choses analogues concernant le Messie sont des paraboles, et dans les jours du Roi-Messie il sera connu de tous, que c'était une parabole et ce à quoi il était fait allusion ».

133. Entre ce temps-là et ce monde-ci la seule différence est l'assujettissement aux nations — Berakhot 34 b : « Rabbi Hiyya Bar Abba et Rabbi Yohanan ont dit : tous les prophètes n'ont prophétisé que pour les jours du Messie, mais pour ce qui est du monde à venir personne ne l'a vu en dehors de Dieu, et Rabbi Samuel dit au contraire : " Entre ce monde-ci et les jours du Messie il n'y a pas d'autre différence que l'asservissement aux royaumes ". Car à l'époque messianique Israël sera indépendant et ne sera plus asservi aux autres royaumes, mais l'ordre du monde restera en l'état, car " Il y aura toujours des nécessiteux dans le pays " (Deut. 15, 11) ». Voir aussi Chabbat 63 a.

134. Les promesses des prophètes concernant la fin des temps.

contradictoires [135], et faire ressortir toute chose distincte et séparée de l'intelligible [136] pour dire que c'est un prodige [137] ; ils fuiront quelque chose conforme aux usages de la nature, de ce qui est raconté de ce qui est passé, de ce qui est vu dans le présent et de ce qui est dit devoir arriver dans l'avenir.
371 Quant à nous [138], nous nous efforçons de rapprocher Tora et intelligible et, dans toute la mesure du possible de mettre les choses dans l'ordre naturel [139] ; mais là où l'on se trouve manifestement en présence d'un prodige qu'on ne peut pas du tout interpréter, alors nous devons dire que c'est un miracle.

Nous avons déjà expliqué dans le *Guide des Egarés* [140] le langage clair des Ecritures et également le langage des maîtres, de mémoire bénie, en citant de nombreuses paraboles [141] tirées des paroles des prophètes ; nous avons développé nos explications à un tel point qu'il est impossible à l'un des ignorants déchaînés d'opposer un démenti. C'est à cause de cela que nous avons dit, et celui qui nous a précédé parmi les grands commentateurs, que ce sont des paraboles comme nous les avons interprétées. On pourrait dire aussi que lorsque se multiplie la population et que le pays s'enrichit, les dommages
372 causés aux êtres vivants [142] diminuent parce qu'ils se rapprochent les uns des autres. Aristote l'avait déjà rappelé dans son livre : *Les êtres vivants* [143] lorsqu'il donna la raison de la diminution

135. Ils placent la Tora et la religion d'un côté et la raison d'un autre, comme deux contraires qui s'opposent.

136. Jusqu'à ce qu'elle devienne éloignée et séparée de la raison.

137. C'est-à-dire que même les choses qu'il est possible de comprendre par les voies de la nature et de la raison, ils aiment les interpréter comme des miracles et des prodiges contraires à la raison.

138. Au contraire d'eux.

139. Notre attitude est, autant que possible, d'interpréter les paroles de la Tora et de la religion de façon naturelle, de rechercher une conformité entre elles et la raison.

140. Ire Partie, Introduction.

141. Parce que la méthode des prophètes est de s'exprimer par fictions, paraboles et allégories comme preuve des Ecritures : Os. 12, 11 : « Par la voix des prophètes je ferai connaître des visions ». Ezéchiel 17, 2 : « ...propose une énigme et imagine une parabole à l'adresse de la maison d'Israël » ; c'était également la méthode des maîtres d'utiliser paraboles et allégories lorsqu'ils voulaient exprimer leurs opinions.

142. Par suite de l'abondance générale, l'hostilité entre les êtres vivants diminue et l'homme ne cause plus de dommage à son prochain.

143. *L'histoire des êtres vivants,* livre IX, 2e partie.

progressive des dommages causés par les animaux en Egypte. Il y aurait aussi une exagération comme l'ont dit nos maîtres, de mémoire bénie : « La Tora parle un langage hyperbolique »[144]. Si cela était pris au sens obvie[145], il y aurait un miracle qui ne serait vu que sur la montagne du Temple seulement[146], puisqu'il est dit « sur ma sainte montagne ». Il en serait de même de leurs paroles : « Jamais serpent ni scorpion ne blesse quelqu'un à Jérusalem »[147].

En conclusion, toutes ces paroles ne constituent pas un fondement de la Tora[148] et il n'y a pas lieu d'être rigoureux sur la façon d'y croire ; il faut que l'homme soit prudent sur l'essentiel de la foi[149] en ces choses jusqu'à ce qu'elles arrivent — rapidement à notre époque — alors il apparaîtra si elles sont parabole ou prodige.

On sait déjà que nous sommes extrêmement réservés à l'égard d'un prétendu changement de l'ordre de la création[150]. En vérité, se fourvoit et se trompe celui qui, parmi nos prédécesseurs ou leurs successeurs, ne distingue pas entre d'une
373 part, les choses relevant des prodiges qui ne durent pas et ne persistent pas et qui[151], en vérité, ne répondent qu'à un besoin [momentané] ou pour attester une prophétie — et d'autre part entre les choses naturelles qui durent toujours et sont conformes à l'ordre du monde à propos desquelles nos maîtres, de mémoire bénie, ont toujours dit : « Le monde suit son cours »[152] et ils disent « On ne tire pas une preuve d'un

144. Houllin 90 b.

145. Si véritablement un miracle se produisait et que le loup habite avec l'agneau.

146. Is. 11, 9 : « Plus de méfaits, plus de violences sur ma sainte montagne... ».

147. Pirqé Avot, chap. V, michna 5.

148. Elles ne constituent pas les bases fondamentales sur lesquelles repose notre Tora.

149. Attendre jusqu'à la venue du Messie est la méthode de Maïmonide.

150. Nous préférons toujours expliquer ces problèmes par la voie naturelle et non par la voie du miracle et du prodige, bouleversant ce qui existe depuis les six jours de la création.

151. Parce qu'elles ne sont que momentanées et ne durent pas.

152. Avoda Zara 54 b : « Dieu ne détruira pas le monde pour supprimer l'idolâtrie à cause des fous. Le monde poursuit sa course naturelle et pour ce qui est des fous qui agissent mal, ils auront à en rendre compte ».

phénomène miraculeux »[153]. Salomon a dit (Eccl. 3, 14) : « J'ai reconnu que tout ce que Dieu fait, restera ainsi éternellement : il n'y a rien à y ajouter, rien à en retrancher — Dieu a arrangé les choses de telle sorte qu'on le craigne ». Il apparaît donc que les choses naturelles suivent toujours leur cours, et nous l'avons déjà expliqué également dans le *Guide des Egarés,* là où nous avons traité de la création du monde[154].

VII

Il apparaît que ce qui a conduit ces hommes à se méprendre et à mettre en doute nos paroles sur la résurrection des morts est le fait que nous nous sommes étendus sur le récit du monde à venir, sur les explications de textes sûrs, et sur le rappel de toutes les paroles des prophètes et des docteurs ayant enseigné à son propos, tandis que lorsque nous avons mentionné la résurrection des morts, nous l'avons fait plus brièvement et nous avons dit que la résurrection était un
374 fondement véridique [de la foi juive].

Ce qui a conduit à cela[155] résulte de deux facteurs : le premier d'entre eux est que toute notre œuvre, en vérité, a été rédigée selon le principe « peu mais bien ». Il n'a pas été dans notre intention de faire grossir le corps des livres et nous n'avons pas voulu gaspiller du temps pour ce qui n'amène pas d'utilité. C'est pourquoi lorsque nous commentons, nous ne commentons que ce qu'il est nécessaire de commenter et seulement dans la mesure nécessaire à la compréhension ; et lorsque nous rédigeons, nous ne rédigeons qu'un résumé des questions.

Le deuxième facteur : le développement, en vérité, réservé à la description d'une question inconnue jusqu'à ce que sa description soit complète, ou en apportant une preuve de sa véracité ; cela est nécessaire pour trois sortes de sciences, je

153. Parce qu'ils comportent une modification de l'œuvre de la création ce qui est contraire à l'ordre du monde. Comparez avec Ber. 60, B.M. 59 b.

154. IIe Partie, chap. 19, 25, 29.

155. La raison pour laquelle nous avons développé le commentaire sur le monde à venir et traité plus succinctement le problème de la résurrection des morts.

veux dire : la science didactique [156], la science naturelle, la science théologique [157], parce que, très souvent, le sujet y est caché et son idée s'estompe au point que sa définition doit être expliquée suffisamment ; très souvent aussi le problème envisagé exige de nombreuses preuves jusqu'à ce que soit attesté ce qui est demandé de sa validité. En ce qui concerne les événements miraculeux, l'idée de ce qui y est mentionné n'est pas cachée et ne soulève pas de difficulté [158] ; il est impossible d'apporter une preuve concernant ce qui est déjà arrivé ou ce qui doit arriver [159] ; mais cela est perçu par les
375 sens ou cela est reçu de quelqu'un qui l'a déjà vu [160]. A cause de quoi, nous avons commenté le monde à venir et l'avons expliqué en raison de son mystère [161] et pour ce qu'il est une chose qui est dans la nature de l'ordre du monde, c'est-à-dire l'immortalité de l'âme [162]. En revanche la résurrection des morts est l'un des miracles, et est très clair, car la chose est compréhensible et il n'y a seulement qu'à y croire comme l'interprète la Aggada authentique.

156. Comme l'arithmétique et la géométrie.

157. La mystique, les théophanies.

158. Quant à sa représentation.

159. Ce que les prophètes ont promis pour l'avenir.

160. Ayant reçu une tradition des ancêtres qui, eux, ont vu de leurs yeux.

161. Parce que, en tant que concept, il est susceptible, à cause de la profondeur de la notion, de se cacher parfois et sa description est susceptible de se dérober, nous le révélons donc grâce à la recherche et au supplément d'explication et de définition.

162. Car l'âme est la raison et l'intelligence en acte, elle demeure d'une existence éternelle après la séparation du corps et ceci est une chose naturelle, va selon l'ordre du monde. Voir *Michne Tora,* Livre de la Connaissance, règles des Fondements de la Tora, chap. IV, règle 9, p. 22 : « La forme de cette âme (créée à l'image de Dieu) n'est pas composée d'éléments afin qu'elle soit séparée d'eux, elle ne fait pas partie de la force de l'âme vitale au point qu'elle soit nécessaire à l'être vivant, comme l'âme vitale est nécessaire au corps — mais elle est donnée par Dieu, elle provient des Cieux. C'est pourquoi lorsqu'elle est séparée de la matière qui est composée d'éléments et que l'âme vitale est anéantie parce qu'elle n'existe que dans un corps et qu'elle a besoin d'un corps pour toutes ses actions, cette forme n'est pas retranchée, parce qu'elle n'a pas besoin de l'âme vitale pour agir ; mais elle connaît et atteint les connaissances immatérielles parce qu'elle connaît le Créateur de toutes choses et existe pour une éternité sans fin. C'est ce que dit Salomon dans sa sagesse : « Que la poussière retourne à la poussière, redevenant ce qu'elle était ; et que l'esprit remonte à Dieu qui l'a donné » (Eccl. 12, 7). Voir aussi *Guide,* Ire Partie, chap. 41, p. 146-148.

C'est une chose qui sort de la nature de la réalité et il n'y a pas à ce sujet de preuve découlant de la réflexion. En vérité, elle suit le cours de tous les prodiges et nous y croyons par tradition, il n'y a rien en dehors de celle-ci ; que pourrions-nous dire en la matière ou développer ? Penses-tu que l'on nous demande d'apporter des preuves spéculatives entraînant l'obligation de croire à la résurrection des morts ? Il n'y a aucun doute que ce qui nous est demandé est que je commente dans mon œuvre les homélies traitant de cette question et les aggadot correspondantes [163], mais cela convient
376 davantage aux autres, selon l'intention de celui qui rédige [164] à son propos.

Vous, la communauté de ceux qui ont étudié nos œuvres, vous savez bien que j'ai toujours eu tendance à minimiser la controverse et les discussions [165] ; en outre, s'il m'avait été possible de mettre tout le Talmud dans un seul chapitre, je ne l'aurais pas mis dans deux. Comment pourrait-on me demander de rappeler homélies et aggadot puisqu'elles se trouvent à leur place et qu'on les lira dans leur cadre. A quoi bon les répéter et dire que nous en sommes l'auteur !

VIII

Comme nous sommes parvenus à cet endroit [166] — et c'était le but qui était visé — nous avons constaté l'absence complète d'utilité [de cette lettre] parce qu'elle contient seulement une redite ce que nous avions déjà écrit dans le commentaire de la Michna et dans notre ouvrage [167], et une explication supplémentaire pour tous ceux qui ont peu de raison ou qui sont des destructeurs. Nous avons constaté que nous ne serions pas

163. Qui se trouvent dans la littérature talmudique et midrachique selon les méthodes et les procédés des commentateurs.

164. Ce travail n'est pas de notre ressort.

165. L'intention est manifeste dans le *Michne Tora* où Maïmonide a retranché les discussions talmudiques et où il n'a présenté que les conclusions halakhiques selon l'opinion prépondérante indiquée dans le Talmud.

166. Où nous avons expliqué les raisons pour lesquelles nous n'avons pas développé le problème de la résurrection.

167. *Michne Tora,* Livre de la Connaissance, règles sur la Techouva, chap. III, règle 14, p. 225.

satisfait, à cause de l'absence de renouvellement utile, nous parlerons donc de deux questions pertinentes en la matière. La première d'entre elles : expliquer le sens des très nombreux versets se trouvant dans les Ecritures, qui fournissent un enseignement clair et qui ne souffre pas de commentaire, tendant à
377 écarter la résurrection des morts comme le verset : « Lorsque l'homme meurt », revivra-t-il ? » (Job 14, 14) et cet autre verset : « La nuée se dissipe et disparaît ; ainsi celui qui descend au Chéol ne remonte plus » (ibid. 7, 9) — « Avant que je m'en aille, sans espoir de retour » (ibid. 10, 21) et il y a beaucoup d'autres versets analogues dans Job — Ezéchias dit (Is. 38, 18-19) : « ... ceux qui sont descendus dans le sépulcre ne comptent plus sur ta fidélité : le vivant, le vivant voilà celui qui te loue comme je le fais aujourd'hui... » Ceci prouve que « ceux qui sont descendus au sépulcre », ce sont les morts. Il est également dit (II Sam. 14, 14) : « Car enfin nous sommes mortels, semblables à l'eau répandue à terre et qu'on ne peut recueillir » Ps. 88, 11) : « Est-ce pour les morts que tu fais des miracles ? Les ombres se lèveront-elles un jour pour te louer ? Célèbre-t-on ta bonté dans la tombe ». Et il est dit dans le Psaume 78, 39 : « Un souffle qui s'évanouit sans retour ». Et lorsque tu cherches tous les versets des Ecritures, tu en trouveras qui écartent la résurrection des morts d'une façon générale ; hormis des versets d'Isaïe [168] mais, avec quelque réflexion, il apparaît que c'est douteux : est-ce une parabole ou la vérité ? Et qu'en est-il du verset, au sens clair, de Daniel 12, 2 : « Beaucoup de ceux qui dorment dans la poussière du sol se réveilleront pour une vie éternelle », et Daniel ajoute 12, 13 : « Et toi, marche vers la fin ; tu entreras dans le repos, puis tu te relèveras pour recevoir ton lot à la fin des jours ». C'est ce qui condamne aussi les hommes à une grande perplexité : une partie d'entre eux éprouve de sérieux doutes sur le principe de la résurrection, une autre partie, qui croit à ce principe est obligé d'interpréter tout verset, parmi les versets explicites, d'une façon éloignée, pour les accepter [169].

Et la deuxième question : puisque la Tora ne mentionne

168. Comme Is. 26, 19 : « Puissent donc tes morts (ceux du peuple d'Israël) revenir à la vie et les cadavres des miens ressusciter ! Réveillez-vous et entonnez des cantiques, vous qui dormez dans la poussière ».

169. Les interprétations qui ne sont pas acceptées par la raison, mais ils s'efforcent de les interpréter péniblement pour les rendre compatibles avec leur croyance.

378 pas ce principe ni par allusion ni même d'une façon explicite et s'il est impossible que l'on ne dise pas qu'il y a dans la Tora des allusions à ce principe [170], car l'on répètera ces paroles des maîtres : « D'où tient-on que la résurrection des morts résulte de la Tora ? » [171], le but du maître étant de dire que ce sont des allusions cachées [172] et à plus forte raison puisque les maîtres divergent entre eux [173], l'on posera donc autrement la deuxième question : pourquoi cela n'est-il pas mentionné d'une façon ouverte et explicite, n'appelant pas de commentaire ? Mais cela est mentionné — selon les paroles de celui qui réfléchit — comme celui qui se cache pour dire une chose en voulant la camoufler [174].

On peut dire, en réponse à la première question [175] les paroles des prophètes et le langage des livres décrivent la nature de la réalité habituelle ; or on sait que la nature de la réalité est ainsi : union de femelles douées de vie et de leurs mâles qui mettent au monde des êtres semblables ; ce qui est né croît lentement jusqu'à ce qu'il meure comme individu. Il n'est pas dans l'ordre de la nature que cet individu revienne et se reconstitue après sa mort ; mais [l'ordre de] la nature est le suivant : quand les êtres vivants meurent, ils ne reviennent jamais en tant qu'individus, ils sont au contraire anéantis et dissous lentement jusqu'à ce qu'ils retournent à leurs éléments et à la matière originelle dans une sorte de restitution et il ne reste aucune partie délimitée qui les rappelle et qui permette de dire que c'était un tel. Seul l'homme [parmi tous les
379 êtres vivants] reste uni à l'influx divin et cela entraîne obligatoirement qu'il y ait en lui quelque chose d'éternel, qui n'est pas anéanti et n'est pas perdu. Cependant le corps de l'homme est détruit comme celui de tous les autres individus vivants. Sur ce point également, nous instruisent des preuves théoriques pour

170. Car de l'avis des maîtres il y a des allusions aussi dans la Tora à la résurrection des morts.

171. San. 90 b, 91 b, 92 b. Ces pages du Talmud apportent plusieurs interprétations de versets bibliques ayant fait allusion à la résurrection des morts.

172. Car si l'Ecriture était explicite, il ne poserait pas la question « d'où tient-on... ».

173. Chacun veut trouver l'allusion à la résurrection dans un verset différent.

174. Il émet des généralités et parle à mots couverts.

175. Concernant les explications de ces versets qui, à première vue, nient absolument le principe de la résurrection.

quiconque se consacre à des recherches sur ces questions profondes, je veux dire : la permanence de l'élément qui subsiste de ce qui échoit à l'homme [176] — et c'est un élément qui est dans la nature [177], et que les livres de la prophétie appellent l'âme ou l'esprit associé à Dieu. La perte du corps et son retour à ce dont il est composé est une sorte de restitution, comme il résulte du verset (Eccl. 12, 7) : « Que la poussière retourne à la poussière, redevenant ce qu'elle était et que l'esprit remonte à Dieu qui l'a donné ». Cela est de l'ordre de la nature.

C'est en ce sens que vont tous ces versets [178]. Il n'y a pas de différence entre dire : « Lorsque l'homme meurt, revivra-t-il » (Job 14, 14) et dire : « Est-ce que de ce rocher nous pouvons faire sortir de l'eau pour vous ? » (Nom. 20, 10), puisque ceci n'est pas dans la nature et que cela est impossible en elle ; mais on a déjà fait sortir de l'eau d'un rocher grâce à un miracle [179]. De même la résurrection des morts, en vérité, est du domaine des miracles [180]. Il n'y a pas de différence entre dire : « Le nègre peut-il changer de peau » (Jér. 13, 23) et dire : « Est-ce pour les morts que tu fais des miracles... ? » (Ps. 88, 11). Et déjà l'aspect de la main pure est devenu blanc [181]. Même si l'on disait qu'il est impossible à l'inanimé de bouger, on dirait la vérité selon l'ordre de la nature, mais n'est pas mensonger le dire : le bâton est devenu serpent, à la suite d'un miracle [182]. Il en est de même de ce que tu trouveras concernant la négation du retour des morts, cela se place au plan de la nature et ne contredit pas le retour des morts quand Dieu décidera leur retour [183]. On t'a donc déjà expliqué les problèmes posés par tous ces versets [184] dans toute la mesure de la vérité et il n'est pas nécessaire pour toi de commenter

176. Voir *Michne Tora,* Livre de la Connaissance, Principes de la Tora, chap. IV, règle 9, voir note 162.

177. Les lois de la nature en général le gouvernent.

178. Qui écartent la possibilité de la résurrection.

179. Quoique cela soit du domaine de l'impossible (Nom. 20, 11).

180. C'est-à-dire hors de la nature de la réalité.

181. La main de Moïse qui est devenue lépreuse (Ex. 4, 6) voir aussi *Guide,* IIe Partie, chap. 29.

182. Qui est situé hors de la réalité.

183. Car ce qui est impossible dans le cadre des réalités naturelles est possible par voie du miracle décrété par Dieu.

184. Ces versets qui nient le retour de l'âme au corps.

un de ces versets avec ces commentaires indécents et inacceptables [185], qui renforcent les affirmations contraires à la résurrection des morts et encouragent leurs dires.

Sache que la dénégation du retour de l'âme dans le corps n'échappe pas à l'une de ces deux causes : si celui qui nous contredit réfute la résurrection comme étant hors de la nature, cette raison l'oblige à nier tous les miracles comme étant hors de la nature ; ou s'il nous réfute parce que cela n'est pas mentionné dans un verset et que cela n'apparaît pas dans un récit authentique, comme il en va des miracles — alors nous avons déjà expliqué qu'il y a des versets, même s'ils sont peu nombreux, qui enseignent le retour des morts [186]. Si le contradicteur dit que nous commentons ces versets comme nous commentons les autres, nous lui répliquons : ce qui t'amène à les commenter est que le retour des morts est hors de la nature et tu interpréteras ces versets jusqu'à ce qu'ils soient en accord avec les lois naturelles. Dans ce cas, il faut que tu interprètes ainsi la transformation du bâton en serpent, le don de la manne, la révélation du Sinaï, la colonne de feu et le nuage [qui guidaient les Hébreux]. Il te faut interpréter tout cela jusqu'à ce que cela soit en accord avec les données naturelles. Nous avons déjà expliqué dans le *Guide des Egarés* [187] à propos de la
381 création du monde ex nihilo : la croyance en la création du monde ex nihilo oblige nécessairement à croire que tous les miracles sont possibles, et donc que la résurrection des morts est possible ; et tout ce qui est possible, quand un prophète nous en apporte le récit [188] nous le croyons et nous n'avons pas besoin de l'expliquer ni de le faire sortir de son sens obvie. Par contre nous devons commenter la chose dont le sens obvie est impossible [189], comme une matérialisation de Dieu [190], mais le possible persiste tel qu'il est. Et celui qui tente de commenter la résurrection des morts jusqu'à ce qu'il n'y ait plus de retour de l'âme au corps, en vérité, il le fait en croyant que cela est impossible sur le plan de l'intelligence, et non en raison du

185. Parce que la raison et l'intelligence droite ne peuvent les admettre.
186. Voir livre de Daniel, chap. 12.
187. IIe Partie, chap. 28.
188. Dan. 12, 2 et 13.
189. Nous sommes contraints d'extraire le verset de son sens obvie et de l'interpréter comme une allégorie.
190. En la traitant comme une parabole.

cours de la nature ; de même il en va ainsi nécessairement pour les autres miracles [191]. Tout cela serait, en fait, tout à fait impossible selon la croyance en l'existence du monde depuis toujours, mais celui qui a cette croyance en l'éternité n'appartient aucunement à la communauté de Moïse et d'Abraham, que la paix soit sur eux, comme nous l'avons expliqué dans le *Guide des Egarés* [192]. Grâce à ces racines nous affirmons la
382 résurrection des morts selon son sens obvie, et la plaçons parmi les principes de base de la Tora et nous disons : il ne convient pas de commenter les deux versets évidents, qui fournissent à ce sujet une preuve claire et qui ne supportent pas de commentaire [193].

IX

Enfin, la réponse que j'apporterai à la deuxième question : pourquoi la résurrection des morts n'est-elle pas mentionnée dans la Tora ? est celle que je te donnerai.

Sache que l'on sait déjà que cette Tora en général, nous ne croyons pas qu'elle soit l'œuvre de Moïse, notre maître [194], que la paix soit sur lui, parce qu'en vérité elle vient toute entière de Dieu. Voici que la question nous amène à nous interroger sur les voies de la sagesse [divine] : Dieu nous renseigne sur la vie du monde à venir [195] et ne nous explique pas du tout la résurrection des morts. La raison en est que cette résurrection des morts, en vérité, est conduite selon la voie du miracle [196], comme nous l'avons expliqué, et la foi en ce que ceci est sa voie apparaîtra seulement dans le récit du prophète. En ce temps-là tous les hommes étaient idolâtres et affirmaient

191. Qui ont été prévus par Dieu pendant les six jours de la création.

192. IIe Partie, chap. 17, 23 et 28.

193. Il n'y a pas de commentaire autre que le sens obvie.

194. C'est-à-dire qu'elle n'est pas une œuvre humaine ni le fruit d'un esprit humain.

195. Même si ce n'est pas détaillé ni explicite, mais d'une façon claire selon les commentaires des maîtres : « ...pour te faire du bien et pour allonger la durée de tes jours » (Deut. 22, 7), et les maîtres (Qidouchin 39 b) l'interprètent : « Pour te faire du bien dans un monde où tout est bon et allonger tes jours dans un monde sans fin ».

196. Pas comme le monde à venir qui est une chose naturelle et dans l'ordre du monde, comme cela a été expliqué ci-dessus, et il est possible de l'expliquer grâce à une recherche spéculative.

l'existence du monde depuis toujours [197] ; ils croyaient que
383 Dieu était le souffle de la voûte céleste [198] comme nous l'avons expliqué dans le *Guide des Egarés* [199] et ils niaient la transmission de la prophétie aux hommes de la part de Dieu.

Ainsi cela aboutit nécessairement pour eux, selon leur croyance [200], à une dénégation des miracles [201] et ils les rattachent à la magie et aux stratagèmes [202]. Ne les vois-tu pas [203] s'efforcer de contester le prodige de Moïse, notre maître, avec leurs enchantements : « Ils jetèrent chacun leurs verges » [204]. Ne vois-tu pas ce que dirent ces hommes stupéfaits [205] : « Nous avons vu aujourd'hui Dieu parler à l'homme et celui-ci vivre » (Deut. 5, 21). Cela enseigne [206] que la prophétie [207] était pour eux de la catégorie de l'impossible — et comment raconter à celui pour qui la prophétie n'est pas crédible, cela auquel seule convient la foi en la prophétie ? Et cela [208] est également totalement impossible selon leur croyance en l'existence éternelle du monde, parce que sans les miracles [209] la résurrection des morts
384 ne serait pas chez nous du domaine du possible.

Et lorsque Dieu voulut donner la Tora aux hommes et faire connaître ses commandements et ses interdictions dans le monde entier par ses prophètes, comme il est dit : « ... pour publier mon nom sur toute la terre » (Ex. 9, 16), il suscita

197. Ils disaient que le monde existe depuis toujours par opposition à la croyance en la création du monde ex nihilo.

198. C'est-à-dire une force qui met en mouvement la mâture de la voûte supérieure qui contient tout et meut par son mouvement toutes les sphères avec elle, comme cette âme dans le corps vivant qui l'anime et le fait bouger selon sa volonté.

199. *Guide,* Ire Partie, chap. 70. — IIIe Partie, chap. 29 et 45.

200. L'existence du monde depuis toujours.

201. Comme nous l'avons expliqué ci-dessus, c'est seulement dans le cadre de la croyance à la création du monde ex nihilo, que tous les miracles sont du domaine du possible.

202. Avec l'idée que même les miracles faits par Moïse ont été opérés par magie et illusionnisme.

203. Les magiciens égyptiens.

204. Ex. 7, 12 : « ...et elles se transformèrent en serpents ; mais la verge d'Aaron engloutit les leurs ».

205. Les fils d'Israël eux-mêmes pendant la révélation du Sinaï.

206. Le mot « aujourd'hui ».

207. La révélation de Dieu aux hommes et le fait de parler avec eux du haut des cieux.

208. Les miracles.

209. Comme la création du monde et les autres miracles contenus dans les Ecritures.

les grands miracles décrits dans toute la Tora [210] jusqu'à attester parmi eux la prophétie des prophètes [211] et la création du monde ex nihilo, car le miracle authentique est une preuve évidente de la création du monde ex nihilo [212], comme nous l'avons expliqué dans le *Guide des Egarés* [213]. Et ils ne les ont pas fait sortir des affaires de ce monde-ci en matière de rétribution et de châtiment [214] ni du domaine de la nature [215], en tant que l'âme survit ou est retranchée, comme nous l'avons mentionné, je veux dire [qu'elle gagne] le monde à venir ou en est retranchée, or seul ce qui concerne la résurrection n'entre pas [dans ce domaine] [216] et ce sujet se perpétue ainsi [217] jusqu'à ce que se confirment ces principes et qu'ils soient attestés au long des générations et qu'il ne subsiste plus de doute sur la prophétie des prophètes et sur l'accomplissement des miracles. Après cela [218], les prophètes [219] nous ont indiqué ce que Dieu leur avait fait connaître sur la résurrection des morts et cela était facile à accepter [220]. Tu verras cette sorte de ruse dont Dieu même usa envers Israël. Il est dit à leur

210. Comme le partage de la mer Rouge, la guerre contre Amalek et spécialement la révélation du Sinaï.

211. Comme il est dit à l'occasion du partage de la mer Rouge : « Et Israël révéra le Seigneur et ils eurent foi en l'Eternel et en Moïse son serviteur » (Ex. 14, 31) et à l'occasion de la révélation du Sinaï il est écrit : « L'Eternel dit à Moïse : voici moi-même je t'apparaîtrai au plus épais du nuage, afin que le peuple entende que c'est moi qui te parle et qu'en toi aussi ils aient foi constamment » (Ex. 19, 9).

212. Le miracle authentique et la création du monde ex nihilo ont une influence réciproque et se renforcent mutuellement.

213. IIe Partie, chap. 25.

214. Comme dans Deut. 11, 13-17 ; durant la vie même, dans ce monde-ci, les hommes sont punis ou récompensés pour une part, selon la nature et son ordre (pluies, prospérité...).

215. C'est-à-dire la récompense et la punition ne sont essentiellement pas des choses de ce monde-ci, mais elles relèvent tout de même du domaine de la nature et de la conduite du monde.

216. La résurrection est réservée aux justes, comme l'ont dit nos maîtres (Gen. R., chap. 13).

217. Sans mentionner de façon explicite le problème de la résurrection.

218. Après les nombreuses années passées dans l'exil à Babylone.

219. Parmi eux Daniel qui exprima le premier d'une façon claire et détaillée le problème de la résurrection.

220. Ces paroles de Maïmonide ont comme fondement l'idée de développement et de progrès. Il en a été de même pour la foi aux miracles qui n'a pas été établie en une seule fois, mais d'une façon progressive et lente. Maïmonide présente cette idée de progrès d'une façon encore plus claire dans le *Guide,* IIIe Partie. chap. 32.

propos : Dieu ne les dirigea pas vers le pays des Philistins, lequel était proche, parce que Dieu pensait : « Ce peuple pourrait se raviser à la vue de la guerre et retourner en Egypte » (Ex. 13, 17) ; s'il les avait habitués aux choses de ce monde, parce qu'il craignait qu'ils ne retournent en Egypte et que soit
386 aboli ce qui était prévu à leur intention [221], de même il craignait davantage pour eux qu'ils n'acceptent pas cette connaissance, je veux dire la résurrection et qu'ils abolissent ainsi la fin projetée pour eux et par eux [222] de peur qu'ils s'habituent aux croyances [étrangères] — le comportement coutumier valant uniformément [223]. On sait que les hommes, auxquels Dieu voulait que la Tora apparaisse à leur époque, avaient des croyances très pernicieuses implantées en eux. Il est dit à leur sujet, à la fin des quarante années [passées dans le désert], après tout ce qu'ils avaient vu de l'action du grand Nom : « Jusqu'à ce jour, le Seigneur ne vous a pas encore donné un cœur pour sentir, des yeux pour voir, ni des oreilles pour entendre » (Deut. 29, 3). Dieu savait que, s'il leur avait parlé de la résurrection des morts, il leur aurait été impossible [de l'admettre] et ils se seraient beaucoup éloignés de lui [224]. Les transgressions seraient apparues légères à leurs yeux parce que la punition ne les frapperait qu'après un long délai. C'est pourquoi il leur fit peur et il leur promit le bien et le mal au sujet de choses survenant rapidement : si vous obéissez et si vous n'obéissez pas [225]. Pour cette raison [la Tora] fut plus
387 aisée à être acceptée et plus utile [226]. Ceci est aussi d'une

221. L'intention de Dieu était de les faire sortir de la maison de servitude et de les conduire dans le pays qu'il avait promis à leurs pères de leur donner, mais le manque de préparation était le danger, parce qu'en voyant la guerre fondre sur eux, on pouvait craindre qu'ils retournent à leur esclavage.

222. Car l'intention, dans cette croyance, est d'enseigner aux hommes que la fin des jours apporte l'espérance pour l'homme droit et qu'il existe une récompense pour ses actions.

223. Les lois du développement et du progrès règnent sur eux et elles ne sont acquises par l'homme que par une accoutumance lente et progressive.

224. Par insuffisance de foi et manque de préparation.

225. Vous recevrez une punition (Lév., chap. 20. — Deut. chap. 28).

226. Les commandements positifs et négatifs ne nous ont été donnés que pour affiner les créatures, pour le développement du corps et de l'âme par un perfectionnement matériel et spirituel. Tous les commandements visent à implanter dans le cœur des hommes des connaissances authentiques et des pensées justes, à enraciner en eux des vertus morales : amour de la justice et haine du mal ; mais parce

grande utilité, je veux dire : l'obéissance — elle redresse les affaires des mondes [227], et la désobéissance — elle les perd. Il est déjà mentionné dans la Tora qu'il y a un prodige permanent, je veux dire : l'organisation des affaires [228] grâce au service [de Dieu] et leur perte à cause de la désobéissance. [Dieu] dit : « Elles s'attachent, comme un stigmate miraculeux, à toi et à ta postérité, indéfiniment » (Deut. 28, 46). C'est la raison pour laquelle [les maîtres] dirent « il n'y a pas de destin pour Israël » [229]. Ils veulent dire que l'organisation et la perte ne découlent pas d'une cause naturelle ni du déroulement de la réalité, mais elles dépendent du service divin et de la désobéissance — et c'est le plus grand de tous les signes [230] — nous avons déjà expliqué que cela s'applique dans la loi publique et dans la loi privée comme cela découle de cette
388 anecdote [231] et s'accorde avec le verset : « A ta postérité indéfiniment » (ibid.) et avec ce passage, célèbre dans la nation : « L'homme qui voit des souffrances fondre sur lui, qu'il scrute ses actes » [232]. C'est ce qui est également visé lorsqu'on dit, à propos de la spécificité de la nation : « C'est l'Eternel, ton Dieu qui les a [233] donnés en partage à tous les peuples sous

que Dieu connaît la nature des hommes et de leurs pensées, qu'il sait qu'ils ne sont pas capables d'atteindre, comme lui, le fond des choses, qu'il n'est pas dans sa manière de changer leur nature et qu'il se comporte en éducateur jusqu'à ce qu'ils parviennent, par eux-mêmes, au but espéré, Dieu parle le langage des hommes simples, des paroles de menace et d'assurance qui sont perçues par le cœur de la foule : si vous obéissez et si vous n'obéissez pas. Voir *Guide*, IIIe Partie, chap. 32.

227. Ce monde-ci et le monde à venir, ainsi qu'il est dit (Deut. 6, 24) : « Il nous prescrivit d'exécuter toutes ces lois, de révérer l'Eternel, votre Dieu, pour que nous fussions heureux à jamais, pour qu'il conservât nos jours, comme il l'a fait jusqu'ici », « à jamais » est une allusion au monde à venir.

228. Les affaires humaines des particuliers et de la société.

229. Chabbat 156 a ; voir Epître au Yémen, note 167.

230. Car cela prouve qu'il y a un œil qui regarde et surveille tous les agissements des hommes et qu'il y a un Dieu qui règne sur la terre.

231. Il semble que l'on vise ici ce qui est raconté dans Chabbat 156 b : Samuel et Avlat (nom d'un sage étranger et astrologue) allaient leur chemin et Samuel démontrait à Avlat qu'il n'y avait pas de destin pour Israël mais que celui-ci était maître du bien et du mal, ce qui signifie que la réparation et la perte dépendent chez lui du service divin et de la désobéissance, la prière et la justice font disparaître la rigueur du destin.

232. Berakhot 5 a. Ceci prouve que le destin de l'homme d'Israël est lié et dépend de ses actes, de ce qu'ils sont parfaits ou pernicieux.

233. Le soleil, la lune et les étoiles.

le ciel. Mais vous, l'Eternel vous a adoptés, il vous a arrachés à ce creuset de fer, l'Egypte, pour que vous fussiez un peuple lui appartenant comme vous l'êtes aujourd'hui » (Deut. 4, 19-20). Cela veut dire que leurs affaires ne sont pas conduites comme c'est la coutume pour le reste des nations [234] mais que Dieu les a singularisées par ce grand prodige : que leurs actions soient toujours rattachées à la réparation de leurs affaires ou à leur perte.

X

De ce qu'il convient que nous expliquions maintenant [en conclusion], quoique ce soit un principe plus important que l'intention de cette lettre [235], c'est que les prodiges surviennent parfois dans des domaines où il y a impossibilité dans le cadre de la nature, comme la transformation du bâton en serpent, l'effondrement du sol sous la bande de Coré ou le partage de la mer Rouge. Parfois, ils se produisent dans des domaines où cela est possible dans le cadre de la nature, comme l'invasion des sauterelles, la chute de grêle et la peste en Egypte — car cela fait partie des événements qui ont lieu en de rares moments et dans certains pays ; et comme la fissuration de l'autel de Jéroboam dans le passage sur l'homme de Dieu : « Voici la preuve que c'est l'Eternel qui a parlé : l'autel va se fendre et la cendre qui est dessus se répandra par terre » (I Rois 13, 3), car c'est la manière dont les constructions se fendent, et à
389 plus forte raison celles qui sont reconstruites ; il en est de même de la pluie torrentielle à la période de la moisson par l'entremise de Samuel [236], et les bénédictions et les malédictions

234. Dont le destin dépend des constellations et des dispositions des milices célestes.

235. Selon l'avis de Maïmonide il ne faut pas attribuer une trop grande valeur à la présente lettre, car elle n'ajoute rien à tout ce qu'il a déjà dit sur la résurrection des morts dans ses œuvres principales, mais il n'y a là que de la répétition et un développement pour le grand public. C'est la raison pour laquelle il attache de l'importance à l'explication qu'il apporte ici en dehors de la question de la résurrection des morts parce qu'elle apporte un élément nouveau pouvant être utile au lecteur.

236. I Sam. 12, 17.

citées dans la Tora[237] car chacune d'entre elles peut survenir dans tout pays en tout temps et elles sont toutes du domaine du possible lorsque l'homme les considère. Cependant ces choses possibles sont des prodiges à l'une de ces trois conditions, ou aux trois : la première est que cette chose possible arrive au moment même indiqué par le prophète, comme cela est arrivé pour Samuel (I Sam. 12, 17) : « Samuel invoqua le Seigneur et le Seigneur, le jour même, fit tonner et pleuvoir » ; de même pour l'homme de Dieu venant de Judée : « L'autel se fendit et la cendre de l'autel se répandit, à titre du prodige que donna l'homme de Dieu » (I Rois 13, 5).

La deuxième condition : l'étrangeté de cette chose possible par rapport à tout ce qui est possible, comme cela arriva pour les sauterelles [en Egypte] : « Pareille quantité de sauterelles ne s'était pas encore vue, pareille quantité ne devait plus se revoir » (Ex. 10, 14) et il est dit de la grêle : « Rien de pareil n'était arrivé dans tout le pays des Egyptiens depuis qu'ils formaient une nation (...) la seule province de Gossen, où habitaient les enfants d'Israël, fut exempte de grêle » (Ex. 9, 24-26). Et il est dit de la peste : « Tout le bétail des Egyptiens périt et du bétail des Israélites, il ne périt pas une bête » (Ex. 9, 6), parce que ce possible se concentre contre la nation visée ou en un endroit particulier ou en une espèce désignée dans l'étrangeté de ce possible.

La troisième condition : la continuation du possible survenu et sa persistance comme les bénédictions et les malédictions. Car si cela ne se produisait qu'une ou deux fois, ce ne serait pas un prodige et l'on dirait que cela s'est produit par hasard[238]. Cela a déjà été expliqué dans la Tora[239] qui dit : « Si vous agissez de façon hasardeuse à mon égard, si vous persistez à ne point m'obéir », c'est-à-dire si vous estimez que ce qui vous
390 atteint de ces calamités est dû au hasard et n'est pas un châtiment, il est dit que Dieu fera durer dans sa colère la chose même que vous considérez comme un hasard[240]. [Dieu] dit : « Si vous vous comportez au hasard avec moi, je procéderai

237. Lév., chap. 26, et Deut., chap. 28.

238. Cela ne résultait pas d'une action divine.

239. Lév. 26, 21.

240. Il continuera à envoyer sur eux de nombreux « hasards » comme ceux-là. La question est déjà évoquée ci-dessus (Epître au Yémen) et dans le *Guide*, IIIe Partie, chap. 36.

à votre égard avec une exaspération de hasards et je vous châtierai à mon tour, sept fois pour vos péchés (Lév. 26, 27-28).

Après t'avoir expliqué cela [241], sache que le prodige, dans le domaine des choses impossibles dans la nature, ne tarde pas, ne se prolonge pas et ne demeure pas plus que nécessaire car, s'il perdurait ainsi, il pousserait à douter du prodige. Si le bâton demeurait à l'état de serpent, on pourrait soupçonner qu'il était un serpent dès l'origine. C'est la raison pour laquelle la plénitude du miracle fut en ce qu'il revint à l'état de bâton : « Il redevint verge dans sa main » (Ex. 4, 4). Si le sol affaissé sous la bande de Coré, était resté affaissé toujours, le prodige aurait été sans valeur [242], cependant sa perfection a consisté en ce que la terre est revenue à son état primitif : « Et la terre se referma sur eux » (Nom. 16, 33) de même : « Moïse étendit la main sur la mer et la mer, aux approches du matin, reprit son niveau comme les Egyptiens se précipitaient en avant ; et le Seigneur précipita les Egyptiens au sein de la mer » (Ex. 14, 27). A cause de ce principe sur lequel j'ai appelé ton attention, je fuirai la croyance en la persistance d'une chose hors du cadre de la nature, comme nous l'avons expliqué dans cette lettre [243] ; cependant le prodige relevant du domaine du possible est celui-ci : tout ce qui perdure et se prolonge plus [que normalement] mérite d'être considéré comme un prodige. C'est la raison pour laquelle nous croyons à la permanence des bénédictions et des malédictions : les bénédictions liées au service divin, et les malédictions liées à la désobéissance, se perpétuent dans cette nation [244] et par là reviennent comme signe et prodige [245].

En ce qui concerne le problème de celui qui demande pourquoi ce prodige a été établi pour eux et que n'a pas été établi pour eux le prodige final, je veux dire : la résurrection des
391 morts, la rétribution et la punition après la mort pour l'âme

241. Ce qui concerne le prodige relevant du domaine du possible.

242. Car on aurait pu dire que c'est un hasard, car il arrive parfois que la terre s'effondre et il n'y a pas là de prodige.

243. Voir ci-dessus parag. II à propos de ceux qui croient que le corps persiste dans le monde à venir, tel que le conçoit Maïmonide.

244. La communauté d'Israël.

245. Elles deviennent le signe et le prodige que Dieu est au milieu d'eux et la preuve que leurs actions sont surveillées.

et le corps [246], cela ressemble à la question de celui qui demande : pourquoi, dans les miracles du messager de Dieu, le bâton se transforme-t-il en serpent et pas la pierre en lion ? Ceci dépend entièrement d'une décision de la sagesse [divine] sur laquelle nous ne connaissons pas la moindre chose, à plus forte raison si nous avons déjà rappelé divers aspects de cette sagesse [247]. Peut-être y a-t-il là une raison ou d'autres raisons nombreuses que sa sagesse, béni soit-Il, a nécessitées et nous ne les connaissons pas.

246. C'est-à-dire au lieu de multiplier les signes et les prodiges pour confirmer le principe de la résurrection, qui symbolise la récompense et la punition pour le corps et l'esprit après la mort, comme l'ont dit les maîtres : la résurrection est pour les justes et pas pour les impies (Gen. Rabba, Paracha 13), pourquoi ne pas leur montrer le miracle de la résurrection lui-même, d'autres miracles ne seraient plus nécessaires.

247. Peut-être l'intention de décrire la sagesse divine est-elle présente dans les *Huit chapitres,* chap. 8, dans le *Guide,* Ire Partie, chap. 56-68 et IIe Partie, chap. 25, et dans le *Michne Tora,* principes de la Tora, chap. 11, règles 8-11 :
Toutes ces formes (Maïmonide a traité précédemment les dix degrés des anges) sont vivantes et connaissent le Créateur d'une connaissance extrêmement grande ; chaque forme selon son degré et non selon la grandeur de Dieu. Même la forme du premier degré (le plus élevé) ne peut appréhender la réalité du Créateur tel qu'il est parce que son entendement est trop réduit pour l'appréhender et le connaître. Mais la forme de ce degré en appréhende et en connaît davantage que la forme située au-dessous d'elle. De même, chaque degré jusqu'au 10e, connaît le Créateur d'une connaissance que les hommes, composés de matière et de forme, n'ont pas la capacité d'appréhender et d'atteindre. Aucune de ces formes ne connaît le Créateur comme il se connaît lui-même.
Tous les êtres existants — à l'exception du Créateur — depuis la forme la plus élevée jusqu'au moindre des insectes, qui vit à la surface de la terre, tous n'existent qu'en vertu de la réalité de Dieu. Comme il se connaît lui-même et qu'il a conscience de sa grandeur, de sa splendeur et de son essence véritable, il connaît toutes choses et rien ne lui est caché.
Le Saint, béni soit-il, comprend son essence véritable et la connaît telle qu'elle est ; mais il ne la connaît pas d'une connaissance extérieure à lui comme nous le connaissons — car nous ne faisons pas un avec notre connaissance tandis que dans le cas du Créateur, béni soit-il, il est un avec sa connaissance et sa vie à tous égards, sous tout rapport et en toute manière d'unité. En effet s'il vivait d'une vie, et connaissait d'une connaissance extérieure à lui-même, il y aurait plusieurs dieux : lui, sa vie et sa connaissance. Or il n'en est pas ainsi mais Dieu est un à tous égards, sous tout rapport et en toute manière d'unité. Tu te trouves obligé de dire qu'il est ce qui connaît, celui qui est connu et la connaissance elle-même, le tout ne faisant qu'un (...). Dieu connaît les créatures et en sait l'être non par l'intermédiaire des créatures mais immédiatement par lui-même. Il en résulte que c'est parce qu'il se connaît lui-même, qu'il connaît toutes choses puisque tout est fondé sur son existence.

Il n'est pas utile qu'un des hommes de sagesse nous reproche ce qui vient dans ce discours, répéter une même idée plusieurs fois, et ce qui est un développement qui n'ajoute rien. Car en vérité je n'ai rédigé cette lettre que pour le grand public qui éprouve des doutes sur celles de nos paroles qui sont pourtant claires, ou pour celui qui déplore la brièveté des développements concernant la résurrection des morts. En vérité, à ceux qui ont une connaissance parfaite des sciences, l'allusion suffit et il n'est pas nécessaire pour eux de répéter et de développer les commentaires mais seulement les têtes de chapitre comme nous l'avons fait pour toutes ces questions profondes dans notre ouvrage le *Guide des Egarés* comme l'ont enseigné nos maîtres, de mémoire bénie : « Il lui dit : interprète-le ! Il répondit : on n'explique pas à un maître : Il lui dit : enseigne-le en répétant ! Il répondit : on n'enseigne pas à un maître »
392 (Sifra, metsoura). Nous t'avons en effet déjà expliqué que la discussion avec des hommes accomplis ne nécessite ni répétition, ni commentaire. « Donne [une leçon] au sage et il deviendra plus sage ; instruis l'homme de bien et il enrichira son savoir » (Pro. 9, 9). En revanche, le public a besoin de deux choses en même temps : « Ordre sur ordre, ordre sur ordre, règle sur règle, règle sur règle » (Is. 28, 13)[248]. Malgré cela ils comprennent petitement : « un peu par-ci, un peu par-là ». En vérité il convient de s'adresser à chaque catégorie selon ce qu'elle peut supporter[249], et le Nom, qu'il soit béni, nous mettra sur la voie droite, en parole et en action[250] et nous sauvera du péché et de la faute à cause de sa bonté.

Epître achevée en l'an 1502 de l'Ere des Seleucides (c'est-à-dire 1191).

248. C'est-à-dire qu'avec le grand public il faut se comporter comme les instituteurs avec leurs jeunes élèves : commenter, répéter, rappeler et redire sans cesse.

249. Selon sa faculté de compréhension et son niveau spirituel : au petit selon sa petitesse, au grand selon sa grandeur.

250. Dieu nous mettra sur la voie droite afin que nous ne trébuchions ni en paroles ni en actes et que nous ne fassions pas trébucher les autres.

INTRODUCTION AU CHAPITRE HELEQ[1]

Tout Israël[2] a part[3] au monde à venir[4] car il est écrit : « Et ton peuple ne sera composé que de justes qui possèderont à jamais ce pays[5], eux, rejeton que j'ai planté, œuvre de mes mains dont je me fais honneur » (Is. 60, 21). Ceux qui n'ont pas part au monde à venir sont : celui qui dit qu'il n'y a pas

1. Dans le Talmud de Babylone la place de ce chapitre se trouve à la fin du traité Sanhedrin en tant que chap. 11e et dernier ; pourtant dans les éditions de la Michna et du Talmud dit de Jérusalem il est placé avant le dernier chapitre (en tant que chap. X) et il semble que ce classement soit plus correct.

2. Même les criminels passibles de la peine de mort infligée par le tribunal et qui reçoivent leur châtiment ; également des justes des nations, Maïmonide dit qu'ils ont part au monde à venir. Voir *Michne Tora,* Règles de la Techouva, IIIe chapitre, règle 5.

3. Qui est proportionnée à ses mérites.

4. Commenté ci-dessous. Voir *Michne Tora,* Livre de la Connaissance Techouva, chap. VIII, règle 8, p. 250 : « Si les maîtres l'appellent " le monde à venir ", ce n'est pas parce qu'il n'a pas de réalité actuelle, que ce monde-ci sera détruit et qu'après viendra ce monde (à venir). La situation n'est pas celle-là, car il existe en acte comme il est écrit : " Qu'elle est grande ta bonté que tu tiens en réserve pour tes adorateurs, que tu témoignes à ceux qui ont foi en toi... " (Ps. 31, 20). On ne l'appelle monde à venir que parce que cette vie [éternelle] n'échoit à l'homme qu'après qu'il a vécu dans ce monde-ci où nous existons avec un corps et une âme, selon la condition qui a d'abord été celle de tous les hommes ».

5. C'est-à-dire le pays de la vie, de la vie du monde à venir : « Ah ! si je n'avais pas la certitude de voir la bonté sur la terre des vivants » (Ps. 27, 13).

de résurrection des morts [6] [inscrite dans la Tora] ; celui qui dit que la Tora ne vient pas des cieux ; l'épicurien [7]. R. Akiba dit : également celui qui lit dans les livres hérétiques [8] ; et celui qui murmure des charmes sur une blessure et dit : « Aucune des plaies dont j'ai frappé l'Egypte ne t'atteindra car moi, l'Eternel, je te préserverai » (Ex. 15, 26). Abba Saul dit : Egalement celui qui prononce le nom [9] avec toutes ses lettres (Michna Sanhedrin chap. 10 1re Michna).

A) J'ai trouvé bon de parler ici de nombreux principes concernant la foi [d'Israël], principes grands et très importants. [10]. Il faut que tu saches que les adeptes de la Tora ont des opinions divergentes sur le bien résultant pour l'homme de l'accomplissement des commandements que le Nom, béni soit-il, nous a prescrits par l'intermédiaire de Moïse, notre maître, que la paix soit sur lui et du mal qu'il éprouvera lorsqu'il les transgresse. Il y a des controverses très nombreuses [11] selon les caprices de leur intelligence ; ils se trom-
109/110 pent à leur sujet et leurs explications sont d'une grande confusion, au point que tu ne peux presque pas trouver d'homme qui puisse expliquer cela et tu ne trouveras pas en ce domaine quelque chose d'absolu pour aucun homme, mais au contraire une grande confusion.

La première catégorie pense que le bien est le jardin d'Eden,

6. Ceux qui ne croient pas que Dieu fait revenir les âmes dans le corps des morts comme il est expliqué dans le livre de Daniel (12, 2). Voir *MT*, Livre de la Techouva, chap. 3, règle 6. Ce principe que les Saducéens et les Samaritains nient est inséré dans la prière des 18 Bénédictions.

7. Dans son commentaire, Maïmonide dit plus loin que le mot épicurien est araméen, ce qui est surprenant car il est généralement considéré comme d'origine grecque. Il désigne celui qui néglige ou insulte la Tora ou ses enseignements. Ce terme n'a qu'un rapport lointain avec l'enseignement du philosophe grec Epicure (4e siècle avant la destruction du 2e Temple) qui est supposé avoir proclamé que l'essence et le but de la vie sont la convoitise et les plaisirs.

8. Des livres écrits par des sectaires, qui sont extérieurs au canon biblique et qui ne croient pas à l'immortalité de l'âme ni en la vie du monde à venir.

9. Le Tétragramme.

10. Principes importants de foi que tout fils d'Israël doit croire et ne pas contester.

11. C'est-à-dire de grands personnages ont des opinions divergentes sur l'interprétation de la loi de la rétribution, de la récompense et de la punition.

parce que c'est le lieu où l'on mange et où l'on boit, sans travail corporel et sans effort ; qu'il y a des maisons de belle pierre, et des lits garnis de soie et des ruisseaux où coulent du vin et des graisses parfumées et beaucoup d'autres choses du même genre. Et que le mal c'est la géhenne, que c'est un lieu brûlant de feu où rôtissent les corps et où se morfondent les hommes dans toutes sortes de peines et de souffrances, et ils en rajoutent. Cette catégorie apporte une preuve à l'appui de leur opinion à partir des maîtres, de mémoire bénie, et des Ecritures, en les prenant au sens littéral conforme à leurs dires pour tous ou pour une majorité.

La deuxième catégorie est d'avis et pense que le bien espéré est : les jours du Messie, qu'il apparaisse vite parce qu'en ce temps-là tous les hommes seront des anges, tous vivant et existant pour toujours, et leur taille grandira, ils se multiplieront et se fortifieront jusqu'à occuper toute la terre éternellement. Ce Messie, selon leur pensée, vivra [pour toujours] avec l'aide de Dieu, qu'il soit béni. En ce temps la terre fera sortir des vêtements tout tissés, du pain cuit et beaucoup de choses analogues, qui sont impossibles. Le mal est qu'il ne se trouve pas d'homme, en ces jours, qui mérite de le voir. Ils apportent la preuve grâce à de nombreux éléments qu'ils trouvent chez les maîtres et dans les Ecritures, dont le sens obvie s'accorde avec ce qu'ils disent, au moins en partie.

La troisième catégorie pense que le bien que nous espérons est la résurrection des morts : que l'homme, après sa mort,
111 sera réuni à ses proches et aux membres de sa famille qu'il mangera, boira et ne mourra plus. Et le mal est qu'il ne ressuscite pas après sa mort avec ceux qui revivront. Ils apportent une preuve à l'aide de nombreux passages se trouvant dans les paroles des maîtres et dans les versets des Ecritures, dont le sens obvie va dans le sens de ce qu'ils croient, au moins en partie.

La quatrième catégorie pense que le bien est à notre portée grâce à l'accomplissement des commandements et c'est le repos du corps et la satisfaction des désirs terrestres dans ce monde-ci, comme la fertilité des terres, de nombreuses richesses, des fils nombreux, la longévité, la santé du corps, la paix et la sécurité, être le roi d'Israël et que nous régnions sur celui qui nous est hostile. Et le mal qui nous frappera lorsque nous renierons la Tora est le contraire de ces choses comme dans la période où nous nous trouvons maintenant, l'exil. Ils apportent une preuve dans leur sens à partir de toutes les Ecritures, des bénédictions et des malédictions et en outre de tous les récits de l'Ecriture.

La cinquième catégorie, qui est nombreuse, associe toutes ces questions et ils disent que l'espérance est que vienne le Messie et qu'il ressuscite les morts et qu'ils entrent dans le jardin d'Eden où ils mangeront, boiront et seront en bonne santé tous les jours et à jamais ; mais il y a un point prodigieux [12], je veux dire : le monde à venir — de toute façon tu en trouveras peu qui parviennent par eux-mêmes à y penser ou qui adoptent ce principe ou qui posent une question sur ce sujet : à quoi il se rapporte ; s'il est le but du bien ou si l'une des idées précédentes est la fin ultime ? Ou s'il distingue entre la fin et la cause qui entraîne la fin [13] ; mais ce que demande
112 tout le peuple et ceux qui comprennent : comment les morts se lèveront-ils, nus ou habillés ? Seront-ils dans les mêmes linceuls que ceux avec lesquels ils ont été enterrés avec leurs broderies, leurs dessins et l'embellissement de leurs coutures, ou bien seulement avec le vêtement qui recouvrira leurs corps ? Et lorsque viendra le temps du Messie est-ce que le riche et le pauvre seront égaux ou est-ce qu'il y aura à son époque des forts et des faibles ? Et beaucoup de questions analogues en tout temps.

Mais toi qui consultes ce livre, comprends cette parabole que je présente à ton imagination et alors tu prépareras ton cœur et tu entendras les paroles concernant tout ce problème. Suppose qu'un petit garçon soit conduit auprès d'un instituteur pour qu'il lui enseigne la Tora et cet enseignement est pour celui-ci un grand bien pour son accession à la perfection ; mais si, en raison de son jeune âge et de la faiblesse de son intelligence, il ne comprend pas l'éminence de ce bien et qu'il peut atteindre, grâce à elle, à la perfection. C'est pour cette raison que, nécessairement, l'instituteur doit être plus formé que lui [l'élève] pour qu'il l'encourage à l'étude dans les domaines appréciés chez lui en raison de son âge, et qu'il lui dise : lis et je te donnerai des noix ou des figues ou je te donnerai un peu de miel ; grâce à cela il lit et fait des efforts [14], pas pour

12. Car il n'y en a pas de plus important dans la loi de la rétribution.

13. C'est-à-dire que nous ne trouvons aucune attention ni aucun effort chez celui qui cherche à connaître la qualité et l'existence de ce point merveilleux qui est le monde à venir.

14. Pour obtenir ces friandises.

l'objet de sa lecture — parce qu'il n'en connaît pas le mérite — mais afin qu'on lui donne cette nourriture. Le fait de manger ces friandises est pour lui plus cher que le contenu de la lecture et est, sans aucun doute le bien à ses yeux. C'est pourquoi il pense que l'étude est un effort et une fatigue et il peine [15] afin de recevoir, grâce à cet effort, le but apprécié par lui, qui est une noix ou une cuillerée de miel. Lorsqu'il grandit et que son intelligence se développe, le domaine qui était pesant pour lui devient facile et il en vient à aimer autre chose. On le stimule et l'on encourage son désir par quelque chose qui
113 lui est agréable et son professeur lui dit : lis et je te donnerai de jolies chaussures ou des vêtements précieux comme ceux-ci et grâce à cela il s'efforce de lire — pas pour le contenu de l'étude mais pour avoir ce vêtement. Et ce vêtement est plus important à ses yeux que la Tora et il est pour lui la finalité de la lecture. Lorsque son intelligence se sera perfectionnée davantage et qu'il méprisera également cette récompense, il placera son esprit sur quelque chose de plus important et alors son maître lui dira : apprends cette péricope ou ce chapitre et je te donnerai un ou deux dinars. C'est pourquoi il lit et fait des efforts pour gagner cet argent. Et cet argent est pour lui plus important que l'étude puisque le but de l'étude chez lui est de gagner la pièce d'or qu'on lui a promis.

Lorsque sa formation sera parfaite, que la leçon sera facile à ses yeux et qu'il saura que cette chose est facile, il désirera ce qui est important pour lui et son maître lui dira : apprends pour être Rav et juge et que les hommes t'honorent et se lèvent devant toi, qu'ils exécutent tes ordres et que grandisse ton nom de ton vivant et après ta mort comme un tel ou un tel. Et il étudie et fait des efforts pour atteindre cette dignité et la finalité sera pour lui : l'honneur dont l'honoreront les hommes qui le loueront — tout cela est indécent et pourtant cela est nécessaire en raison de la faiblesse de l'intelligence humaine qui place la finalité de la sagesse comme une chose différente et extérieure à la sagesse et on dit : dans quel but étudions-nous ? — Pour accéder par là à la gloire ! Cela, c'est faire injure à la vérité. Or sur une étude de cette nature, les maîtres disent qu'elle n'est pas pour elle-même, c'est-à-dire qu'il

15. Quoiqu'il considère l'étude comme un joug et une lourde charge, il peine pour atteindre le but convoité, qui est de recevoir la récompense.

accomplit les commandements et étudie la Tora, pas pour elle-même, mais en vue de quelque chose d'autre. Les maîtres nous ont mis en garde à cet égard en disant : « Ne faites pas de l'étude une couronne pour vous enorgueillir, ni une bêche
114 pour creuser » [16]. Et ces maîtres font allusion à ce que je t'ai expliqué : que la sagesse ne doit avoir comme finalité ni de recevoir les honneurs des hommes, ni de gagner de l'argent et il ne faut pas s'occuper de la Tora divine pour devenir célèbre par ce moyen. Il ne doit y avoir d'autre finalité à l'étude de la sagesse que seulement le fait de la connaître. De même la vérité n'a pas de finalité si ce n'est de savoir qu'elle est vérité. Et la Tora est vérité, la finalité est de la connaître et de la mettre en pratique [17]. Il est interdit à l'homme accompli de dire : lorsque j'appliquerai ces commandements qui sont les qualités [morales] et que je me tiendrai à l'écart des transgressions qui sont des fautes, que le Nom, béni soit-il, a commandé de ne pas commettre — quelle sera la récompense que je recevrai en échange ? C'est analogue à ce que dit le jeune garçon : lorsque j'aurai lu ceci, qu'est-ce que tu me donneras ? On lui dit : une babiole. De même lorsque nous voyons la faiblesse de l'intelligence qui ne comprend pas cette leçon et qu'elle demande, à titre de finalité, une autre finalité, nous lui répliquons dans le sens de sa bêtise, comme il est écrit : « Réplique au sot dans le sens de son ineptie, sans cela il se prendrait pour un sage » (Pro. 26, 5).

Les maîtres nous ont déjà avertis à ce sujet en disant que l'homme ne doit pas assigner de finalité au culte divin ni mettre en pratique les commandements pour une chose parmi d'autres. C'est ce qu'a dit l'homme accompli qui a atteint la vérité profonde des choses. Antigone de Sokho, disciple de Siméon le Juste, disait : « Ne soyez pas comme les serviteurs qui servent leur maître afin de recevoir un salaire ; mais soyez comme des serviteurs qui servent leur maître sans attendre aucune rémunération et soyez pénétrés de la crainte de Dieu » (Avot 1, 3). En vérité on veut dire par là : que l'on croie en la vérité

16. Pirké Avot 4 : 5 : « Rabbi Tsadok disait : " Ne fais pas de l'étude une couronne pour t'enorgueillir ni un instrument de travail " — car ainsi a dit Hillel : " Celui qui se sert de la couronne de la loi [dans un but intéressé] périra " ». C'est la raison pour laquelle la plupart des maîtres se livraient à des travaux manuels pour assurer leur subsistance.

17. Comme il est écrit : « Etudiez-les [les lois et les statuts transmis par Moïse à tout Israël] et appliquez-vous à les suivre » (Deut. 5, 1)

pour elle-même, c'est ce que l'on appelle le service par amour. Nos maîtres ont dit [18] : « Heureux l'homme qui prend grand plaisir à ses commandements » (Ps. 112, 1). R. Eléazar dit : « A ses commandements et pas au salaire résultant de ses commandements ». Quelle force dans cette preuve et quelle clarté !

C'est une preuve évidente de ce que nous avons dit précédemment [19]. Plus important encore est ce qui est dit dans le Sifré [20] : « Ne dis pas : voilà que j'étudie la Tora pour devenir riche, pour être appelé Rabbi, pour recevoir une récompense dans le monde à venir ». Selon un examen approfondi du texte : « ...à condition d'aimer l'Eternel ton Dieu et de marcher constamment dans ses voies... » (Deut. 19, 9), tout ce que vous faites, ne le faites que par amour. Voilà que s'éclaire pour toi la question [21] et il t'apparaît que c'est l'intention de la Tora et le fondement de l'intention des maîtres, que la paix soit sur eux, et il n'y a rien de supérieur à cette idée, mais un sot se déchaîne parce qu'on dérange et on altère ses pensées stupides et ses idées médiocres. C'est la supériorité d'Abraham, notre père, que la paix soit sur lui, qu'il servait Dieu par amour [22], sur cette voie c'est la ferveur spirituelle qui convient.

Les maîtres, de mémoire bénie, savent que c'est une chose très difficile, que tout homme ne peut l'atteindre et que s'il l'atteint, il n'y parvient pas de but en blanc ; il ne pense pas

18. Avoda Zara 19 a. Voir *Michne Tora* : Techouva, chap. X, règles 1 à 5, p. 253, § 1 : « Que nul ne dise : voici que j'applique les commandements de la Tora, et que je m'occupe de son étude afin de recevoir toutes bénédictions qui sont prévues pour ce monde-ci, ou pour mériter la vie du monde à venir tandis que je m'abstiens des transgressions interdites par la Tora afin d'échapper aux malédictions inscrites dans la Tora ou afin de ne pas être retranché de la vie du monde à venir. Il ne convient pas de servir Dieu de cette manière, parce que celui qui sert Dieu de cette manière, le sert par crainte, ce n'est pas le degré des prophètes ni des maîtres. Seuls le servent de cette manière les illettrés, les femmes et les enfants qui sont instruits à servir Dieu par crainte jusqu'à ce qu'ils aient développé leur intelligence et qu'ils le servent par amour ». Les paragraphes 1 à 6 de ce chapitre ont été traduits par G. Vajda (*L'Amour de Dieu dans la Théologie Juive du Moyen Age,* Vrin, 1957, p. 127-128).

19. A savoir que l'étude de la Tora et l'application des commandements sont une finalité en elle-même et il n'y a pas lieu de rechercher une autre finalité.

20. Paracha Eqev et également Nedarim 62 a.

21. Du service par amour.

22. Comme il est écrit : « Mais toi Israël, mon serviteur, Jacob mon élu, postérité d'Abraham qui m'aimait » (Is. 41, 8).

que c'est une croyance évidente parce que l'homme ne fait une action qu'en vue de son utilité ou pour éviter un dommage, sinon cette action est pour lui vanité et néant. Comment peut-il être dit à un disciple de la Tora : « Fais ces actions ! » Et « ne les fais pas » par peur d'une punition divine ou dans l'espoir d'une bonne récompense. C'est là une chose très difficile du fait que tous les hommes n'atteignent pas la vérité, jusqu'à ce qu'ils soient comme Abraham notre père, c'est pourquoi on permet au grand public, pour qu'ils s'établissent dans
116 leur foi et appliquent les commandements, d'espérer une récompense et de s'abstenir de transgressions par peur d'une punition. On les encourage sur cette voie et on renforce leurs [bonnes] intentions, jusqu'à ce que l'homme atteigne et connaisse la vérité et la voie parfaite, comme on fait pour le jeune garçon au moment de ses études, selon la parabole que j'ai présentée.

On a accusé Antigone de Sokho d'avoir expliqué au public [23] ce qu'il a expliqué et ils dirent : « Maîtres ! Prenez garde à vos paroles » [24], comme nous l'expliquerons dans le traité Avot, car la foule ne subit aucun dommage en appliquant les commandements par peur de la punition et dans l'espoir d'une récompense, si ce n'est qu'ils n'atteignent pas la perfection. En vérité cela est bon pour eux jusqu'à ce qu'ils aient la force, l'habitude et l'entraînement pour appliquer la Tora, et à partir de là ils sont encouragés à connaître la vérité et deviennent des serviteurs [de Dieu] par amour.

C'est ce qu'ont dit nos maîtres, de mémoire bénie : « Toujours l'homme doit se consacrer à la Tora, même si ce n'est pas pour elle-même, cela finira par l'être » (Pes. 50 b).

B) Parmi ce que tu dois savoir : les hommes sont partagés en trois catégories en ce qui concerne les paroles des maîtres, de mémoire bénie :

La première est celle, nombreuse que j'ai vue de mes yeux,
117 dont j'ai lu les écrits et dont j'ai entendu parler [par d'autres personnes] qui les croient [25] telles qu'elles sont dites et n'y voient d'aucune façon un sens caché ; les choses impossibles

23. Que ce n'est pas une bonne voie que de faire le bien pour recevoir une récompense.

24. Cf. ARN 5 et Maïmonide sur PA 1, 3 ; 1, 11.

25. Les paroles des maîtres.

sont pour eux d'une existence nécessaire [26]. En vérité ils agissent ainsi parce qu'ils ne comprennent pas la sagesse, sont loin de l'intelligence rationnelle et ils n'ont pas la maturité pour se réveiller par eux-mêmes [27]. Ils ne trouvent personne pour les éveiller, car ils pensent que les maîtres, de mémoire bénie, dans toutes leurs paroles droites et bien ordonnées, n'ont pas d'autre intention que ce qu'ils comprennent de ces paroles selon leur opinion qui est de recevoir les choses telles qu'elles sont dites. Quoiqu'il semble résulter de quelques-unes de leurs paroles, il y a quelque médisance [à l'égard des maîtres] et un éloignement de la raison tel, que si l'on parlait selon le sens obvie à des gens incultes et à plus forte raison à des sages — ceux-ci seraient étonnés de les contempler et ils diraient : comment peut-il se faire qu'il y ait au monde un homme qui pense comme cela, ou qui croit que c'est une Foi exacte et à plus forte raison qu'elle est bonne à ses yeux ! C'est donc la catégorie dépourvue de raison et l'on peut regretter pour eux leur sottise : du fait qu'ils honorent et célèbrent les maîtres — selon leur opinion — alors qu'ils les abaissent avec leur finalité de bassesse et ils ne comprennent pas cela. Par le Nom divin ! Car cette catégorie ruine la majesté de la Tora et obscurcit son éclat, ils mettent la Tora de Dieu à l'envers de ce qu'elle vise, puisque le Nom, béni soit-il, a dit dans sa Tora parfaite : « Lorsqu'ils [les peuples] auront connaissance de toutes ces lois, ils diront : Elle ne peut être que sage et intelli-
118 gente cette grande nation ». (Deut. 4, 6).

Cette catégorie parle sur la base du sens littéral des paroles des maîtres, de mémoire bénie, de telle sorte que lorsqu'ils les entendent, le reste des nations dit : « Ce n'est qu'un peuple stupide, une nation scélérate et amoindrie ». C'est ce que font la plupart de ces commentateurs lorsqu'ils interprètent et font connaître au public populaire ce qu'ils ne connaissent pas. Au moins, puisqu'ils ne savent pas et ne comprennent pas, qu'ils se taisent, comme il est écrit : « Plaise à Dieu que vous vous condamniez au silence ! Ce serait une marque de sagesse de votre part » (Job 13, 5). Ou bien qu'ils disent : nous n'avons

26. Pour eux, elles ne sont pas seulement possibles mais sont même des choses nécessaires et existant obligatoirement.

27. Pour comprendre le langage des maîtres qui s'expriment parfois par métaphores, dont l'essentiel n'est pas dans le révélé mais dans l'ésotérique, une réflexion est nécessaire pour le placer à ce niveau et descendre au fond de la connaissance.

pas compris l'intention des maîtres dans ce passage et comment il faut l'interpréter ; mais ils s'imaginent qu'ils l'ont compris et ils s'efforcent de faire connaître et d'interpréter pour le peuple ce qu'ils ont eux-mêmes compris selon leur faible entendement — et pas ce qu'ont dit les maîtres — et ils composent, pour la communauté, des homélies sur le traité *Berakhot* et sur le chapitre *Helèq*[28] uniquement d'après le sens obvie, mot à mot.

La deuxième catégorie est également nombreuse, ce sont ceux qui considéraient les paroles des maîtres ou les entendaient et les comprenaient selon le sens littéral ; et ils croyaient qu'ils n'avaient pas d'autre intention que ce qu'enseigne le sens littéral. Ils en viennent à leur faire dire des sottises et à les blâmer ; ils les calomnient là où il n'y a pas lieu de calomnier et ils médisent de temps en temps des paroles des maîtres. Ils s'imaginent qu'ils sont plus sensés et que leur intelligence est plus pure que la leur ; ils se laissent séduire ces hommes à l'intelligence inférieure, ces hommes stupides selon le principe de réalité, jusqu'à passer totalement à côté des choses
119 de la sagesse.

Nombreux sont ceux [de la deuxième catégorie] qui tombent dans cette erreur — ceux qui relèvent de la science médicale [les médecins] et ceux qui se laissent abuser par les décrets de l'astrologie — puisqu'ils sont raisonnables et à leurs yeux des maîtres subtils et philosophes. Comme ils sont loin de l'humanité à côté de ceux qui sont des maîtres et des philosophes authentiques ; mais ils sont plus stupides que ceux de la première catégorie et beaucoup d'entre eux sont la naïveté même. C'est une catégorie maudite parce qu'ils s'en prennent à des hommes grands [dans la Tora] et importants [dans leur communauté] et que leur sagesse a désignés comme des maîtres. Et ces sots, s'ils étudiaient sérieusement les sciences jusqu'à savoir comment il convient de disposer et d'écrire les choses relevant de la théologie et de ce qui s'y rapporte, à l'égard de la foule et à l'égard des maîtres, ils comprendraient l'aspect pratique de la philosophie et si les maîtres, de mémoire bénie, sont des maîtres ou non et le sens de leurs paroles
120 serait clair pour eux.

28. Alors que ces textes comprennent de nombreuses Aggadot que l'on ne peut comprendre au sens obvie. Voir *Guide,* IIIe Partie, chap. 30, p. 243-246.

La troisième catégorie, vive Dieu ! est très peu nombreuse au point qu'elle ne mérite pas d'être appelée catégorie ; mais n'emploie-t-on pas le mot « espèce » pour le soleil alors qu'il est unique ? Ce sont ceux des hommes chez qui s'est révélée la grandeur des maîtres, de mémoire bénie, et la qualité de leur intelligence en ce que se trouvent dans toutes leurs paroles des enseignements sur des problèmes très fondamentaux. Quoiqu'ils soient peu nombreux et dispersés dans les lieux où ils ont écrit, ils manifestent leur perfection et parviennent à la vérité ; il apparaît également chez eux le refus de l' « impossible » et la réalité du nécessaire à découvrir parce qu'ils savent que [les maîtres], la paix soit sur eux, ne disent pas des plaisanteries. Il est vrai, d'après eux, que leurs paroles contiennent de l'exotérique aussi bien que de l'ésotérique ; que lorsqu'ils disent des choses impossibles c'est parce qu'ils s'expriment par énigme et allégorie, car c'est la méthode des grands maîtres. C'est pourquoi le récit du plus grand des maîtres [le roi Salomon] commence en disant : « Pour comprendre les allégories et les maximes, les dits des maîtres et leurs énigmes » (Pro. 1, 6). Il est bien connu que, chez les linguistes, « énigme » est un terme qui vise l'ésotérique et pas l'exotérique, comme il est dit : « Samson leur dit : je veux vous proposer une énigme... » (Juges 14, 12) ; car toutes les paroles des maîtres portent sur des sujets d'importance suprême [spirituelles et divines] qui
121 sont le but ultime ; en vérité ce sont énigme et allégorie.

Comment peut-on accuser nos maîtres parce qu'ils rédigent leurs paroles de sagesse sous forme d'allégorie en les imageant par des choses inférieures, populaires, nous voyons le plus sage de tous les hommes faire cela à l'aide de l'Esprit Saint, je vise Salomon dans les Proverbes, le Cantique des Cantiques et dans une certaine mesure l'Ecclésiaste. Comment nous faire des difficultés lorsque nous concevons un commentaire sur leurs dits et les faisons sortir de leur sens obvie afin qu'ils soient conformes à la raison et en accord avec la vérité et les écrits saints — eux-mêmes [nos maîtres] pensent avec les versets de l'Ecriture et les font sortir de leur sens obvie, et les dénomment parabole (*machal*) ? — C'est la vérité [29], comme nous trouvons dans le commentaire du verset : « ...ce fut lui qui triompha des deux Ariel de Moab... » (I Chr. 11, 22) qui est tout

29. C'est la méthode qui convient pour l'interprétation.

entier une allégorie [30], de même ce qui est écrit : « Il descendit et tua un lion dans une fosse par un jour de neige » — de même : « David eut un désir et dit : Ah ! si on pouvait me faire boire de l'eau de la citerne qui est à la porte de Bethléem ». (I Chr. 11, 17) et le reste du récit est tout entier une allégorie [31]. De même le livre de Job, dans son ensemble, selon les dires de certains [32] est une parabole [33] et ils n'ont pas expliqué pourquoi ils ont laissé cette parabole [dans le canon biblique]. Il en est de même des morts d'Ezéchiel (chap. 37) certains disent que c'est une parabole [34] et il y a beaucoup d'exemples analogues.

Et toi, lecteur, si tu fais partie d'une des deux premières catégories, ne prends pas mes paroles en considération, ni toute parole analogue car tu n'en tireras rien qui te convienne, mais cela te causera dommage et aversion. Comment pourraient s'adapter des nourritures légères et peu nombreuses en quantité, de bonne qualité, avec un homme habitué aux nourritures mauvaises et lourdes ? Mais en vérité ils lui causent
122 des dommages et il les déteste. Ne vois-tu pas ce qu'ont dit les hommes habitués à manger des oignons, de l'ail et des poissons : « Il n'y a point de pain, point d'eau et nous sommes excédés de ce mésirable aliment » (Nom. 21, 5).

Si tu fais partie de la troisième catégorie, lorsque tu vois l'une des paroles [des maîtres] que la raison repousse, tiens bon, examine bien et sache que c'est une énigme ou une parabole. Tu reposeras ton cœur perturbé et tu écarteras l'embarras causé par l'idée dans sa rédaction et dans son explication et tu t'efforceras de trouver l'intention rationnelle et la croyance droite comme il est écrit : « L'Ecclésiaste s'applique à trouver des dictons de prix, des choses écrites avec droiture, des paroles de vérité » (Eccl. 12, 10). Alors considère mon livre que voici et il te sera utile avec l'aide de Dieu.

30. Berakhot 18 b.

31. Baba Qama 60 b : « L'eau est utilisée homélitiquement comme une métaphore faisant allusion à la connaissance ».

32. Baba Bathra 15 a. Job n'a jamais existé mais est seulement une figure typique.

33. *Guide,* IIIe Partie, chap. 22-23.

34. Rabbi Juda dit : « Les morts que ressuscite Ezéchiel sont en vérité une parabole » (San. 92 b) pour annoncer le retour futur d'Israël et l'exil de Babylone.

C) Maintenant je commencerai à traiter le sujet qui était dans mon intention : sache que, de même que l'aveugle ne perçoit pas les couleurs, que le sourd n'entend pas le son des voix et que l'eunuque n'éprouve pas de désir sexuel, de même les corps n'atteignent pas les plaisirs spirituels ; de même que les poissons ne connaissent pas l'élément du feu puisqu'ils se trouvent dans un élément qui est son contraire, de même dans ce monde matériel nous ne connaissons pas le plaisir du monde spirituel. Chez nous il n'y a pas de plaisir en dehors du plaisir corporel transmis par les sens et provenant de la nourriture, de la boisson et du sexe, tout ce qui est en dehors de cela n'existe pas pour nous et nous n'atteignons pas [le plaisir spirituel] dès le début de nos réflexions, nous ne le connaissons qu'après une longue recherche. Il convient qu'il en soit ainsi puisque nous vivons dans le monde corporel et de ce fait nous ne pouvons atteindre que des plaisirs inférieurs et éphémères, tandis que les plaisirs spirituels sont permanents,
123 éternels et ne s'interrompent pas ; il n'y a pas de rapport entre eux et les plaisirs [matériels] et ils n'ont rien de commun à aucun égard. Il ne faut pas dire chez nous les adeptes de la Tora, ni chez les théologiens des philosophes, que les anges, les étoiles et les sphères ne connaissent pas le plaisir alors qu'en vérité ils ont un immense plaisir en ce qu'ils atteignent la vérité du Créateur [35], béni soit-il, et de ce fait ont un plaisir permanent qui ne cesse pas. Il n'y a pas de plaisir corporel chez eux, il est hors de leur atteinte, puisqu'ils n'ont pas de sens comme nous, sens qui nous permettent de l'atteindre. De même pour nous, celui d'entre nous qui le mérite et se hausse à ce niveau après sa mort, n'atteint pas les plaisirs corporels et il n'en veut pas, si ce n'est de la façon que désire le roi, à la tête d'un grand gouvernement, de se défaire de sa royauté et de son pouvoir pour revenir jouer au ballon avec les jeunes garçons dans les rues de la ville, quoique sans doute il fût déjà dans le passé, meilleur à ses yeux de jouer au ballon, [qu'exercer] la royauté. — Mais cela se passait dans ses jeunes années lorsqu'il ne distinguait pas entre le niveau des deux choses, comme nous faisons aujourd'hui l'éloge et nous célébrons les plaisirs corporels au-dessus des plaisirs spirituels.

35. *Guide,* IIe Partie, chap. 4 à 6, p. 51-75.

Mais lorsque tu considères le problème de ces deux plaisirs tu trouveras l'infériorité du premier et le niveau supérieur du deuxième, même dans ce monde-ci, car nous voyons la grande majorité des hommes accabler leur âme et leur corps d'efforts et de fatigue sans limite afin de s'élever à un niveau supérieur, aux honneurs, et d'être célébré par les hommes — et cette jouissance-là n'est pas une jouissance apportée par la nourriture et la boisson [36]. De même beaucoup d'hommes choisissent de se venger de leurs ennemis, plus que d'obtenir des plaisirs matériels. Beaucoup d'hommes s'éloignent du sommet des plaisirs du corps de peur d'encourir la honte et le mépris de leurs
124 concitoyens ou pour se faire une bonne réputation [37]. Si cela est déjà vrai dans ce monde-ci matériel, à plus forte raison dans ce monde spirituel qui est le monde à venir, car nos âmes bénéficient là de la connaissance du Créateur, béni soit-il, comme les corps supérieurs [38] ou plus [qu'eux]. Ce plaisir ne se divise pas en parties, est indicible et l'on ne peut trouver de parabole pour représenter ce plaisir ; mais comme le dit le prophète [39], lorsqu'apparut à ses yeux la merveilleuse grandeur de cette bonté et son rang suprême : « Ah ! qu'elle est grande ta bonté que tu tiens en réserve pour tes adorateurs » (Ps. 31, 20).

Les maîtres [40] ont dit : « Dans le monde futur il n'y a pas de nourriture, de boisson, pas d'ablutions, pas d'onction, pas de rapports sexuels, mais les justes siégeront la tête couronnée et jouiront de la splendeur de la Chekhina ». En parlant de « tête couronnée » on veut dire l'immortalité de l'âme [41], en tant que l'Intellect-[agent] [42] la fait subsister, lui qui est le Créateur, béni soit-il ; je veux dire l'Intellect-[agent] et elle

36. Mais un plaisir de l'esprit.

37. Ce qui est une sorte de plaisir de l'esprit.

38. Les anges et les sphères.

39. Le roi David qui est appelé prophète.

40. Berakhot 17 a. Voir *Epître sur la résurrection,* note 41.

41. Parce que, à la mort de l'homme, son âme ne meurt pas avec lui mais elle reste dans une vie appelée « faisceau des vivants » (I Sam. 25, 29) ; voir également *Guide,* Ire Partie, chap. 41 : « *Nephech* est le nom de la chose qui reste de l'homme après la mort ».

42. L'âme existe d'une existence éternelle comme l'existence éternelle de l'intellect-agent dont le propre est d'être toujours en vie.

[l'âme intelligente] sont une seule et même chose [43] comme l'ont
125 mentionné les plus grands des philosophes [44] leur explication sera développée ailleurs chemin faisant. Les [maîtres] disent : « Ils jouissent de la Chekhina », ce qui veut dire que ces âmes jouissent de ce qu'elles ont atteint et de la connaissance de la vérité du Créateur, béni soit-il, comme en jouissent les *Hayot* de sainteté [45] et les autres catégories d'anges dans la mesure où ils atteignent et connaissent Son existence. Donc le bien et la finalité dernière est de parvenir jusqu'à cette compagnie suprême et de bénéficier de cet honneur et de ce rang supérieur. La perpétuation de l'âme — nous l'avons expliqué — à l'infini est comme celle du Créateur — béni soit-il — qui est la cause de sa subsistance, selon qu'elle l'a atteint [46], comme il est expliqué dans la philosophie première. C'est un bien immense auquel aucun bien ne peut se comparer et il n'y a pas de plaisir semblable, car comment pourrait-on comparer le permanent qui n'a pas de fin à quelque chose d'éphémère ? C'est ce qui est écrit : « De la sorte tu seras heureux

43. *Guide,* Ire Partie, chap. 68, p. 301-312 :
p. 301 : « Tu connais cette célèbre proposition que les philosophes ont énoncée à l'égard de Dieu, savoir qu'il est l'intellect, l'intelligent et l'intelligible et que ces trois choses, en Dieu, ne font qu'une seule et même chose dans laquelle il n'y a pas de multiplicité ».
p. 311 : « En nous aussi l'intelligent, l'intellect et l'intelligible sont une seule et même chose toutes les fois que nous possédons l'intellect en acte ; mais ce n'est que par intervalle que nous passons de la puissance à l'acte (...) La chose qui appartient à Dieu seul et qui lui est particulière c'est d'être toujours intellect en acte et de n'éprouver aucun empêchement à la perception, ni de lui-même, ni d'autre part ».
p. 312 : C'est son essence même qui est l'intellect, comme cela doit être dans tout intellect en acte.

44. L'auteur vise Al Farabi et Ibn Sina (Avicenne).

45. Les anges de premier rang qui sont au-dessus de tout (*MT,* Principes de la Tora, chap. 2, règle 7, p. 11).

46. Par là même l'âme devient éternelle comme lui en étant lui : l'intellect-agent et l'intellect acquis sont une seule et même chose comme on l'a dit dans le *Guide,* IIIe Partie, chap. 27. Comparer avec *MT,* Principes de la Tora, chap. 4, règle 9 et voir Epître sur la résurrection, note 162. *Guide,* III, 27 : L'ensemble de la Loi a pour but deux choses à savoir le bien-être de l'âme et celui du corps (...) de ces deux buts l'un est indubitablement d'un ordre plus élevé, à savoir le bien-être de l'âme ou l'acquisition des idées saines. P. 213 : « L'Eternel nous a ordonné de pratiquer toutes ces lois, de craindre l'Eternel, notre Dieu, afin que nous soyons toujours heureux et que nous vivions aujourd'hui » (Deut. 6, 24) (...) « Afin que nous soyons toujours heureux » exprime l'idée que nous parvenions à un monde tout entier de bonheur et de durée, ce qui veut dire, à la permanence éternelle.

et tu verras se prolonger tes jours » (Deut. 22, 7). De la tradition [47] nous apprenons par ce commentaire que « de la sorte tu seras heureux » vise un monde tout entier bon [48] et « tes jours se prolongeront » vise un monde tout entier long. Le mal absolu et la vengeance suprême serait que l'âme soit retranchée et perdue, qu'elle ne vive et n'existe plus, ce qui est
126 le retranchement (*karet*) prévu dans la Tora ; le sens du « retranchement » est que l'âme sera anéantie comme cela a été expliqué et dit : « Pour avoir méprisé la parole du Seigneur, pour avoir violé sa loi, cette âme sera certainement retranchée : elle est coupable » (Nom. 15, 31) et nos maîtres [49] disent « être retranchée » dans ce monde-ci [50], et « sera retranchée » dans le monde à venir. Et il est dit : « L'existence de mon seigneur restera liée au faisceau des vivants, que protège l'Eternel, ton Dieu » (I Sam. 25, 29). Donc quiconque choisit et s'habitue aux plaisirs corporels, abhorre la vérité, aime le mensonge — est retranché de ce niveau suprême [51] et reste une matière retranchée. Déjà le prophète, que la paix soit sur lui, a expliqué que le monde à venir n'est pas atteint par les sens corporels. C'est ce qui est écrit : « Jamais œil humain n'avait vu autre dieu que toi, agir de la sorte en faveur de ses fidèles » (Is. 64, 3) et les maîtres [52] commentent cela : tous les prophètes n'ont prophétisé que pour les jours du Messie, mais le monde à venir — aucun œil ne l'a vu, sauf toi, Dieu.

En vérité les assurances favorables et les vengeances sévères inscrites dans la Tora [53] sont des sujets dont je te parlerai. [Dieu] te dit : si tu appliques ces commandements, je te soutiendrai pour les avoir appliqués car la perfection est en eux et je détournerai de toi les peines et les souffrances [54]. Puisqu'il est impossible à l'homme d'appliquer les commandements

47. Qidouchin 39 b.
48. Car il n'y a ni dommage, ni souffrance (Rachi).
49. San. 64 b et 90 b.
50. Par une mort prématurée.
51. D'être lié au faisceau des vivants et de vivre une vie éternelle.
52. Chabbat 63 a. Berakhot 34 b et *Epître sur la Résurrection*, note 133.
53. C'est de là que l'on apprend qu'il y a récompense et punition dans ce monde-ci, en dehors de la récompense et du châtiment dans le monde à venir.
54. Qui accablent l'homme et l'empêchent de se perfectionner par l'élargissement de ses connaissances.

217 s'il est malade, affamé ou assoiffé et dans les temps de guerre et de siège. C'est pourquoi il a promis de détourner tous ces problèmes afin qu'ils [les hommes respectant les commandements] soient sains et détendus pour qu'ils puissent parfaire leur connaissance et mériter la vie du monde à venir. La récompense n'est pas la finalité du respect de la Tora — que la terre soit fertile, que l'on vive de longues années, que les corps soient en bonne santé [55] — mais l'accomplissement [56] de la Tora est aidé par tous ces facteurs. De même ceux qui transgressent la Tora, seront punis en ce que tous les maux s'abattront sur eux jusqu'à ce qu'ils ne puissent plus appliquer un commandement, comme il est écrit : « Parce que tu n'auras pas servi l'Eternel, ton Dieu, avec joie et contentement de cœur, au sein de l'abondance, tu serviras tes ennemis [57], suscités contre toi par l'Eternel... » (Deut. 28, 47). Lorsque tu considères très attentivement ce texte, tu t'apercevras que c'est comme s'il te disait : si tu appliques quelques-uns des commandements par amour et conviction, je t'aiderai à les appliquer tous et je détournerai de toi ceux qui t'accablent et qui s'opposent à toi. Si tu négliges l'un d'eux par mépris, je susciterai contre toi des obstacles qui t'empêcheront d'appliquer tous les commandements jusqu'à ce que tu perdes toute perfection et l'existence dans le monde à venir. C'est ce qu'ont dit nos maîtres, de mémoire bénie : « Le salaire d'une bonne œuvre est [d'être suivie d'une nouvelle] bonne œuvre et le salaire de la transgression est [d'être suivie] d'une transgression nouvelle » (Pirké Avot IV, 2).

D) Toutefois le jardin d'Eden est un lieu fertile et riche, un pays d'élection. Il y a là de nombreuses rivières et des arbres fruitiers. Dieu, béni soit-il, les révélera aux enfants des hommes pour le monde à venir et leur enseignera le chemin pour
128 s'y rendre et y trouver plaisir. Il est possible qu'ils y trouvent des plantes tout à fait merveilleuses, d'une grande utilité, agréables et très douces, différentes de celles qui sont connues et

55. Car ce ne sont pas des fins en soi.

56. Qui est une fin en soi et une cause du mérite de la vie du monde à venir.

57. PA 4 : 9 : « Rabbi Jonathan disait : celui qui accomplit la loi de Dieu dans l'indigence, l'accomplira un jour dans l'opulence ; et celui qui la transgresse dans l'opulence, la transgressera un jour dans l'indigence ».

célèbres chez nous. Tout cela n'est pas impossible ni illogique, mais cela est vraisemblable, même si cela n'était pas écrit dans la Tora — et à plus forte raison puisque c'est expliqué et annoncé dans la Tora. Vraiment, « géhenne » [l'enfer] est le nom du tourment et de la punition infligés aux impies. Il n'y a pas de commentaire dans le Talmud décrivant cette punition, mais certains disent que le soleil s'approche d'eux et les brûle, et ils trouvent une preuve en ce qu'il est dit : « Car le voici venir ce jour, brûlant comme une fournaise[58] ; impies et ouvriers d'iniquité seront tous comme du chaume, et ce jour qui vient, va les consumer. » (Mal. 3, 19). Et certains disent : c'est une chaleur étrange, elle se produira dedans leur corps même et les consumera[59]. Voyez également ce qui est dit : « Votre souffle est un feu qui vous dévorera » (Is. 33, 11).

Et la « résurrection des morts » est le fondement des fondements de la Tora de Moïse, notre maître, que la paix soit sur lui. Il n'y a pas de religion ni d'adhésion à la religion juive pour celui qui n'y croit pas, mais elle n'est que pour les justes selon les termes de *Genèse Rabba* (chap. 13) : Les pluies puissantes pour les justes et les impies, mais la résurrection des morts pour les justes seulement. Comment ressusciteraient les impies, ce sont des morts, même de leur vivant ! De même on dit[60] : « Les impies, même de leur vivant, sont appelés morts, les justes, même après leur mort, sont appelés des vivants ».

58. Nedarim 8 b : « R. Siméon ben Lakish disait : il n'y a pas de géhenne dans le monde à venir mais le Saint, béni soit-il, tirera le soleil de son enveloppe ; le juste sera guéri et l'impie sera jugé et puni par ce moyen ». — San. 110 b : « Il a été enseigné dans une Baraïta : les enfants des juifs impies qui sont morts en bas âge ne viendront pas à la vie future ainsi qu'il est dit : « car voici le jour viendra qui brûlera comme une fournaise, et tous les impies et tous ceux qui ont fait le mal seront de la paille, et le jour qui viendra les consumera, a dit l'Eternel Cebaot, au point qu'il n'en restera ni racine, ni branche » (Mal. 3, 19). Ni racine dans ce monde présent, ni branche dans le monde futur. C'est l'opinion de Rabban Gamaliel. Tandis que Rabbi Akiba dit qu'ils viendront à la vie future, ainsi qu'il est dit : « L'Eternel veille sur les innocents » (Ps. 116, 6). Voir A.Z. 4 a.

59. San. 118 a : « Les gens de la génération du déluge éprouveront de la difficulté dans l'enfer ainsi qu'il est dit : " Vous avez conçu de la paille et vous enfanterez du chaume, votre propre âme sera devenue un feu qui vous consumera " (Is. 38, 11), c'est-à-dire que leurs âmes, devenues elle-mêmes du feu, brûleront leurs propres corps (selon l'interprétation de Rachi) ».

60. Berakhot 18 b, voir ci-dessus note 30.

Sache que l'homme doit nécessairement mourir, il se désagrège et retourne dans les éléments dont il est composé [61].

En vérité les « jours du Messie » sont l'époque où sera
129 rétablie la souveraineté d'Israël et où il reviendra en terre d'Israël ; et ce roi sera très grand, le siège de son royaume à Sion fera grandir son nom et sa réputation atteindra toutes les nations, plus que le roi Salomon. Toutes les nations se réconcilieront avec lui et tous les pays le serviront à cause de sa grande droiture et des prodiges dont il disposera. Quiconque se lèverait contre lui, le Nom, qu'il soit exalté, le perdrait et le livrerait entre ses mains. Tous les versets de l'Ecriture témoignent de son succès et de notre succès avec lui. Rien ne changera de la réalité par rapport à ce qui existe maintenant, si ce n'est que la royauté reviendra en Israël. C'est le langage des maîtres : « Entre ce monde-ci et les jours du Messie, la seule différence est l'asservissement aux nations » [62]. Dans son temps il y aura des riches et des nécessiteux, des héros et des lâches les uns par rapport aux autres [63]. Mais dans ces jours-là il sera très facile à l'homme de trouver sa subsistance, car en travaillant peu, il obtiendra de grands résultats [64]. Les maîtres dirent [65] :« La terre d'Israël produira dans l'avenir des galettes et des vêtements de laine fine » — puisque les hommes diront lorsque l'homme trouvera les choses prêtes et toutes préparées : « un tel a trouvé un pain cuit et des mets préparés » et la

61. Parce qu'il est impossible au corps composé de quatre éléments : feu, esprit, eau et terre de ne pas se désagréger et de retourner à ses éléments (Voir *MT*, Principes de la Tora, chap. IV, règle 3 : « Tout corps composé de ces quatre éléments finit par se décomposer en eux, tel se décompose au bout de quelques jours, tel autre au terme de nombreuses années. Tout ce qui est composé d'eux se décompose nécessairement, même l'or et le rubis n'échappent à la décomposition, ils sont ramenés à leurs éléments [dont ils sont constitués] et reviennent en partie à l'élément feu, en partie à l'élément eau, en partie à l'air, en partie à la terre.

62. Berakhot 34 b, voir *Epître sur la résurrection,* note 133.

63. Tout sera comme maintenant si ce n'est que les fils d'Israël seront des hommes libres, sans joug étranger.

64. Parce que la bénédiction divine favorisera l'œuvre de ses mains.

65. Chabbat 30 b : Rabban Gamaliel était assis et expliquait : « Un temps viendra où les arbres donneront des fruits chaque jour comme il est dit : " Il portera des branches et produira des fruits " (Ez. 17, 23). Ce qui signifie : comme les branches poussent chaque jour, ainsi le fruit sera produit journellement. Une autre fois Rabban Gamaliel expliquait : Un temps viendra où le pays d'Israël produira des tartes et des vêtements de soie comme il est dit : " Qu'il y ait profusion de blé dans le pays... " ».

preuve est tirée de ce qui est dit : « Des fils d'étrangers seront vos laboureurs et vos vignerons ». (Is. 61, 5) pour nous faire savoir qu'il y aura là semailles et moissons. C'est pourquoi ce maître abrégea[66], lorsqu'il dit ce passage à son disciple, et que celui-ci ne comprit pas sa parole en pensant qu'elle était
130 dite au sens obvie, et il lui répondit selon sa compréhension mais sa réponse n'était pas véridique[67]. La preuve qu'il ne lui répondit pas de façon véridique est ce qu'il apporte pour preuve : « Réplique au sot selon son ineptie, sans cela il se prendrait pour un sage » (Pro. 26, 5).

Le grand profit dont nous bénéficierons en ce temps-là est, qu'étant affranchi de l'asservissement aux royaumes [étrangers], qui nous empêche d'appliquer tous les commandements, la sagesse augmentera, comme il est dit : « La terre sera pleine de la connaissance de Dieu, comme l'eau abonde dans le lit des mers » (Is. 11, 9). Les guerres cesseront, comme il est dit : « Un peuple ne tirera plus l'épée contre un autre peuple et l'on n'apprendra plus l'art de la guerre » (Michée 4, 3). En ces jours-là il se trouvera une grande perfection, qui fera mériter la vie du monde à venir. Le messie mourra et son fils règnera après lui, puis son petit-fils[68]. Le prophète a déjà expliqué sa mort : « Il ne se lassera pas ni ne se rebutera qu'il n'ait établi la justice sur la terre... » (Is. 42, 4). Son royaume durera très longtemps et la vie des hommes se prolongera également, car lorsque les soucis et les chagrins sont écartés, les jours de l'homme s'allongent. Il ne faut pas s'étonner que son royaume dure des milliers d'années selon ce que disent les maîtres : « Car la bonne conjonction, lorsqu'elle se produit, ne disparaît pas rapidement ».

Nous ne désirons pas et n'espérons pas les jours du Messie pour les nombreux avantages et la richesse, pas pour chevaucher des chevaux, pas pour boire du vin avec toutes sortes de chants, comme l'imaginent les esprits dérangés, mais les prophètes et les hommes pieux ont aspiré aux jours du Messie et leur désir ardent s'est développé en eux parce qu'il y aura un rassemblement de justes, une direction bonne et sage, la

66. Rabban Gamaliel.

67. Parce que conçue d'après le sens littéral.

68. Trois générations selon la conception de R. Juda Ha Nassi qui dit : les jours du Messie couvriront trois générations, San. 99 a : Rabbi dit : trois générations ainsi qu'il est dit : « Te vénéreront face au soleil et face à la lune une et deux générations » (Ps. 72, 5).

justice du roi et toute sa droiture, le débordement de sa sagesse et sa proximité de Dieu comme il est dit : « L'Eternel m'a dit : Tu es mon fils, c'est moi qui, aujourd'hui, t'ai engendré ! »
131 (Ps. 2, 7) et l'application de tous les commandements de la Tora de Moïse, notre maître, que la paix soit sur lui, du fait qu'il n'y aura plus de négligence, ni de paresse, ni de violence, comme il est dit : « Et ils n'auront plus besoin de s'instruire mutuellement en disant : " Reconnaissez l'Eternel car tous me connaîtront, du plus petit au plus grand " (Jér. 31, 33) — « Je ferai pénétrer ma loi en eux, c'est dans leur cœur que je l'inscrirai » (ibid. 32). — « J'enlèverai le cœur de pierre de votre sein et je vous donnerai un cœur de chair » (Ez. 36, 26). Il y a de nombreux versets sur cette question et, par ces voies, on atteint pleinement le monde à venir.

La finalité [69], c'est le monde à venir, c'est vers lui qu'il faut déployer nos efforts. C'est pourquoi ce maître [70], expert dans la connaissance de la vérité, réfléchit sur la fin dernière, laisse de côté le reste [71] et dit : « Tout Israël a part au monde à venir » et si c'est la fin désirée, il n'est pas digne pour celui qui veut servir par amour, qu'il serve pour parvenir au monde à venir, comme nous l'avons expliqué précédemment ; mais il faut servir Dieu selon la voie indiquée : lorsqu'il croit qu'il existe une sagesse qui est la Tora, parvenue aux prophètes de la part du Créateur, béni soit-il, qui nous fait savoir que les vertus, qui sont les commandements [72] sont ainsi et que les défauts, qui sont les transgressions [73] sont ainsi, il convient à celui qui est d'un naturel droit de pratiquer les vertus et de se détourner
132 des défauts. Lorsqu'il se comporte ainsi il accomplit la vocation humaine et il se distingue de l'animal ; ce sera un homme complet et il est de la nature de l'homme complet de ne rencontrer aucun obstacle à la résurrection de son âme et à la réalisation de l'existence qui lui convient, qui est le monde à venir comme nous l'avons indiqué et c'est ce qui est écrit : « Ne soyez pas comme le cheval, comme le mulet, auxquels il manque l'intelligence, qu'il faut retenir par les rênes et par le mors... » (Ps. 32, 9). Comme on empêche les animaux de

69. Dernière et fondamentale, dont rien n'est supérieur.

70. Le Tanna auteur de notre Michna : « Tout Israël... »

71. Il ne mentionne pas les autres promesses : le jardin d'Eden, les jours du Messie et la résurrection des morts.

72. Les commandements positifs au nombre de 248.

73. Les commandements négatifs au nombre de 365.

divaguer par un moyen extérieur, comme le mors ou la bride — il ne convient pas qu'il en aille ainsi de l'homme — mais que le frein vienne de lui-même, je veux dire : sa forme humaine [74], quand elle sera parfaite, empêchera ces choses qui repoussent la perfection et qui s'appellent les défauts ; elle sera pour lui un encouragement et le poussera vers ce qui nous est apporté par la perfection, c'est-à-dire les vertus. C'est ce qui m'est expliqué par les dits [de nos maîtres] [75] sur cette question importante et élevée.

Je rédigerai encore un texte où je réunirai tous les commentaires se trouvant dans le Talmud et ailleurs [dans les divers midrachim] et j'éclaircirai et j'interpréterai pour toi les opinions utiles pour la véracité des problèmes et j'apporterai aussi une preuve sur toute cette question de tous leurs dits [76]. Et je te révélerai ce qui, dans leurs commentaires, doit être pris au sens obvie et ce qui doit être pris au sens allégorique, ce qui a été transmis en rêve et a été mentionné dans une rédaction absolument simple comme si c'était à l'état de veille. Dans ce texte je t'expliquerai de nombreux articles de foi. Je t'y expliquerai toutes les paroles que j'ai indiquées découlant
133 de quelques principes [77] et permettant de comprendre le reste.

Il ne faut pas m'attaquer sur ce que contient le présent texte et sur le fait que je me suis permis ces quelques mots et ques-

74. *MT,* Livre de la Connaissance, Principes de la Tora, chap. IV, règle 8, p. 21 : « L'âme de tout être vivant est sa forme que Dieu lui a donnée ; la connaissance supplémentaire qui se trouve dans l'âme de l'homme est la forme de l'homme dans la plénitude de sa raison. Sur cette forme l'Ecriture dit : " Faisons l'homme à notre image et à notre ressemblance " (Gen. 1, 26), c'est-à-dire : donnons-lui une âme intellective capable d'appréhender les intelligibles dépourvues de matière — comme les anges qui sont une forme sans matière — jusqu'à ce qu'il leur ressemble. Le texte ne parle pas de cette forme connue par les yeux qui est composée d'une bouche, d'un nez, de mâchoires et des autres caractéristiques corporelles ; en effet cette forme se nomme apparence [physique]. Ce n'est pas l'âme se trouvant dans tout être vivant qui lui permet de manger, de boire et de procréer [c'est-à-dire l'âme végétative ou intuitive] ni l'âme sensitive, mais c'est l'entendement qui est la forme de l'âme, et c'est de la forme de l'âme que l'Ecriture dit : " A notre image et à notre ressemblance ". Souvent cette forme est appelée âme et souffle. C'est pourquoi il est nécessaire de faire attention à ces noms pour éviter à l'homme de se tromper à leur sujet, car c'est du contexte que nous apprenons qu'il s'agit de tel nom ou de tel nom ».

75. Sifreï paracha Eqev, p. 85.

76. C'est-à-dire : je ne te les interpréterai pas selon le sens littéral car cette méthode ne convient pas pour des commentaires allégoriques.

77. De nos maîtres.

tions sur lesquels les maîtres de sagesse ont mis en garde [78], parce que j'ai risqué cette leçon pour donner à comprendre à celui qui n'a absolument pas de culture préalable, quelque chose de ce sujet important que tous les hommes ne peuvent atteindre.

Le mot « épicurien » est araméen. Ce qualificatif vise celui qui néglige et méprise la Tora ou ses enseignants. C'est pourquoi on qualifie de ce nom quiconque ne croit pas aux fondements de la Tora ou qui méprise les sages ou n'importe quel
134 disciple des sages, ou celui qui méprise son maître [79].

Et des « livres extérieurs », on a dit que ce sont les livres des hérétiques, comme le livre de Ben Sira, qui écrivit des ouvrages contenant des facéties puisées dans la physiognomonie [80]. Ils ne contiennent rien de raisonnable ni d'utile, ils ne sont qu'une perte de temps dans des futilités, comme ces livres se trouvant en Arabie parmi les récits des chroniques sur la conduite des rois et de leurs filiations arabes, ainsi que les livres de chants [81] et autres livres analogues ne contenant pas d'enseignement de sagesse ni rien d'utile pour le corps. Tout cela n'est que perte de temps.

Et « celui qui pratique des enchantements pour guérir une plaie » — mais seulement s'il crache car il y a là une marque de mépris pour le Nom, béni soit-il.

Et celui qui prononce le Nom avec toutes les lettres, qui est
135 le Nom ineffable [82].

[Les maîtres] avaient déjà mentionné des cas différents de ceux-ci excluant du monde à venir celui qui s'y trouve. Nos

78. En disant : « Sages, mesurez vos paroles.... ». Avot chap. 1, michna 11.

79. San. 99 b : « Rav et Rabbi Hanina disent tous les deux que ce terme d'Epikoros désigne celui qui traite avec mépris qui que ce soit en présence d'un maître ». Le mépris des maîtres entraîne la faute extrêmement grave de prétendre interpréter la Tora contrairement à la halakha admise (par exemple : Manassé fils du pieux roi Ezechias).

80. Maïmonide ne vise pas le Ben Sira antique, appelé aussi Ecclésiastique, mais un ouvrage rédigé au Xe siècle qui porte le même nom.

81. A cette époque presque tous les livres de chants étaient pleins d'obscénités et de frivolités ; ils étaient utilisés à l'occasion de beuveries dans les banquets. Cependant Maïmonide recommande l'usage de la musique à des fins médicales. (*Huit Chapitres,* chap. 5).

82. Mentionné dans Yoma 66 a : « Le jour de Kippour le grand Prêtre invoque le Nom ineffable et envoie le bouc émissaire dans le désert mais ce que font les grands prêtres est ce que la coutume fixe pour eux-mêmes et ils ne laissent pas la communauté d'Israël agir de même ».

maîtres [83] ont dit : « Celui qui insulte publiquement son compagnon n'a pas part au monde à venir » ainsi que celui qui appelle son compagnon par un sobriquet, celui qui s'honore de l'infamie de son ami. Sans doute n'a-t-il pas commis d'action dans ces deux cas et quoique ce soient des transgressions légères comme une pensée de celui qui pense — cependant cet homme a une âme médiocre, sans perfection, il n'est donc pas digne du monde à venir.

Parmi ce qu'il est nécessaire de mentionner ici, et c'en est le lieu le plus approprié, figurent les principes de notre religion et ses fondements qui sont au nombre de treize.

LES TREIZE PRINCIPES

Premier Principe

Croire à l'existence du Créateur, béni soit-il : il y a un existant parfait dans toutes les voies de l'existence [84]. Il est la cause de l'existence de tous les existants [85]. En lui est la persistance [86] de leur existence et de lui dépend leur persistance. Que ne vienne pas à l'esprit de quiconque l'absence de son existence car, en l'absence de son existence, est supprimée l'existence de tous les existants et il ne subsiste plus un « existant » dont l'existence se maintienne [87]. Et si nous pensons une absence de tous les existants en dehors de lui, l'existence de Dieu, béni soit-il, n'en est ni supprimée, ni amoindrie (car l'unicité et la souveraineté ne sont qu'à lui seul, que son Nom
136 soit béni) [88], parce qu'il se contente de son existence, il se suffit

83. Baba Metsia 58 b.

84. C'est-à-dire une existence comme il n'en existe pas d'autre comme elle, qui n'a pas été donnée et qui ne dépend d'aucune autre, une existence qui ne connaît aucune limite ni spatiale ni temporelle.

85. Et sans lui, il n'y aurait aucun existant.

86. Car il les maintient en vie et les ressuscite. *MT,* Principes de la Tora, chap. 1, règle 1 : « Le Principe des principes et le pilier des sciences est de connaître qu'il existe un Etre premier et c'est lui qui donne l'existence à tout existant. En effet, tous les existants du ciel et de la terre et de ce qui est entre les deux n'existent que par la vérité de son être ».

87. Parce qu'il n'aurait plus de « cause ».

88. Cette phrase entre parenthèses ne figure pas dans la source arabe.

à lui-même et aucune autre existence que la sienne ne lui est nécessaire. Et tout ce qui est en dehors de lui parmi les intelligences, je veux dire les anges [89], les corps des sphères et ce qu'elles contiennent [90], et tout ce qui se trouve en dessous d'elles [91], tous lui doivent leur existence. Tel est le premier principe que nous enseigne la parole : « Je suis YHVH ton Dieu » (Ex. 20, 2).

Le Deuxième Principe

Unicité de Dieu, béni soit-il, c'est-à-dire que nous croyons que celui qui est la cause de tout est un. Il n'est pas comme l'un du couple [92], ni comme l'un de l'espèce [93], ni comme l'individu, composé, partagé en unités nombreuses, ni un comme le corps simple unique en nombre qui est exposé à une division et à une séparation à l'infini — mais Lui, qu'il soit glorifié, est un dans son unicité et il n'existe aucune unicité semblable à la sienne — c'est le deuxième principe que nous enseigne l'Ecriture : « Ecoute Israël, le Seigneur notre Dieu, le Seigneur est un » (Deut. 6, 4).

Le troisième Principe

Négation de toute matérialité en lui [94], c'est-à-dire que nous croyons que cet Un que nous avons mentionné n'est pas un corps ni une force dans un corps [95] et il n'est pas atteint par
137 les événements corporels comme le mouvement, le repos et la

89. Qui sont appelés intelligences séparées parce qu'ils sont des créatures intelligentes séparées de tout corps et dénuées de toute matière.

90. La légion céleste, les étoiles selon leurs espèces.

91. En dessous de la sphère lunaire, c'est-à-dire notre monde.

92. Qui est composé de deux, peut-être faut-il lire ici « catégorie », qui comprend plusieurs espèces, par exemple la catégorie des êtres vivants comprend les animaux, les oiseaux et la faune rampante selon leurs espèces.

93. Qui englobe de nombreux cas particuliers, par exemple l'espèce comprend le bœuf, l'âne, le chameau, etc.

94. Parce qu'il est spiritualité dans la spiritualité et il ne faut établir aucune relation avec cette matérialité.

95. Dans un autre corps car alors il y aurait en lui connexion et combinaison et cela est impossible.

résidence, ni en raison de son essence, ni en raison du hasard [96]. C'est pourquoi les docteurs, de mémoire bénie, nient de Lui la connexion et la séparation en disant [97] : « Il n'y a pas là-haut de station assise ni debout, pas de nuque et pas de vol », c'est-à-dire pas de séparation, qui est la « nuque » [98] et pas de connexion, qui est « vol », ce qui résulte de l'expression : « Ils voleront de concert sur les Philistins » (Is. 11, 14) c'est-à-dire ils les repousseront de concert en les rejoignant, et le prophète dit : « A qui donc pourriez-vous comparer Dieu et quelle image lui donneriez-vous comme pendant (...) A qui donc m'assimilerez-vous, à qui vais-je ressembler, dit le Saint » (Is. 40, 18-25). S'il était un corps, il ressemblerait aux autres corps. Tout ce que l'on trouve dans les Ecritures Saintes, qui le décrivent sous des formes corporelles comme : la marche, la station debout, assise, le langage, etc., tout cela est manière de métaphore. C'est ce que disent les docteurs (Ber. 31 b) : « La Tora parle le langage des hommes ». Les docteurs ont beaucoup parlé à ce sujet [99]. Ce troisième principe nous est enseigné par : « Car vous n'avez vu aucune figure, le jour où le Seigneur vous parla sur l'Horeb du milieu du feu » (Deut. 4, 15). Vous ne l'avez pas perçu comme ayant une figure puisque, comme nous l'avons rappelé, il n'est ni un corps, ni une force dans un corps.

Le quatrième Principe

L'éternité, ce qui veut dire que nous croyons que cet Un
138 précité est l'antérieur absolu [100]. Tout ce qui existe en dehors
de lui n'a pas d'antériorité comparable à la sienne [101]. Les preu-

96. Pas d'une façon accidentelle et ce que nous trouvons : « et Dieu descendit sur la montagne » ou « et Dieu se reposa le septième jour » ou « ils m'ont fait un Temple et j'habiterai au milieu d'eux » n'est qu'une façon allégorique de s'exprimer.

97. Hagiga 15 a.

98. La nuque est le symbole de la séparation : « Ils m'ont présenté la nuque et non la face... » (Jér. 2, 27). Cela se retrouve dans l'expression française : « tourner le dos ».

99. *Guide,* Ire Partie, chap. 50 à 63, p. 178-285 et *MT,* Principes de la Tora, chap. 1, règle 7.

100. Le premier, qui n'a pas de début.

101. Puisqu'il est le Créateur de tout et tous les existants sont sa création. Voir *Guide,* I, chap. 57-58, p. 230-248. « Dieu est d'une existence nécessaire, l'être nécessaire réellement simple et absolument exempt de composition. L'unité n'est pas une chose ajoutée à son essence, mais il est un et non par l'unité ».

ves s'en trouvent dans de nombreux passages des Ecritures saintes. Le quatrième principe nous est enseigné par ce qui est écrit : « Tu as pour refuge le Dieu primordial, pour support ses bras éternels... » (Deut. 33, 27).

Le cinquième Principe

Que Lui, béni-soit-Il, est celui qu'il faut qu'on serve et qu'on magnifie, qu'on proclame sa grandeur et que l'on mette en pratique ses commandements ; et l'on n'agit pas ainsi envers quiconque est inférieur à lui dans l'existence : anges, étoiles, sphères, éléments [102], et leurs composés, puisque tous sont déterminés dans leurs actions [103] : pour eux il n'y a ni jugement indépendant, ni choix, mais pour Lui seul, Dieu béni soit-il [104]. De même il ne convient pas de les servir afin qu'ils soient des intermédiaires pour L'approcher, mais c'est vers Lui seul que les pensées doivent être dirigées et tout ce qui est en dehors de Lui sera laissé de côté. C'est le cinquième principe qui met en garde contre le culte des idoles [105] et une grande partie de la Tora met en garde à cet égard.

Le sixième Principe

La prophétie, c'est-à-dire que l'homme sache que c'est parmi l'espèce humaine que se trouvent des êtres naturels ayant des vertus excellentes, un grand mérite, et une grande perfection, dont l'âme est valeureuse au point de recevoir la forme
139 de l'intelligence [106]. Ensuite cette intelligence humaine se lie avec l'intellect-agent [107] et une émanation glorieuse, issue de ce

102. Le feu, le souffle, l'eau, la terre.

103. Parce que toutes leurs actions ne sont pas effectuées selon leur volonté et leur choix mais selon la nature que le Créateur leur a imposée.

104. Qui mérite qu'on le serve et le prie.

105. « Tu n'auras pas d'autre Dieu que moi » (Ex. 20, 3).

106. L'intelligence primitive. l'intelligence en puissance qui, par l'action constante de la pensée et l'observation rationnelle devient l'intelligence en acte.

107. Voir *MT,* Les Principes de la Tora, chap. II, règle 7 (note 45) et chap. VI, règle 1, p. 34.

dernier [108], se répand sur lui. Ceux-ci sont les prophètes et ceci est la prophétie et c'est son sens. Le commentaire de fond de ce principe [de la prophétie] pourrait se prolonger beaucoup. Ce n'est pas notre intention d'apporter une preuve pour chacun des principes ni d'expliquer la manière dont on accède [à la prophétie] — parce que c'est le principe même de toutes les sciences ; mais je ne les mentionnerai que par la voie du récit seulement. Les écrits de la Tora témoignent abondamment de la prophétie des prophètes [109].

Le septième Principe

La prophétie de Moïse, notre maître, que la paix soit sur lui — c'est-à-dire que nous croyons qu'il est le père [l'inspirateur] de tous les prophètes qui l'ont précédé et qui l'ont suivi. Tous sont d'un niveau inférieur au sien. Il fut l'élu parmi toute l'espèce humaine qui atteigne la connaissance de Dieu, plus que tous les autres et que n'atteindra aucun homme qui
140 a existé ou existera. Son élévation [110] est parvenue, en partant du niveau de l'humanité, jusqu'au niveau des anges et il est inclus dans la dignité des anges. Il n'est pas un rideau qu'il n'ait déchiré pour aller au-delà. Aucun obstacle corporel ne l'a empêché, aucune déficience [111] grande ou petite n'est intervenue en lui. Les facultés imaginatives et sensibles ont été

108. C'est-à-dire que Dieu répand sur eux, par l'intermédiaire de son messager, l' « intellect-agent », source de sagesse et d'esprit saint et la Présence divine plane sur lui. « Emanation » est une influence céleste venant de l'expression : « Et je retirerai une partie de l'esprit qui est sur toi... » (Nom. 11, 17). Son sens est un effluve de lumière de sagesse et la splendeur de la sainteté qui se répand d'une source suprême comme de l'eau d'une source vive. *Guide,* IIe Partie, chap. 12, p. 98-104 : p. 101 : Cette action de l'intelligence séparée est toujours désignée par le mot épanchement par comparaison avec la source d'eau qui s'épanche de tous côtés (...), son action est perpétuelle (...). p. 102 : Le monde vient de l'épanchement de Dieu. De même encore on a dit que Dieu a épanché sa science sur les prophètes. Tout cela signifie que ces actions sont l'œuvre d'un être incorporel et c'est l'action d'un tel être qu'on appelle épanchement.

109. Voir *Guide,* IIe Partie, chap. 32-48, p. 259-367. Au long de ces seize chapitres, Maïmonide développe ses idées sur la prophétie.

110. Elévation au-dessus du reste des hommes.

111. Il est forme humaine seulement. Les facultés humaines sont au nombre de cinq ; digestive : l'âme végétative — sensible, imaginative, l'âme stimulante, l'âme vitale — et l'intelligence : l'âme humaine. (*Huit Chapitres,* chap. 1).

annihilées chez lui dans les [prophéties limpides qu'il a] atteintes et sa faculté de stimulation et de désir a été mise en déroute de telle sorte qu'il ne [lui] est resté que l'intelligence, et à ce propos il est écrit : « qu'il parlait avec Dieu sans passer par l'intermédiaire des anges » [112].

Je désirais expliquer ici cette histoire extraordinaire, ouvrir le verrou dans les Ecritures de la Tora et d'expliquer la signification du « face à face » et tout le verset [113] dans son contexte, si je n'avais vu que ces questions sont extrêmement délicates, font appel à de très nombreuses preuves et que des propositions nombreuses et des préambules auraient été nécessaires
141 comme médiation, mais Moïse se passe d'intermédiaire comme il est dit : « Je lui parle face à face » (Nom. 12, 8).

Et le deuxième aspect : tous les prophètes n'ont prophétisé que lorsqu'ils étaient endormis, comme il est dit à plusieurs endroits : « Dans un songe nocturne » [114], « En songe, dans une vision nocturne » [115] et nombreux sont les passages analogues. Ou de jour, après que soit tombée une torpeur sur l'homme de telle sorte que tous ses sentiments soient annihilés et que sa pensée soit disponible [116] comme en matière de songe ; celle-ci est appelée vision et apparition, et à son propos il est écrit : « Dans des visions divines » [117]. Tandis que pour Moïse, la parole lui venait de jour lorsqu'il se tenait au milieu des deux chérubins comme Dieu l'a attesté : « C'est là que je te donnerai rendez-vous ; c'est de dessus le propitiatoire entre les deux chérubins placés sur l'arche du Statut que je te communiquerai tous mes ordres pour les enfants d'Israël » (Ex. 25, 22) et Dieu a dit : « S'il n'était que votre prophète, moi Eternel, je me manifesterais à lui par une vision, c'est en songe que je m'entretiendrais avec lui. Mais non, Moïse

112. Puisqu'il a atteint le même niveau que les anges, comme il est indiqué ci-dessus, il n'est pas nécessaire qu'ils interviennent en sa faveur. Dans les *Huit Chapitres* (chap. 7) notre docteur dit qu'il existait une séparation (et pour lui, également transparente) qui était le lien de l'âme et du corps, celle-ci était supprimée entre lui et le Créateur et sa déchirure lui permettait de l'atteindre dans sa pureté « Car nul homme ne peut me voir et vivre » (Ex. 33, 20).

113. Les autres questions peu claires se trouvant dans ce verset : « Je (Dieu) lui parle face à face, dans une claire apparition et sans énigme ; c'est l'image de Dieu même qu'il contemple » (Nom. 12, 8).

114. Gen. 31, 24.

115. Job 33, 15.

116. La partie intellectuelle.

117. Ezéchiel 8, 3.

est mon serviteur (...) je lui parle face à face dans une claire apparition (...) » (Nom. 12, 6-8).

Et le troisième aspect : le prophète, lorsque la prophétie survient sur lui, quoique celle-ci soit sous forme de « vision » et par l'intermédiaire d'un ange — ses forces l'abandonnent, son corps est ébranlé, une très grande crainte l'envahit, c'est presque comme si son esprit s'échappait de lui, comme cela est décrit dans Daniel. Lorsque Gabriel lui adresse la parole en vision, il dit : « Mes forces m'abandonnèrent, mon visage s'altéra jusqu'à en devenir livide et je tombai dans un état de faiblesse (...) dès que j'entendis le son de ses paroles, je tombai, tout étourdi, la face contre terre » (Dan. 10, 8-9) et il dit plus loin « Par suite de l'apparition, de puissantes angoisses m'ont saisi et mes forces m'ont abandonné » (ibid. 16). Pour Moïse, que la paix soit sur lui, les choses ne se passèrent pas ainsi ; mais lorsque la Parole lui parvint, il ne fut saisi ni de frisson, ni de tremblement comme il est dit : « L'Eternel s'entretenait avec Moïse face à face, comme un homme s'entretient avec son compagnon... » (Ex. 33, 11) c'est-à-dire comme la frayeur ne frappe pas l'homme à la suite des paroles de son compagnon. Moïse était ainsi, il n'était pas effrayé de la Parole,
142 quelle qu'elle fut ; nous concluons sur ce sujet puisque nous avons expliqué au début l'existence des anges et la différence de leur niveau par rapport au Créateur [118], qu'il soit exalté, et que nous avons décrit l'âme avec toutes ses facultés et que le cercle [de notre recherche] s'est étendu jusqu'à parler des formes citées par les prophètes [119], convenables pour le Créateur et les anges ; l'on devrait introduire à ce propos le *Chiour Qoma* [120] et ce qui s'y rapporte et cela même ne suffirait pas à soi seul [121], même en abrégeant pour faire court il y fau-

118. Relativement à leur proximité du Créateur.

119. Par exemple Isaïe, chap. 6, Ezéchiel, chap. 1 et 10 — de même Zacharie et Daniel.

120. *La taille du corps,* un court traité appartenant à la littérature des *Eikhalot* (Palais) qui donne une description anthropomorphique de la divinité. Ce texte daterait du IIe siècle. Maïmonide fut par la suite questionné sur l'authenticité de cet écrit et il donna cette réponse (*Sefer Techouvot* 373) : « Je ne considère pas qu'il soit issu des sages. Loin d'eux qu'une telle chose soit sortie de leur main. Il s'agit seulement d'une composition émanant des commentaires grecs, sans doute. C'est accomplir un commandement que d'effacer ce livre et le souvenir de son contenu, comme il est écrit : " Vous n'évoquerez pas le nom des autres dieux " (Jos. 23, 7) ».

121. Nous devrions insérer encore d'autres éléments.

drait cent pages. C'est pourquoi je le replacerai à sa place [122], soit dans le livre *Commentaire des Homélies* que j'ai décidé de composer, soit dans le *Livre sur la Prophétie* dont je m'occupe [123], soit dans le livre que je composerai sur le commentaire de ces principes.

Je reviendrai sur l'objet de ce septième principe pour dire que la prophétie de Moïse, notre maître, que la paix soit sur lui, se distingue de la prophétie de tous les autres prophètes sur quatre points : le premier est que, quel que fût le prophète, Dieu
143 ne lui parla pas face à face [124] [hormis Moïse] à cause de la force de son attachement à l'intelligence [125], comme nous l'avons déjà signalé [126]. Enfin, l'esprit de prophétie ne s'est pas posé sur tous les prophètes selon leur volonté mais selon la volonté de Dieu, béni soit-il ; car le prophète peut rester des jours ou des années sans que la prophétie descende sur lui. Il demande au Créateur de lui faire connaître quelque chose par prophétie et il attend jusqu'à ce qu'il reçoive la prophétie après des jours ou des mois ou qu'il ne reçoive rien du tout [127]. Certains d'entre eux faisaient partie de confréries, qui se préparaient et purifiaient leurs pensées comme le faisait Elisée, ainsi qu'il est écrit : « Eh bien ! Amenez-moi un musicien. Tandis que celui-ci jouait de son instrument, l'esprit du Seigneur s'empara du prophète » (II Rois 3, 15). Mais il n'est pas obligatoire qu'il reçoive la prophétie au moment où il l'aurait désiré [128]. Tandis que Moïse, notre maître, que la paix soit sur lui, à tout moment où il le voulait, pouvait dire : « Attendez que j'apprenne ce que l'Eternel statuera à votre égard » (Nom. 9, 8). Et il est dit : « Signifie à Aaron, ton frère qu'il ne peut entrer à toute heure dans le sanctuaire » (Lév.

122. A un endroit qui lui convient mieux.

123. Que j'ai décidé de rédiger. Dans l' « *Introduction à la Michna* » (p. 19) notre docteur dit : « Peut-être Dieu m'assistera-t-Il sur ce qu'il convient de rédiger à ce sujet » et il dit ici qu'il s'en occupe déjà. Il commença la rédaction de ces deux livres, puis s'interrompit au milieu de son travail pour des raisons qu'il expose dans l'introduction du *Guide des Egarés*. Il intégra le livre sur la prophétie dans le *Guide* (II, 32-48). Il en fut de même de son livre sur les homélies.

124. Sur cette notion voir *Guide*, Ire Partie, chap. 37.

125. A l'intellect-agent ci-dessus, p. 172.

126. Dans le sixième principe.

127. Comme Barouch, fils de Neria (Jérémie, chap. 45).

128. Parfois tous les préparatifs ne sont d'aucune utilité.

16, 2). Nos maîtres[129], de mémoire bénie, ont dit : « C'est à Aaron qu'il est dit de ne pas entrer, mais il n'est pas dit à Moïse : n'entre pas »[130].

Le huitième Principe

Que la Tora vient des cieux, c'est-à-dire que nous croyons que toute cette Tora que nous avons maintenant, nous a été donnée par Moïse, notre maître et qu'elle provient toute entière de la bouche de la Puissance, c'est-à-dire qu'elle lui est parvenue toute entière de Dieu, béni soit-il, par un processus qui s'appelle par métaphore : « Parole ». On ne sait pas comment elle est parvenue, mais c'est Moïse qui l'a reçue, parce qu'il était comme un scribe à qui on lit et qui
144 écrit tous les événements de la journée, les récits, les commandements ; c'est pourquoi il est appelé « celui qui grave »[131]. Il n'y a pas de différence entre : « Enfants de Cham : Kouch, Misraïm, Pout et Canaan » (Gen. 10, 6) et « Le nom de sa femme était Mehêtabel, fille de Matred » (ibid. 36, 39) — « Timma devint concubine d'Elefaz, fils d'Esaü » (ibid. 12) — ou entre « Moi le Seigneur, ton Dieu » (Deut. 5, 6) et « Ecoute

129. Sifra Aḥarei mot.

130. Sur la prophétie de Moïse et la différence entre celle-ci et celle des autres prophètes voir : *MT,* Principes de la Tora, chap. VII, règle 6, p. 37 et 38 : Quelle est donc la différence qui sépare la prophétie de Moïse et celle des autres prophètes : Moïse avait ses inspirations à l'état de veille et en pleine possession de ses facultés. Moïse se passait d'intermédiaire, le Seigneur lui parlait face à face ; il apercevait la réalité dépourvue de toute affabulation symbolique. Pendant sa vision Moïse ne tremblait pas et conservait un calme parfait. Moïse était toujours disposé et prêt à recevoir la prophétie qu'il recevait dès qu'il le désirait. Il était prophète en permanence. Moïse était resté séparé de sa femme et de tous les plaisirs des sens. *Guide,* IIe Partie, chap. 32, p. 267 : « Moïse occupe le degré le plus élevé, comme il est dit : " Moïse seul s'approcha de Dieu, mais eux, ils ne s'approchèrent pas " (Ex. 24, 2). Aaron est placé au-dessous de lui, Nadad et Abihu sont au-dessous d'Aaron, les 70 anciens au-dessous de Nadad et d'Abihu, et les autres au-dessous de ces derniers, selon leurs degrés de perfection. Un passage des docteurs dit : « Moïse forme une enceinte à part et Aaron une enceinte à part ». *Huit chapitres,* chap. 7, p. 47 : Les maîtres disent : « Moïse, notre maître, vit le Saint, béni soit-il, de derrière un voile clair, c'est-à-dire rayonnant, et il leur dit : " Regarde dans le miroir transparent " » (Yebamot 49 b) et le miroir est le nom de la vision produite par un corps rayonnant comme le verre.

131. *Mehoqeq,* le graveur sur pierre ou tablettes d'argile.

Israël, le Seigneur notre Dieu, le Seigneur est un » (Deut. 6, 4) car tout vient de la bouche de la Puissance et tout — la Tora de Dieu irréprochable, pure et sainte — est vérité. Celui qui dit : ces versets-ci et ces versets-là, Moïse les a dits de son initiative, celui-là pour nos maîtres et nos prophètes est un hérétique qui interprète la Tora plus mal que tous les hérétiques, parce qu'il pense qu'il y a dans la Tora un cœur et des choses accessoires, et que ces chroniques et ces récits [inscrits dans la Tora] ne présentent aucune utilité et qu'ils proviennent de Moïse et le fond de la question est : « la Tora ne vient pas des cieux » [c'est-à-dire de Dieu]. Nos maîtres, de mémoire bénie, ont dit [132] : « Celui qui croit que toute la Tora est de la bouche de la Puissance sauf ce verset que le Saint, béni soit-il, n'a pas dit, mais provient de la bouche de Moïse même — celui-là : « Méprise la parole de l'Eternel », que Dieu soit glorifié et béni au-dessus de ces propos hérétiques ; mais toute parole de la Tora contient des sagesses et des merveilles pour qui les comprend, et l'on n'atteint pas la limite de sa sagesse : « Elle est plus étendue en longueur que la terre, plus vaste que l'océan » [133]. L'homme n'a pas d'autre solution que de suivre David, le Messie du Dieu de Jacob, qui prie : « Désille-moi les yeux pour que je puisse contempler les merveilles issues de ta Tora » (Ps. 119, 18). Il en va de même pour l'interprétation de la Tora orale. Elle aussi a été donnée
145 par la Puissance et c'est ce que nous pratiquons aujourd'hui : depuis le modèle de la Soucca, du Loulav, du Chofar, des Tsitsits, des Tefilin, etc., c'est le modèle même que Dieu a prescrit à Moïse et que celui-ci nous a dit. C'est lui qui a fait parvenir le message — fidèle dans sa transmission. La formule qui enseigne ce huitième principe est ce qui est écrit : « Alors

132. San. 92 b : « Nos maîtres ont enseigné : " Car la parole de l'Eternel il l'a dédaignée, et son commandement il l'a rompu, retranché, sera retranchée cette âme " (Nom. 15, 31), il s'agit de celui qui dit que la Tora n'a pas été donnée par le ciel ». Autre explication : c'est l'Epikoros, c'est-à-dire celui qui traite avec mépris les maîtres. Autre Baraïta : car la parole de l'Eternel il l'a dédaignée. C'est celui qui dit : la Tora n'a pas été donnée par le Ciel. Même s'il dit que la Tora toute entière nous a été donnée par le Ciel à l'exception de tel verset que le Saint, béni soit-il, n'a pas dit mais que Moïse a énoncé de sa propre initiative, lui aussi est désigné par l'expression : il a méprisé la Parole de l'Eternel.

133. Job 11, 9 c'est à propos de la sagesse de la Tora que cette comparaison est faite.

Moïse dit : Par ceci vous reconnaîtrez que c'est l'Eternel qui m'a donné mission d'accomplir toutes ces choses, que je n'ai rien fait de mon chef » (Nom. 16, 28).

Le neuvième Principe

La transcription : cette Tora de Moïse a été transcrite de la part du Créateur et de nul autre que Lui. Il ne faut rien y ajouter, ni rien en retrancher, ni dans la Tora écrite ni dans la Tora orale [134]. Comme il est dit : « Tout ce que je vous prescris, observez-le exactement sans y rien ajouter, sans en retrancher rien » (Deut. 13, 1). Nous avons déjà expliqué ce qu'il est nécessaire d'expliquer concernant ce principe au début de cet ouvrage [135].

Le dixième Principe

Celui qui est glorifié connaît les actions des hommes et ne veut rien en ignorer. Ce n'est pas selon l'opinion de celui qui dit : « L'Eternel a abandonné la terre » [136], mais comme il est énoncé : « Grand dans le dessein, souverain dans l'exécution, tes yeux sont ouverts sur toutes les voies des humains, [pour rémunérer chacun selon ses voies et selon le mérite de ses œuvres » [137]] et il est dit : « L'Eternel vit que les méfaits de l'homme se multipliaient sur la terre » (Gen. 6, 5) ; il est dit encore : « Comme le cri de Sodome et Gomorrhe est grand, comme leur perversité est excessive » [138] (ibid. 18, 20) — cela nous donne un enseignement sur ce dixième principe.

134. Ceci est dirigé contre le Nouveau Testament, le Coran et la secte des Karaïtes.

135. Introduction à la Michna, ci-dessus p. 160.

136. Ezéchiel 8, 12, voir *Guide,* IIIe Partie, chap. 17, p. 136.

137. Jér. 32, 19.

138. Tous ces exemples montrent que Dieu connaît les actions des hommes, les pensées de leur cœur et leurs ruses. Voir *MT,* Les Principes de la Tora, chap. II, règle 9 : « Tous les existants, à l'exception du Créateur, depuis la forme suprême [les bêtes de Sainteté] jusqu'au petit moustique qui vit à la surface de la terre, tous n'existent que par la force de l'existence véritable de Dieu. Comme il se connaît lui-même et a conscience de sa grandeur, de sa splendeur et de son être véritable, de même il connaît toutes choses et rien ne lui est

Le onzième Principe

Celui qui est glorifié récompense qui applique les comman-
146 dements de la Tora et punit qui transgresse ses prohibitions. La récompense la plus grande est le monde à venir et la punition la plus forte est le retranchement [de ce monde à venir]. Nous avons déjà dit à ce sujet tout ce qui est suffisant [pour comprendre]. L'Ecriture enseigne ce principe, par ce verset : « Pourtant si tu voulais pardonner leur faute ! Sinon efface-moi du livre que tu as écrit » (Ex. 32, 32) et Dieu répondit à Moïse : « Celui qui a péché contre moi, c'est lui que j'effacerai de mon livre » (ibid. 33). C'est une preuve qu'il connaît celui qui obéit et celui qui faute, pour donner salaire à l'un et châtiment à l'autre [139].

Le douzième Principe

Les jours du Messie : croire et être sûr qu'il viendra et ne pas penser qu'il sera en retard [140]. « Si elle [la venue du Messie] diffère, attends-le [141] ». Ne lui assigne pas une date et ne cherche pas dans les Ecritures pour déduire le moment de sa venue. Et nos maîtres disent [142] : « Que soit emporté l'esprit de ceux qui spéculent sur la fin des temps ». Il faut croire que [le Messie] aura un surplus, une supériorité, une gloire dépassant celle de tous les rois qui furent au monde ; il faut le magnifier, l'aimer et prier pour lui, comme l'ont prophétisé à son sujet tous les prophètes, de Moïse notre maître, à Mala-

caché ». Règle 10 : Dieu est à la fois le connaissant, le connu et la connaissance elle-même, le tout ne faisant qu'un. *Guide,* IIIe Partie, chap. 19, p. 141-146 : C'est indubitablement une notion première que Dieu doit réunir en lui toutes les perfections et que toutes les imperfections doivent être écartées de lui. C'est aussi à peu près une notion première que l'ignorance de quoi que ce soit est une imperfection, et que Dieu ne peut ignorer aucune chose (p. 141).

139. Sur ces deux principes : connaissance par Dieu des actions humaines et rétribution, voir *MT,* règles de la Techouva, chap. 5 — *Huit chapitres,* chap. 8 — *Guide,* IIIe Partie, chap. 20 et 21.

140. Mais il faut croire qu'il viendra au temps fixé.

141. Habacuc 2, 3.

142. San. 97 b.

chie. Et celui qui éprouve des doutes [sur sa venue] ou qui minimise sa dignité — est renégat à l'égard de la Tora qui l'a annoncé explicitement dans la péricope de *Balaam*[143] et dans
147 la péricope de *Nitsavim*[144]. Et de la règle de ce principe [de foi en la venue du Messie] il ressort qu'il ne peut y avoir de roi en Israël en dehors de la maison de David[145] et de la postérité de Salomon[146]. Et quiconque diffère d'opinion sur cette famille renie Dieu, béni soit-il, et les paroles de ses prophètes[147].

Le treizième Principe

La résurrection des morts[148]. Nous l'avons déjà commentée. Lorsque l'homme croit à tous ces principes et que sa foi en eux s'épure, il entre dans la communauté d'Israël et c'est un commandement de l'aimer, d'avoir pitié de lui et de se compor-
148 ter envers lui en tout ce qu'a ordonné le Nom, béni soit-il, au sujet des rapports entre l'homme et son prochain, avec amour et fraternité. Même s'il commet des transgressions, ce qui est possible à cause de la passion et de la force naturelle inférieure, il est puni selon son péché mais il a part au monde à venir et il fait partie des coupables d'Israël. Mais l'homme qui ne croit pas à l'un de ces principes, sort de la communauté, renie l'essentiel et est appelé « hérétique », « épicurien » et « celui qui coupe les racines »[149] ; c'est un commandement de le détester et de le perdre. C'est à son propos qu'il est écrit :

143. Nom., chap. 23, 24.

144. Deut. 30, 3-5.

145. Parce que cela diverge de la croyance en la venue du Messie, puisque Dieu a promis, par l'intermédiaire du prophète Nathan : « J'assurerai à jamais le trône de sa royauté » (II Sam. 7, 13).

146. Héritier de son trône après lui.

147. Comme le prophète Nathan.

148. Voir en tête de cette introduction, page 160 et au milieu de la page 176 où il est dit que la résurrection des morts est le fondement des fondements de la Tora de Moïse, notre maître. Parce que Maïmonide a raccourci ici le commentaire de ce principe, des contradicteurs se sont élevés et ont laissé entendre que sa croyance à ce principe était vacillante et, qu'en particulier dans son *Guide des Egarés* il ne l'avait pas non plus mentionnée. C'est pourquoi il estima nécessaire d'écarter ces médisances et de rédiger vingt-trois ans plus tard (en 1191) *l'Epître sur la résurrection* publiée ci-dessus.

149. Expression métaphorique pour quiconque viole la Tora et renie les principes de la religion (Hagiga 15 a).

« A coup sûr, je déteste ceux qui te haïssent, j'ai en horreur ceux qui se dressent contre toi » (Ps. 139, 21).

Je me suis donc beaucoup étendu sur ces questions et je suis sorti du sujet de mon livre [150], mais je l'ai fait parce que j'y ai vu une utilité pour la foi, puisque j'ai réuni ici pour toi des choses utiles mais dispersées dans des livres importants. C'est pourquoi tu dois les connaître, réussir avec elles, y revenir souvent et les méditer longuement. Et si ton cœur t'égare et que tu penses avoir pénétré ces questions dès la première fois, ou à la dixième, alors le Nom, béni soit-il, sait que [ton cœur] t'a égaré dans le mensonge. Aussi, ne te hâte pas dans ta lecture parce que je n'ai pas rédigé cette étude au gré du hasard, mais après une longue réflexion et méditation et après avoir étudié des opinions claires, véridiques et non véridiques ; j'ai su lesquelles méritaient qu'on y crût et j'ai apporté la preuve de leurs affirmations sur chaque sujet.

Je demande au Nom, béni soit-il, que ma volonté soit satisfaite, et qu'Il me conduise sur la voie du bien.

150. Qui est le commentaire de la Michna.

TABLE DES MATIERES

Ouvrage reproduit
par procédé photomécanique.
Impression S.E.P.C.
à Saint-Amand (Cher), le 15 septembre 1993.
Dépôt légal : septembre 1993.
Numéro d'imprimeur : 1504.
ISBN 2-07-073300-9./Imprimé en France.

63783